李煜词传

梦里不知身是客

俊 雅 著

长江出版传媒 长江文艺出版社

图书在版编目（CIP）数据

李煜词传：梦里不知身是客 ／ 俊雅著. -- 武汉：
长江文艺出版社，2017.3（2018.7 重印）
（浪漫古典行. 人物卷）
ISBN 978-7-5354-8966-1

Ⅰ. ①李… Ⅱ. ①俊… Ⅲ. ①李煜（937-978）一传
记 Ⅳ. ①K827＝432

中国版本图书馆 CIP 数据核字(2016)第 160653 号

责任编辑：张远林　　　　　　　　责任校对：陈 琪
封面设计：周 佳　　　　　　　　　责任印制：邱 莉 刘 星

长江出版传媒　　　长江文艺出版社
出版：
地址：武汉市雄楚大街 268 号　　　邮编：430070
发行：长江文艺出版社
电话：027—87679360
http://www.cjlap.com
印刷：荆州市翔羚印刷有限公司

开本：640 毫米×970 毫米　　　1/16　印张：17.5　插页：1 页
版次：2017 年 3 月第 1 版　　　2018 年 7 月第 3 次印刷
字数：230 千字

定价：32.80 元

目录

乱象·帝王·宿命

Chapter 01

乱象 · 帝王 · 宿命

乱世风雨

道统盛宴钗横鬓乱，人文关怀余温缕缕，几代星月繁华的艺情匠心难免空遗宣德名炉沉潜的紫光；政统摇落的一瞬间，桃花扇底斑斑的泣红宣示的岂止是媚香楼上佳人的伤逝。

　　"这是最好的时代，这是最坏的时代；这是智慧的时代，这是愚蠢的时代；这是信仰的时期，这是怀疑的时期；这是光明的季节，这是黑暗的季节；这是希望之春，这是失望之冬；人们面前有着各样事物，人们面前一无所有；人们正在直登天堂，人们正在直下地狱。"

　　狄更斯的这段话，可以用来描述任何一个乱世。

　　包括，从盛唐气象的巅峰上跌落下来，摔得四分五裂、乱象纷纭的五代十国。

　　五代——后梁、后唐、后晋、后汉、后周，十国——吴国、南唐、前蜀、后蜀、闽国、楚国、南汉、南平、吴越、北汉，闹哄哄，一个个你方唱罢我登场，或是来不及等待别人唱罢，就已经粉墨登场了！

　　最短的只存活了 11 年，最长的也不过 60 余年。

　　这次第，怎一个"乱"字了得！

　　天下大势，分久必合，合久必分。正如有了汉之大一统，便有了魏晋南北朝这样一个纷乱的华丽血时代。有了大唐之大统，便会有五代十国的分裂割据接踵而至。

　　五代十国，这是怎样的一个乱世啊！史书说它："君君臣臣父父子子之道

乖，而宗庙朝廷人鬼皆失其序。""方是时，废君如吴越，弑主如南汉，叛亲如闽楚，乱臣贼子无国无之。"

欲望如草，野火烧不尽，春风吹又生。哪怕你渐行渐远，它依然不折不扣地生长着。

这是希望之春，人们面前有着各种可能。鼓起欲望的风帆，你就可以一往无前，上路。你可以叫它理想、梦想，也可以叫它疯狂、野心。它让一无所有的人热血沸腾，也让已经拥有的人想拥有更多。

这是失望之冬，人们面前一无所有。你怎样费尽心思得到的，你也将怎样失去。甚至，何时失去，你都没有自主选择的权利。那些隐藏在心里的恐惧会在时间中变成柔软的绳子，将人们捆住，让人窒息。

没有信仰，没有未来，只有拼着命将能攫取的攫取。人们放弃忍耐和矜持，尽情满足着自己的种种欲望。这场景，就是末世的狂欢。

纷乱的末世，有太多人想要将自己的名字铭刻在时代的印记上。

李昪就是成功地将名字铭刻在时代印记之上的人，他是南唐的开国之君。

在成为南唐国君之前，他只是一个出身卑微的小人物，如同一粒草芥，一颗风沙。

李昪小名彭奴，8岁丧母，父亲李荣在战乱中不知所踪。他自幼便在濠州、泗州一带流浪。

一个被父亲、母亲遗弃的流浪儿，当同龄的孩子承欢父母膝下时，他却不知道蜷缩在哪个角落里，瑟瑟发抖。他不知道明天的食物在哪里，明天的寄身处在哪里，明天的自己又会漂泊到哪里，生命之舟颠簸在乱世的狂流汪洋之中，随时都有可能倾覆。也许，当他在夜幕下闭上眼睛的时候，早已不敢奢求，是否还有机会睁开双眼，看到明天升起的太阳。

他见惯了世人的冷眼，也见过太多太多的悲欢。一颗心像卖火柴的小女孩般在寒冷的冬夜中祈求一丝丝爱的荣光与温暖。可是，有谁会倾听一个流浪儿内心的呼告呢？

那个颓败的破庙，是唯一让他感到温暖的地方。

累了，困了，躺在那里，听雨声的哀泣，听钟声的孤鸣，看夏夜的繁星，

观秋天的满月，整个天地只剩下自己，仿佛也只是属于自己的。此时的他，竟然感到了一丝丝快慰。

敏感如他，卑微如他，又如何？幼小的他，在生之艰难中，眼神中却流露出一种异于常人的坚毅与冷静，那背后，仿佛有一团激情的火在熊熊燃烧着，只需要一点触媒，一个机会。

转机出现了。

公元895年，南汉杨行密攻打濠州，遇到了彭奴，将其收为养子。但是，杨行密的儿子们却不能容纳彭奴。杨行密只得将彭奴交给部将徐温抚养，取名徐知诰。

史书给人提供的只是骨架，却没有血肉。

我不知道，世上浪流儿何止千千万，杨行密为何单单只遇到了彭奴，且将他收为养子？杨行密的儿子为何又偏偏不能容下这个彭奴？不知道，一切都不知道。

或许，这是命运。命由天定，命里注定这个叫彭奴的流浪儿会与南汉的君臣相遇。

但我相信，吸引杨行密的，一定是他的眼神。

一种充满生之欲望的眼神，一种涌动在冰山之下的生命力，一种与他年龄不相符的坚毅与冷静。它有一种慑人的力量，让人不得不靠近。

自此后，他的身份变了，不再是一个无父无母的流浪儿，而是南汉赫赫有名的大将徐温的义子，并且，他有了自己的名字——徐知诰。

人的一生，要走很多很多路，重要的却只有那么几步；人的一生，要认识很多很多人，重要的却只有那么几个。成功者与失败者的区别，也许就只在于他们多走对了一两步路，多认识了一两个正确的人。

年幼的彭奴，尚不知道什么是规划，如果被收养更多依靠的是冥冥中的神秘力量，是命运。收养之后，则要靠他自己了。

命运，命运，命固然是由天定的，可运很大程度上是自造的。

人世的艰辛，给他苦难的同时，也给了他敏感和坚定，给了他成长的力

量，给了他经受磨砺的强大内心。

从他与徐知诰这三个字联在一起时，他就下定决心，要让这个名字留在历史的册页中。

他深得徐温夫妇的欢心，因为他早已在独自承受生之艰难的磨砺中懂得珍惜，懂得观察，懂得忍耐，懂得感恩。他抓住一切可能的机会让自己强大，无论是吟诗作赋，还是武学造诣，都是出类拔萃的。他知道自己一定要对得起徐知诰这个名字。

这个名字，是他重生的转机，也是见证。他知道自己将穷尽所有，去捍卫它。

可，他内心的最隐秘之处，又常常有一个声音在提醒他：这不是你真正的名字，寄人篱下，认他人做父亲，就像是背离了自己的根。不要忘记了自己的血脉中流淌的是李家的血液。

大唐，不就是姓李吗？

或许自己血脉中还有着皇家贵胄的因子，史书上没有记载，而他在内心里却不知暗示了自己多少次。

这种隐隐的欲望，让他在竭尽忠诚的同时，也在不失时机地寻找着一切机会让自己强大些，再强大些。野心的种子一旦播下，总会有发芽的那天，一切只是时机而已，时间的早晚而已。

22岁，他同徐温一起，开启了他辉煌的戎马生涯。

战争给了他证明自己才华的机会，很快他便因赫赫战功而被升任为升州刺史，在治理升州的任上，又赢得了极好的口碑。文治武功，都崭露头角。

这一切让养父徐温渐渐惶恐不安了，更让徐温的长子徐知训妒恨交加。

徐温知道，让别人强大，就意味着让自己毁灭。更何况，这个叫徐知诰的养子，与他并没有真正意义上的血缘关系。即便是有，在这个君不君、臣不臣、父不父、子不子，人鬼宗庙皆失秩序，道德伦理土崩瓦解的乱世当中，也无济于事。

像大多数人一样，他选择了打压排挤。一边要用他，一边要防着他、牵制

他，让他在羽翼丰满之前臣服于他。他将徐知诰调离升州，自己亲任，且将亲生儿子调至扬州，暗地里牵制与扬州一江之隔的留守润州的徐知诰。

徐知诰，一直在小心翼翼地压抑守护着潜藏在内心的野心，一直在忠诚与背叛之间游离。他知道，即使没有养父及其长子的打压，自己也会走上那条路——称王称霸。在这个乱世里，欲望狂欢，人人都想分一杯羹。而养父徐温的狭隘，哥哥徐知训的骄横，只是助长了他野心的爆发，加快了他自立门户的步伐而已。

甚至，在某种程度上，他们的举动让他有种解脱的感觉。

不用担着忘恩负义的道德枷锁，在野心与青史留名的欲望之途上，自由驰骋。

很快，徐温长子徐知训莫名死去。是有人布了局，撒了网，还是其他？不得而知。

很快，傀儡王杨缚继位后，徐知诰升为淮南节度使并留守扬州辅政。

君权牢牢控制在徐氏父子的手中，或是徐知诰手中。

徐知训死后，徐温的儿子中更无人能及徐知诰，他只能眼睁睁地看着这只老虎越来越强大。

而自己呢？更是垂垂老矣。虽有心，却无力。日薄西山的暮气与旭日冉冉的朝气比起来，自然少了得天独厚的底气。

更何况，这个旭日，有着坚定的野心和与野心相匹配的才华。

他得军威，也得民心。

文能安邦，武能治国。

在他的协理下，不到 10 年，江淮地区繁华富庶。

皎皎明月，何枝可依？江南才俊之士，冲着徐知诰的声望，纷纷归依。这当中，有名垂青史的《韩熙载夜宴图》的主角韩熙载，有日后成为南唐元老的江文蔚、卢文进、常梦锡等等。

君子疾没世而名不称。

大丈夫立于人世间，活着应该怎样站着，死去应该怎样躺下去？

养父徐温早已不是他的对手，而傀儡王杨溥仍然是横亘在他走上巅峰、称王称霸之途上的一座道德壁垒。

人生天地间，忽然而已。随着韶华的流逝，当年鲜衣怒马的青年才俊已近知天命之年。不能再等了，他也等不起了。撕下温情的面纱，劈开道德的壁垒，在通往权力与野心的路上，谁不是双手沾满鲜血？

公元 937 年，他被一群忠心耿耿的谋士，名正言顺地推上了权力的顶峰。

自此，徐知诰死了，取而代之的是李昪。

他如愿以偿地选择了自己的姓，如愿以偿地为自己涂抹上一层神圣的光环。他要告诉天下人，天下本是李家的天下，他，只是实至名归，顺应了天命而已。

自此，五代十国的舞台上，有了一个南唐，并在后来成为它们当中的佼佼者。

南唐，定都在南京。他自认为延续了唐朝的正统，称自己为南唐。

盛唐的青春豪放颠倒了多少苍生，政治的挽歌一旦化为山河的呜咽，传统唯美意识终于款款隐进末世的风雨长亭；道统盛宴钗横鬓乱，人文关怀余温缕缕，几代星月繁华的艺情匠心难免空遗宣德名炉沉潜的紫光；政统摇落的一瞬间，桃花扇底斑斑的泣红宣示的岂止是媚香楼上佳人的伤逝。

五代十国的乱世中登场的南唐，将宣示着怎样的命运呢？

菡萏香销翠叶残，西风愁起绿
波间。还与韶光共憔悴，不堪看。
细雨梦回鸡塞远，小楼吹彻玉
笙寒。多少泪珠何限恨，倚阑干。

李昇即皇位只有七年，便去世。

草创粗制的南唐，偏安江南一隅，在经济上已属富庶了。

皇位之争，从来都是血雨腥风，中主李璟的继位却风平浪静。他是皇长子，在父亲去世前三年被立为皇太子，父亲去世那年，他二十八岁，顺理成章地嗣位南唐。

在弑主弑君弑父如家常便饭般的五代十国，李璟的嗣位正常得让人难以置信。历史的真相，永远罩着面纱。或许，只是当时的那个舞台太过混乱，太过无序，人们无暇记下来当时他继位的情形，稗官野史上也没有。

这个驾驭着南唐的年轻君主，将带领他的群臣和子民，驶向哪个方向呢？

并不是所有的皇帝，所有处在权力巅峰上的人，都会在青史上留名。

有的皇帝，虽然在史册上留下了名字，但那只是一个符号，在人们的心目中，他是缺席的。

为了自己的在场，为了逃脱作为一个句点被一笔带过的命运，很多皇帝也要煞费苦心地做一番事情。流芳千古是一种选择，遗臭万年也是一种选择。

李璟，这位初登皇位者，也想做点什么。

保大二年（公元944年），登上皇位的第二年，李璟便迫不及待地伐闽。

历时共三年，灭了闽国，并为清除其残余势力，大费周章，不得消停。

保大六年（公元948年），援后汉而招纳后汉之民。

保大八年（公元950年），开始征南楚，前后历时三年，将马氏家族全部迁往金陵，并设节制史辖制南楚。

灭闽国和南楚后，南唐的国土扩张到了极致。

指点着万里江山，这份他父亲没有取得的荣耀，在他手中变成了现实。他不只是守成之君，也会开疆拓土。我想，此时此刻，他的心头肯定会爬上几分自得之情，自己，总算对列祖列宗有个交代了，总算没轻慢了历史，总算不是历史长河中的沧海一粟了。

只是，他的雄心和激情在慢慢消退。他的眼光，或许永远也不想越过南唐的那片国土，抵达更为遥远的地方。分裂割据的乱世中，他只想在偏安的基础上，尽量扩大自己的国土，至于天下一统，恐怕他从没有做过这样的梦。

那个大梦，对他过于狭小的心来说，太奢侈。

他不敢挥霍。

于是，在强大的后周入侵下，他们的结局只能是：节节败退。

保大十三年（公元955年），周侵淮南。他还想着积极抗争。

保大十四年（公元956年），周主亲征，败中主十五万众于滁州。滁州地势险要，临近淮水，四周环山，易守难攻，这是南唐的一道天然屏障，一旦攻破，金陵就岌岌可危了。

李璟信心的微光几乎熄灭殆尽。他的部下弃城的弃城，反叛的反叛。恐惧驱使着他。他知道，他要放下尊严，放下欲望，安安分分地做一个顺民，守着南唐这个旧梦，或可以苟安下去。

他派人给周世宗送信，称愿意献出贡赋，以兄长之礼侍奉，周世宗不搭理。

他说他自动取消帝号，改李璟为李景，以避周世祖郭璟的讳，周世宗不搭理。

他派使臣进献犒劳周军的牛五百头、酒二千石、金银罗绮数千，请求割让寿、濠、泗、楚、光、海六州给周，请其撤兵，周世宗不答复，并扣其使臣。

他眼里岂止是这区区礼物，他要的是整个富庶的江南。

直到他说将江北地区全部奉送，愿意同后周划江而治，愿意每年向周进贡，周世宗方才答应。

交泰元年（公元 958 年），李璟提出与后周划长江为界。去帝号，改称国主。

国力的强弱对比是一回事，自身的软弱又是一回事。

人一旦迷醉于自身的软弱之中，便会一味软弱下去，会在众人的目光下倒在街头，倒在地上，倒在比地面更低的地方。

从一个主权国家变成后周的附属，从一个国君变成一个国主。这一切距离他将南唐国土扩张到极致不过五六年的时间。而这一切，与后主李煜从国主归为臣虏，虽性质不同，却像某种暗示，暗示着南唐一步一步，低下去，直到低进了尘埃里去，却始终开不出一朵艳丽的花来。

因为，这是一个弱肉强食的时代，人们信奉的是丛林法则。

中主朝，朝廷党争激烈。他所重用的臣子们，史学家称他们为"五鬼"，他们分别是冯延巳、魏岑、陈觉、查文徽、冯延鲁。

党派之争，从来是各执一词，各自信奉自己的原则，很难从道德角度上界定对错。我想，这些被时人号称为"五鬼"的臣子们，可能并非一无是处吧？

水至清，则无鱼。做官与做人不同，做人讲究操守气节，做官首先是如何报效朝廷，造福于民。野有饿殍，你纵然喝菜汤，也算不得一个好官。如果你顿顿珍馐满席，民间亦丰衣足食，笙歌不绝于耳，你依然是一个万民拥戴的青天大老爷。

所以，在清流与循吏二者之间，有人会选择能成事却不计道德瑕疵的循吏，而不只是重名节不懂变通、不识时务、凌虚蹈空的清流。那个顾念着"青青子衿，悠悠我心"之人才的曹操，用人标准就是"唯才是举"，不计其余，而他自己也是一个在乱世中睥睨道统、纵横捭阖的一代枭雄。

与曹公比起来，李璟固然不及。但置舆情民声士林清议于不顾，我行我素用着"五鬼"，也是需要勇气的。

曹操"横槊赋诗"，集金戈铁马的英雄刚健之气与敏感繁富的诗人柔婉之

气于一体。李璟也喜欢写诗。历来的帝王当中，能让人记住他们的诗、而不是帝王之才的，并不多。李璟还有他的儿子李煜，算其中的二个。

提到写诗，不能不说众臣当中最特殊的一个：冯延巳。

冯延巳以"白衣见烈祖"，便被烈祖起用为秘书郎，在中主青少年时期，与之交游，出入府中。中主即位第四年，即拜冯为相。中主伐闽、伐楚两次战争，也成为冯延巳升沉荣辱的两次转捩，伐闽他第一次罢相，伐楚第二次罢相，罢相不久，旋即启用。

如此让中主恋恋不舍、几黜几用的冯延巳，对中主的知遇之恩，心存感念。他知道，这个中主骨子里喜欢吟诗作词，有一种诗人气质。论起作词，冯可谓南唐群臣之首，在整个唐五代中，除温庭筠、韦庄之外，最好的就是冯延巳、李煜了。他的词"上翼二主，下启晏欧"。也许，正是这份无人能及的诗人才华与中主骨子里的那点诗人气质暗合，惺惺相惜，君臣遇合，早已超越了政治意义，而是精神层面的流水知音。

保大七年（公元 949 年），正月元日，大雪。中主命太弟以下登楼展宴赋诗，令诸臣唱和，集为图册，其架式不亚于西蜀的《花间集》。将登楼赋诗作为国家层面上的活动，中主的气质与所好，可见一斑。

冯延巳借《长命女》表达他的感激之情，聪明狡黠，无谄媚之态却有妩媚之气：

> 春日宴，绿酒一杯歌一遍。再拜陈三愿：一愿郎君千岁，二愿妾身常健，三愿如同梁上燕，岁岁长相见。

他愿中主治下的南唐，基业永存；他愿自己有幸，能长久供君主驱驰；他更愿君臣之遇，有如梁间双燕，无间无限。

他借《鹊踏枝》，表达他郁伊惝怳、幽咽难言的闲情：

> 谁道闲情抛弃久，每到春来，惆怅还依旧。日日花前常病酒，不辞镜里朱颜瘦。

河畔青芜堤上柳，为问新愁，何事年年有。独立小桥风满袖，平林新月人归后。

　　我心中的哀愁不知来自何方，每到春来，惆怅依旧。我这种感情无法向人诉说，只能日日花前病酒，镜里朱颜瘦，只能独立小桥，任风满袖。在平林新月人归后，独自品尝着寂寞，在沼泽中挣扎。

　　一种身处其中无能为力，却又拼命挣扎、知其不可而为之的悲剧意识贯穿其中。俯仰身世，所怀万端，邈悠其词，若显若晦。

　　连年征战，坐在火山口上的人怎能安心？何况，他是一国之相。周师南侵，南唐国势岌岌，覆巢之下，安有完卵？这个被时人讥为"五鬼"之一的相国，又有着怎样幽微曲折的内心？

　　这点，作为南唐一国之君的李璟，体会更深。

　　原来，他们都一样。

　　人都有一份孤独，再繁华热闹，仍有一颗冷心观红尘。唯独他，一眼洞穿你的清寂你的凉，一眼明白这世间所有的繁华不过是你和他身边的过眼云烟，他会在众人之间一眼看到你，然后读懂你，明白你。不似爱情，胜似爱情。

　　当李璟拿冯延巳的"风乍起，吹皱一池春水"说"干卿何事"时，冯说"未如陛下小楼吹彻玉笙寒"。小楼吹彻玉笙寒，一种无人能懂的孤独。因为懂得，所以慈悲。

　　所以，这不是一味地阿谀奉迎，更是一种共鸣共情。

　　李璟最好的两首词《摊破浣溪沙》，无不流露出忧生之叹和深深的孤独。

　　菡萏香销翠叶残，西风愁起绿波间。还与韶光共憔悴，不堪看。
　　细雨梦回鸡塞远，小楼吹彻玉笙寒。多少泪珠何限恨，倚阑干。

　　手卷真珠上玉钩，依前春恨锁重楼。风里落花谁是主？思悠悠。
　　青鸟不传云外信，丁香空结雨中愁。回首绿波三楚暮，接天流。

王国维从"菡萏香销翠叶残，西风愁起绿波间"中读出了"众芳芜秽，美人迟暮"之感。生命的逝去、美好的逝去无人能挡，无力回天。正如南唐的国势，仿佛是一种宿命，走在哪里，都是在命中。

王安石最欣赏的是"细雨梦回鸡塞远，小楼吹彻玉笙寒"，一种相思，两处闲愁，却远隔着万水千山，无法互通。孤独、隔膜、悲情。这个在北宋年间力举变革的改革者，慧眼独具，读懂了中主的孤独与无奈。

青鸟不传云外信，丁香空结雨中愁。一切都被阻滞，带走了他心中仅有的一点奢想。被迫迁都后的中主，在四面愁城之中，有一种逼仄却无法宣泄无法突破的窒息感。能如何呢？唯有望着风里悠悠的落花，怜惜着谁是它们的主的同时，哀叹着自己无可挽回、无力自主的命运。

是时候，考虑自己的后路了；该为南唐，选择一位继位的国主了。

世事的遇合变幻，穷通成败，虽有关机缘气运，自有幸与不幸之别，但归根结底，总是由各人本来的性格决定的。

他的性格，决定了他的命运，也决定了那位继任者李煜的命运。

谁主沉浮

冉冉秋光留不住，满阶红叶暮。又是过重阳，台榭登临处，茱萸香坠。

紫菊气，飘庭户，晚烟笼细雨。雍雍新雁咽寒声，愁恨年年长相似。

南唐国主的继任人选，有三个。

一为李璟的三弟，李景遂。早在即位之时，李璟便信誓旦旦，说他一定会将皇位传给这个三弟，而不是自己的儿子。

保大五年（公元947年），李璟即位的第五年，果然践诺，立景遂为皇太弟。

这位生性淳善儒雅的皇太弟，并没有欢欣雀跃，别人眼中遥不可及、重如泰山的皇位，对他而言，却像一块烫手的山芋。也许，他心中也曾艳羡过、动摇过，但他骨子里缺少那种乱世当中嗜血的本性，缺少敢叫日月换新天的胆气，也厌倦在刀尖上舐血的日子，他一直惴惴不安着。

因为，有人真正想当这个皇帝。

他一直虎视眈眈地盯着皇帝的宝座，像一头机警的猎豹，窥伺着这个地盘，一旦外物入侵，便会发起反攻。这个人，便是皇长子，他的侄子——李弘翼。

他改字退身，以示弱，示自己的真心。

公元958年，在周师入侵、国势陵夷的情态下，他一再请求，退出储位。

他是真的怕了。

李璟另封嫡长子李弘翼为太子。

李弘翼，一个让李璟又爱又恨的儿子。

从父亲立三叔为皇太弟的那一刻起，他的心态就失衡了。猜刻妒忌，结党营私，暗地里寻找时机。

他有非凡的军事才能。周师侵占广陵，李弘翼弃父皇命他回京师的旨意，自作决断，踞守润州。

· 李弘翼临敌不逃，有胆有略；战局混乱，择良将于瞬息，有眼光有谋略；以性命担保，与将士同生共死，有决断有恒心。最终，斩俘虏于军前，大壮南唐军威，使吴越为之胆寒。

赫赫战功，摆在那里，仿佛不立李弘翼为太子，难安军心，难顺天意。

李景遂一再请求，退出储位，立李弘翼为太子，似乎是唯一的选择了。

在生死存亡之秋，或许需要这样一位铁血人物，鼓舞士气，振奋民心。

公元956年，滁州大败，更是给了李璟致命一击。

公元958年，别无选择的他，去帝号，向后周请求传位太子弘翼，以南唐为后周的附庸。

而后周的答复竟是：不许传位太子。

也许，李弘翼的骁勇善战，让后周也有些许顾忌？但后周的这一答复，却也更加动摇了李璟传位给李弘翼的决心。

李弘翼不顾皇命私意做主的无君无父，大开杀戒斩众多俘虏的冷血与决绝，让李璟的心中浸染着丝丝凉意与不安。

作为一个开国国君，需要勇猛与铁血。因为在一无所有的情形下，拼命攫取侵占，才是存活的资本。作为一个守成之君，不再是一无所有，稍一任性妄为，便可能将已然获得的一切化为齑粉，一切都得从头开始。

此时的赌注，不是个人的身家性命，而是一个国家的生死存亡。

为这个偏安一隅的南唐，打拼了十几年，作为一个有产者，而非一无所有的无产者，李璟不打算输尽一切，也输不起。

面对强大的后周，他选择节节败退。此时他不想再亮剑，只想藏锋。

李弘翼锋芒毕露、霸气外溢，只会将欲妥协求得安宁、借以休养生息的南

唐推向风口浪尖，置于入侵者的眼目底下，一步步走向沦亡的境地。

一个守成之君，更加需要的是胸襟。

曾国藩说："胸襟广大，宜从'平''淡'二字用功，凡人我之际须看得平，功名之际须看得淡，庶几胸怀日阔。"

将人我之际看平，功名之际看淡。这种淡泊李景遂有，六皇子李煜也有，独独长子弘翼没有，他早被皇权迷了眼睛。

宽容忍让是一种博大的处世胸襟。这种忍让，李景遂有，六皇子李煜同样有，长子弘翼却一直咄咄逼人，从不掩饰他的欲望。

公元959年，晋王李景遂莫名暴毙。

史书上说，这一切都是已经被立为太子的李弘翼所为。他怕父亲的犹豫反复，干脆果断地作了一个了断，清除了他通往皇权之路上的一个障碍。

最后一个人选，便是李璟的六皇子李从嘉，后来的南唐后主李煜。

这个孩子，生就一副帝王之相：阔额、丰颊、骈齿，还有最特异的"一目重瞳"。

中国历史上，重瞳者有仓颉、虞舜、重耳、项羽等。重瞳，即天生异相。古人认为，这种人不是圣人就是天生的帝王。

这个"重瞳"让李璟常常想，这是不是上天给他的神示？

在那个信奉"君权神授"的年代里，异相与异象，都与皇权君位紧紧关联着。

历代帝王的诞生，仿佛都是神化了的。他们以此证明自己君临天下的合理性、合法性和权威性。证明自己乃是上天授民之子、命世之君。

汉高祖刘邦，史载他出生时其母梦见与神人相遇，待临产时雷电交加、风雨大作，天地为之昏暗，有蛟龙自天外破窗而入，盘旋于产床之上。

魏文帝曹丕，史载他出生时，有青色的云气在产房上空凝结，"圜如车盖"，终日不散，望见的人都说这是"至贵之证，非人臣之气"。

蜀主刘备，史载他为布衣时，在房屋东南角篱笆边"有桑树生高五丈余，遥望见童童如小车盖"，来往的人看见后"皆怪此树非凡"，传言此家必出贵人。

东晋元帝司马睿，史载他出生时产房内"有神光之异，一室尽明"，降世

后相貌也很不平凡，"白豪生于日角之左，隆准龙颜"，双眼放射白光，"顾眄炜如也"。

就连李璟出生之时，其父正好做了一个龙盘雕梁的怪梦。……这串名单太长，不再一一列举。

种种异象，像一枚随风坠落熟透了的果子，带有发酵之后的逼近死亡的气息，让人有一种头晕目眩的匍匐和敬畏。

草民拜天地，要学会敬畏。

天生重瞳之异相，让李璟敬畏。

淳雅的气质，淡泊忍让的胸襟，让李璟觉得这更符合一个守成之君的标准。

还有藏在他内心隐秘之处的那点点私心与偏好。

在几个儿子当中，长子最像祖父。六子在某种程度上最像自己。

一样有颗敏感的心，有一种孤独的气质。这点，在写词上最能体现。

他向往的是真正的自由。

浪花有意千里雪，桃花无言一队春。一壶酒，一竿身，快活如侬有几人。

一棹春风一叶舟，一纶茧缕一轻钩。花满渚，酒盈瓯，万顷波中得自由。

在碌碌人世、滚滚红尘中的人，都或多或少地受某种束缚。或是功名，或是权势，或是利禄，或是感情，甚至也可能是生与死。同时，每个人心中或多或少地都想挣脱这种桎梏，有的只是一种念头，有的付出了行动。有的坚持到底，有的中途妥协。

他的向往是：一叶舟，一钓钩，足矣。携"一棹春风"，来到一个开满鲜花的洲渚之上。摆好了鱼钩，他给自己斟了满满一瓯酒，边喝边从容地等着鱼儿上钩。

简单的工具，从容的态度，诗意的眼光，这不是人世间最得"自由"至味的人吗？

他有颗敏感的心灵。

越敏锐越能在每个角落里发现神性。

每一阵纤柔的微风都会触碰他的神经，甚至那在风中摇晃的一片叶子，一瓣落花，也因他的敏感而有了生命，有了不凡的珍贵，浴着人性的光辉。

一个野心勃勃的人是不可能去爱的。爱来自于敏感，爱需要一个细腻而敏感的心灵，一个充满野心的人几乎把自己全部的注意力都投注到将来，他时时刻刻都处于紧张焦虑的状态，除了自己欲求的目标，他不会真正关注任何事情。他的心灵已经变得很坚硬甚至已经钙化了。

柔和、敏感和爱，这些品质无法从野心勃勃者的内在产生。

他有不知所自也不知所终的愁与孤独。

> 冉冉秋光留不住，满阶红叶暮。又是过重阳，台榭登临处，茱萸香坠。
>
> 紫菊气，飘庭户，晚烟笼细雨。雝雝新雁咽寒声，愁恨年年长相似。

其愁自何起，又向何处？全词氤氲着一种闲愁，充满了整个空间，你见它不着，摸它不得，但它却无处不在，左右着你的情绪。

显德六年（公元 959 年）六月，晋王景遂卒。

九月，太子弘翼卒。

这个被立为太子仅仅一年的长子，也莫名暴卒。难道又是天意在向自己昭示着什么？一直在犹豫徘徊中的李璟，终于痛下决心，封六子从嘉为吴王，备位东宫主。

当然，这其中有一段小插曲。太子弘翼死后，他召集臣子商议皇位的继承人。臣子钟谟直言进谏："从嘉德轻志懦，又酷信释氏，非人主才。"

李璟闻言，心中结下了一个疙瘩。最终钟谟被贬为国子司业，流放到饶州。

钟谟没有读懂他的心。

他要证明自己的正确，也要用自己的力量为儿子铲除未来路上的障碍。

德轻，志懦，酷信释氏，终极指向只是一个：轻事功与名利，重个性与自由。一个人主，从他登上皇位的那一刻起，心中要装的永远是天下、臣民，唯独不能是自己。

李璟何尝不知道钟谟所言有一定的合理性。

只是，接二连三失地、去帝号、进贡、卑躬屈膝，一种无力回天的感觉让他深知，继任者更重要的是忍辱负重地带领他的子民活下去。

活下去，活着。

哪怕充满屈辱，一切也皆有可能。

奈何天意

命运不是风，来回吹。命运是大地，走到哪里你都在其中。

有时候，身处吊诡命运之中的人，不得不承受命运带来的一切后果。

拼命想得到皇位的李弘翼，自以为铲除了前进道路上的一切绊脚石，他心目中的两个竞争对手，一个被他除掉，一个从来都未曾热心过，甚至退避躲闪着。孰料人算不如天算，他莫名暴毙，无福消受。

悲剧的开始往往毫无征兆。命运伸出手来，把种子埋下，诡秘地笑着，等待开花结果的一天。"温泉水滑洗凝脂，夜半无人私语时"，大明宫韶华极盛时，谁会料到，结局竟是马嵬坡前"一抔黄土收艳骨，数丈白绫掩风流"？

命运伸出手来，我们无能为力。

从未想过要当上皇帝的六皇子李从嘉，却莫名其妙地被推上了皇位。

李弘翼暴毙后，李从嘉上面还有四个哥哥，历史上没有留下他们半点痕迹，只知道他们一个个都早早去世。

皇位，没来由地砸在了没有作好准备的李从嘉头上。

命里有时终须有，命里无时莫强求。

叔本华说："人虽然能够做他所想做的，但不能要他所想要的。"

你可以尽人事，但结果你得听天命。

命运，像一根巨大的绳索，缚住了古往今来无数才智之士追求理想的翅

胯；命运，也曾像一个不祥的预言，让无数善良的心灵深感恐惧。然而，勇敢的人类从来没有被命运所左右。可以说，一个人从出生的那一刻起，就开始向命运宣战了。战争的结果并不重要，重要的是去战斗，不能屈服。

袁了凡说："但惟凡人有数，极善之人，数固拘他不定。"

如此看来，李弘翼终究是凡人一个，注定要为命数所拘。

面对着这个命中注定的皇位，李煜没有作好准备。

他在《浣溪沙》中写道：

> 转烛飘蓬一梦归，欲寻陈迹怅人非。天教心愿与身违。
> 待月池台空逝水，荫花楼阁谩斜晖。登临不惜更沾衣。

在这个人世间，还有多少物是人非，多少无常？人寄于天地间，如烛火，如飘蓬，短短一梦浮生而已。

天教心愿与身违！

多像纳兰性德，看着漫天飞舞的雪花，他说："冷处偏佳，别有根芽，不是人间富贵花。"

一个别有根芽的人却偏要置于俗世的烟火富贵中，这是纳兰的"天教心愿与身违"。

一种悖谬，一种错置。一个没有一点政治细胞的人，却要被放到最残酷的政治格局中。

我们说，一个人活在世上，有自己真正爱好的事情，能做自己爱好的事情，才算活得有意思。这爱好，必须出于他的真性情，而不是为了某个外在的利益，或是世俗的标准，比如门第，比如金钱，比如名声。他喜欢做这件事，纯粹是他内心觉得这件事是美好的，他深深地被它吸引。唯如此，他才能安宁，踏实。反之，则会觉得空虚，没有意思。

可是，他没有选择。

穿着龙袍，望着金碧辉煌的龙座，他的眼神空漠得一如洪荒的太古。

这个让无数人为之生，为之死，为之癫狂，为之淌血的宝座，真的值得

么？命运总是给予人们并不需要的东西，面对着它，他心里充满了惶惑。

他不知道，要怎样担负起这个重担。也不知道，命运还要将他带向何方。他只知道，即使坐在这个龙座上，他还是认为自己并不是可以成就霸业的王者。

他不是向命运宣战，为命运抗争的人。他被命运左右着，推搡着，跌跌撞撞地向前走。

天教心愿与身违。

是天意，是宿命，是命运的荒谬，也是他消极选择的结果。

他太优柔、太敏感、太像一个有着赤子之心的孩童，他要糖果，要游戏，唯独不要算计。他并不适合刀光剑影、权谋机诈的生活方式。如果，可以再作一次选择，他宁愿遵从内心的声音，顺着内心指引的方向，走上一条适合自己的路，过着一种自己愿意过的生活。

他享受着重瞳带给他的宠爱和荣耀。年幼的他，像一个被宠坏了的孩子，生于深宫之侧，长于妇人之手，任性而又骄傲着。他希望自己是一个普通的孩子，有父亲的爱，有兄长的宠，有不带有任何杂质单纯明净的亲情至乐。

可这一切，都只是一个遥不可及的梦。因为，他是南唐君王的儿子，不管谁见到他，都会毕恭毕敬地叫他一声"六皇子"。

皇子的身份，如同流在他体内的血液，无法抹杀。

重瞳异相带给他的骄傲并没有持续多久，取而代之的是深深的惶恐。他害怕，哥哥弘翼那种深不可测却让人寒彻透骨的眼神。那眼神，像一把刀，深深刺在他的心底，在短暂的忘乎所以时，又瞬息让他明白，他不可以这样任性着。在午夜梦回的时分，像一个魔咒，将他拖入深渊动弹不得。

尤其是目睹三叔和弘翼为了皇位的那些明争与暗斗，那些将人伦亲情踩踏在脚底，将人性中的恶赤裸裸地彰显着，放任它为所欲为，更是让人惊心动魄。

他知道，自己并不适合这场角逐。鹿死谁手，他不去关心，也不想关心。可这并不代表着他可以置身事外，做一个悠闲的看客。

他要将自己隐匿起来。

他要选择一种适合自己的方式。

如是，他远离政治漩涡，在一个安静的角落里，心平气和地写着自己的词，云淡风轻地画着自己的画，或是参禅理佛。

他不喜欢政治家的权谋机变，不理会人世的机诈凶险，他不想浸染于世俗当中，让功利得失束缚自己的本性。他想用一颗纯正的心面对宇宙、社会、人生，并能摆脱世俗束缚，活出自己的绝美与纯真。

他喜欢写词。

花月春风里，看花开花落；萧萧竹林里，听秋风秋雨。细细聆听年华如水般流逝着，默默享受着静谧与孤独。这样很好，唯有在无功利扰心的静当中，人才能最大程度地敞开自己，才能感受到一种心灵弥满、生命弥满的状态。他享受这种状态，这种欢乐，这是那个忙于征逐的哥哥永远也无法体会的境界。

他想做一个悠然闲行的隐者。

> 山舍初成病乍轻，杖藜巾褐称闲情。
> 炉开小火深回暖，沟引新流几曲声。
> 暂约彭涓安朽质，终期宗远问无生。
> 谁能役役尘中累，贪合鱼龙构强名。

他想向兄长或是世人表明，自己无心帝位。那只是碌碌尘世之人心役于物、贪合鱼龙构强名之举。他只想当深山里悠然闲行的老翁，于红叶满阶时沾一身秋露，在茂林修竹中筑一方小庐，拄着杖，布衣短褐，闲吟徐啸。暮色苍茫中，红泥小火炉有恰到好处的温暖，和着山涧潺潺清流，唱着自己的歌。

他想在经声佛火中斩断一切欲念，做一个心灵澄澈的人，只映自在，不映红尘。

> 病身坚固道情深，宴坐清香思自任。
> 月照静居惟捣药，门扃幽院只来禽。
> 庸医懒听词何取，小婢将行力未禁。

赖问空门知气味，不然烦恼万途侵。

经声佛火，宴坐清思，月照静居，门扃幽院，茫茫天地遗落在身后。此时，我就是我，天地间唯有我在，如此甚好。遁入空空之门，斩断三千烦恼丝，如此甚好。什么生、老、病、死、爱别离、怨憎会、求不得，统统抛诸脑后。

任世间波谲云诡，风起云涌，他只想做个云淡风轻、清心寡欲的素心人，不争不抢，不喜不悲。

除了诗词，他还沉浸于书画当中。

他临过柳公权，临过欧阳询，最喜欢的是颜真卿的学生卫夫人。真是有意思，如此众多的名家中，他偏偏钟情于一个女子的书法。她吸引他的到底是什么，是骨子里那种敏感而阴柔的气质么？

他的书法瘦硬、风骨俊朗，被誉为"金错刀"，此种字体"大字如截竹木，小字如聚针钉"。竹木、针钉，虽然现在无缘得见他的真迹，我也能想象它们的枯、瘦、硬，一种冷冷的华丽中搀杂着感伤，像他郁结的心思，无法舒展。也像他身不由己的命运，无法酣畅淋漓，任情任性。

他的画清瘦绝伦，遒劲中带着沧桑，自创"铁钩锁"画法，瘦劲硬朗的线条，如刀刻一般。没有青绿山水的绚丽，也没有水墨渲染的写意。一笔一画，如他蜷曲的心。

如果他足够坚定，如果他选择了任情任性，作一个自由淡泊的隐者或一个逍遥闲散的墨客，一个富贵的闲人，或许他可以安然老去，了此终生。纵使国破家亡，他也不用承担亡国的原罪，不用担上亡国之君的罪名。

世上事，没有如果。

一种宿命感、无力感，盘踞在他的心头，挥之不去。

那时的从嘉也许不知道，终其一生，他的命运，都是系在别人的手中，交由他人操纵，从未真正地属于自己。

当皇帝前如此，当皇帝后依然如是。

浮生·迷梦·闲愁

浮生・迷梦・闲愁

耽溺

　　从嘉出生在祖父即皇位的那年，尊贵与显赫，出生时便融入了他的血脉中。

　　那天，是七月七日，农历七夕，牛郎织女可以跨过鹊桥，一解"盈盈一水间，脉脉不得语"、积蓄了365天的相思之渴。真是个浪漫诗意的日子。难道，这也是一种天意，一种神秘的暗示，暗示着这个孩子将与超越于功名世俗之上的浪漫结下某种不解之缘？

　　就叫他从嘉吧。嘉，既美且善，既有道德层面上的期许，也有超越于道德层面之上的某种气质。从《诗经》开始，美且善，便被确定为一种最高的标准。《桃夭》在嘉许女子"之子于归，宜其室家"的善的同时，没有忘了特别交代一句她是那样的"桃之夭夭，灼灼其华"，那样美。

　　其他几位兄弟的名字，长兄李弘翼，二哥李弘茂，还有后来的七弟李从善，余下的历史上仅仅有其名的弟弟李从镒、李从谦，无一不带着深深的道德意味。"善"的一面彰显，"美"的一面遮蔽。

　　唯有他，这样特别，特别的还有他出生时的重瞳。

　　七岁时，父亲继皇位，是为中主。而他也从一个皇孙直接变成了皇子。

　　一个眼神澄明如水，仪态嘉美的孩子，生于深宫之中，长于妇人之手。乱世的风雨，屏蔽在他的身后，在金碧辉煌的华丽中，在富庶繁华的宫廷中，他

用单纯的目光打量着这个世界，用好奇拥抱着一切。像一个赤子，行走着，成长着，学习着一个皇子应该学习的礼乐射御书数。

也许是天生敏感，他不如其他皇子那么骄纵、任性。小小的年龄，有一种遗世独立的静美气质。

这个皇宫中上演过多少故事，见证过多少悲欢、风流，童年的他没有记住太多。但有两次活动，却异常清晰地烙在他的心底。

一次是保大二年（公元944年），父皇幸饮香亭，赏新兰。兰香被誉为"王者香"，最适宜王者欣赏。

那是父皇继位的第二年，他要将一个君主的荣光、尊严还有权威诏告天下，而诏告的方式不是正襟危坐在金殿之上的肃穆，而是闲散随性与民同乐的宴游。那年从嘉8岁。

饮香亭，一个香艳的名字。那里"到处楼台，争列后庭之宠。三千粉黛，绣幕珠帘，二八妖娆，舞裾歌扇"。恣一时之游宴，供千载之流连。才子与佳人，臣子与君上，吟诗、听乐、观舞。

小小的他，不知道大人的世界，却也被一种莫名的兴奋裹挟着。像一个贪爱糖果的孩子，他喜欢弥漫在空气中的如节日般的微甜感觉。

还有一次，是保大七年（公元949年），那年他13岁。

正月元日，大雪。父皇命群臣登楼展宴赋诗，同宴唱和。事后命徐铉作序，集成图册。父亲的雅好，让这个有着静美气质的孩子，感到一丝丝安慰与亲近。他不只是那位端坐在皇座之上的威严而冰冷的父亲，他也有着偶尔间流露出来的温情与温柔。这点，自己和父皇多么像。这，几乎成了暗藏在他心底，令他窃喜的秘密。

父皇用的是时下正流行的，一种异于诗体的新形式——长短句。至今他还记得那首《望远行》：

　　碧砌花光绵乡明，朱扉长日镇长扃。余寒不去梦难成，炉香烟冷自亭亭。

辽阳月，秣陵砧，不传消息但传情。黄金窗下忽然惊，征人归日二毛生。

从这首词中，他读出了一种悲哀，一种感伤。那时的他或许并不知道，这悲，是兴尽悲来，是欢会之后的落寞。"黄金窗下忽然惊，征人归日二毛生"，年华如水般逝去，生命如此脆弱而短暂，真是无常啊。一种悲伤的感觉，浅浅地弥漫在他的心底，挥之不去。

他不知道，他处在怎样的时世当中。

或是隐隐地感受到了什么，他小小的心灵也无法真正理解或是承受。

自晚唐至五代，整个社会都弥漫着一种末世情绪。盛唐文人建功立业的浪漫激情早已消失无踪，中唐文人对国计民生深沉忧虑的责任感已荡然无存。"致君尧舜上"的人生理想没有了现实依托，巧取豪夺的欲望征伐，旋生旋灭的大王旗在风中猎猎张扬，人却在朝生暮死的混乱中感受着生命的无常。

信仰没有了。

精神落荒而逃，肉体便开始了末日狂欢。疗救精神的丸散既已失效，刺激肉体的玩意便排闼而来。他们沉溺在感官的狂欢当中，以此来对抗生命短暂、世事无常，让有限的生，在存在之时尽量充满了浓度。人生短暂，当及时行乐。

忧世之叹没有了，取而代之的是忧生之嗟。

他们开始将向外关注的目光，投注到对自身的关照上，对生命的反省上。

尤其是偏安一隅的西蜀和南唐，它们比起五代十国的其他政权，更有条件滋生一种向内的情感倾向。

西蜀和南唐，处在相对封闭的环境当中，远离中原战乱，成为乱世之中的富庶繁华之地。西蜀的益州，南唐的金陵，是两个安乐富贵的销金窝。蜀中"斗米三钱"，江南"治平如砥"。在富有安乐之中，他们一边恣肆享受末世狂欢，一边产生了一种对细腻情感的眷恋。

唐是一个向外征服的时代，感官磅礴，精神旺健。

五代时期，以西蜀和南唐为代表，开始了向内的缠绵。

"大漠孤烟直，长河落日圆"的向外扩张变成了"记得绿罗裙，处处怜芳草"的向内耽溺。"西风残照，汉家陵阙"的万里乾坤，变成了"日日花前常病酒，不辞镜里朱颜瘦"的自恋与沉溺。

所以，他们一面尽情狂欢沉酣着，一面在酒阑人散之际体味着生命的悲凉与落寞。

大汉的一统消散后，便有魏晋南北朝的混乱与无序。

魏晋的名士们，在玄谈，在药、酒和女人中安放他们的心灵。

大唐的一统解体后，便有五代十国的荒芜与追逐。

西蜀和南唐的君臣文士们，在经声佛火中悟色悟空，在沉酣宴游中将一种叫词的艺术，玩得游刃有余。

词，本来是起源于民间的一种佐欢助兴的靡靡之音，一种流行歌曲。诗，是用来言志的，言宏大高远之志，可以在大雅之堂展示。而词，是用来言情的，言幽微私我之情，是一个人对自己内心的偷窥。

末世的文士们需要这种可以发抒内心，可以关照自我直面生命的真的东西。

于是，西蜀和南唐的文士们纷纷加入词体艺术的尝试中，让词这种艺术形式日渐流行起来，并成了一种现象。

西蜀温软香艳、娱宾遣兴的《花间集》应运而生。《花间集序》宣示了他们的审美取向和创作动机：

> 镂玉雕琼，拟化工而迥巧；裁花剪叶，夺春艳以争鲜。是以唱《云谣》则金母词清；挹霞醴则穆王心醉。名高《白雪》，声声而自合鸾歌；响遏行云，字字而偏谐凤律。《杨柳》、《大堤》之句，乐府相传；《芙蓉》、《曲渚》之篇，豪家自制。莫不争高门下，三千玳瑁之簪；竞富尊前，数十珊瑚之树。则有绮筵公子，绣幌佳人，递叶叶之花笺，文抽丽锦；举纤纤之玉指，拍按香檀。不无清绝之辞，用助娇娆之态。自南朝之宫体，扇北里之娼风，何止言之不文，所谓秀而不实。有唐已降，率土之

滨，家家之香径春风，宁寻越艳；处处之红楼夜月，自锁嫦娥。

且流连"花间"，做一只朝生暮死的蝴蝶。在短短的一春里尽情地酣足地
在花间飞舞，一旦春尽花残，便爽爽快快地殉着春光化去，它们一生只是为了
酣舞与享乐而来的，倒要痛快些。

南唐则有李璟、冯延巳以及李煜。

相比西蜀词的绮靡香艳而言，南唐词则显得清婉哀感得多。

这是一个可以向内观照、向内缠绵的时代。

耳濡目染之下，他可以堂而皇之地将圣贤的高文典册、道德文章弃置案
侧，随意看自己喜欢看的一切。

他读过王羲之的《兰亭集序》。当年东晋的望族王羲之与谢安、孙绰等名
流显贵，在兰亭雅集时，他们写的是诗。王羲之为兰亭雅集诗文作序时，一不
小心，窥见了生命的玄机。

夫人之相与，俯仰一世。或取诸怀抱，晤言一室之内；或因寄所托，
放浪形骸之外。虽趣舍万殊，静躁不同，当其欣于所遇，暂得于己，快然
自足，不知老之将至。及其所之既倦，情随事迁，感慨系之矣。向之所
欣，俯仰之间，已为陈迹，犹不能不以之兴怀。况修短随化，终期于尽。
古人云："死生亦大矣！"岂不痛哉！

"固知一死生为虚诞，齐彭殇为妄作。"在永恒的宇宙面前，人多么渺小，
人生又是何其无常，岂不痛哉！

他读过父皇的宠臣、他的老师冯延巳的《阳春集》。尤其喜欢那几首《鹊
踏枝》：

谁道闲情抛掷久？每到春来，惆怅还依旧。日日花前常病酒，不辞镜
里朱颜瘦。

河畔青芜堤不柳。为问新愁，何事年年有？独立小桥风满袖，平林新月人归后。

词里有"独立小桥风满袖，平林新月人归后"的孤独与寂寞，有"日日花前常病酒，不辞镜里朱颜瘦"的执着与耽溺。有"百草千花寒食路，香车系在谁家树"的忧生之嗟与无所适从，有"撩乱春愁如柳絮，悠悠梦里无寻处"的虚无与惆怅。

这一切都与他敏感的心灵共振，让他觉得在这个世界里，他是自由的，饱满的，欢欣的，尽管这个欢欣带着淡淡的哀愁。心灵的水域上，他在放歌，在神游。

他沉溺于这种感觉，觉得快乐。

碰到好的欢喜的东西，总是要留一分清淡余地，才会有中正的情缘，因极希望它存在并且长久，有时会故意若即若离。可他做不到。

因为他是一个孩子，一个有着赤子之心的孩子。

阴柔

浪花有意千里雪，桃花无言一队春。一壶酒，一竿身，快活如侬有几人。

一棹春风一叶舟，一纶茧缕一轻钩。花满渚，酒盈瓯，万顷波中得自由。

时光如水样流。

青涩与稚气一点点剥落，这个叫从嘉的孩子，出落得越发清俊了。乱世的风雨，欲望的丛林，没能让他浑浊，他像一枝青莲，挺立在淤泥之中，临水照花。

这是一张俊美逼人的华丽侧脸，老实说他的五官并不能用阳刚来形容，甚至可以说是精致的，一举手一投足，尊贵与华丽，优雅与妩媚，交融一处，浑然天成。

澄澈的眼眸里，不变的是那份纯真。

嘉而美。

说来也奇怪，从祖父，到父皇，到李煜，他们的轮廓在岁月的雕刻下，变得越来越柔和。

阳刚有阳刚的美，阴柔有阴柔的美。

佛陀是一个非常有教养的人，久经沧桑，非常优雅。菩提达摩的表情则恰恰相反，他不是一个人，而是一头狮子。他是粗野的，未经加工的，像刚从矿石里出来的，那是他的美丽。佛陀有他自己的美丽，非常阴柔，非常精致，非常易碎。菩提达摩有他自己的美丽，就像岩石那样——强硬、阳刚、不可摧毁，有一股强大的力量。

他们一样，都在济世救人。

唐诗是阳刚的，青春的，健旺的。宋词是阴柔的，妩媚的，细腻的。

它们各自为一时代之文学，双峰并峙。

他的阴柔，是自然天成，也有后天人为。

十三岁那年，父皇兑现了他"兄终及弟"的诺言，立三叔父景遂为皇太弟。

本以为这样可以避免兄弟手足之残，避免祸起于萧墙之内，一锤定音。却让那个一直窥伺着皇位，认为自己还有机会的皇长子弘翼燃起了熊熊斗志。

弘翼的假想敌，不只是三叔，还有六弟，从嘉。因为他有一目重瞳的异相，他有与父皇相通的敏感气质。

他本心雅好诗与画，雅好一切具有艺术气质的东西。长兄的咄咄逼人，让他不得不逃，不得不隐于佛，隐于诗文，隐于书画，甚至是一切富有生活情趣的东西。

他想对那个心机重重的哥哥表明，自己其实真的不在乎。

他不争不抢，不言不语，在安静的角落里，静静地隐忍着、避让着。

世界上没有比隐忍更好的盾牌了。

对从嘉来说，隐忍与避让，并不是一种手段，一种策略，一种以柔克刚的诡计。他心灵单纯，他不想借此欺蒙世人的眼，攫取些什么。他只想，把它作为一个盾牌，保护自己不受伤害，让自己可以做自己的事，便足够了。

真是单纯，不是自己无心就能换取他人的无意。

他只能将痛苦深深掩藏，其实内心的悲伤早已泛滥成灾，却要看上去若无其事，岁月静好。

他无心作为制胜法宝的隐忍与阴柔，却偏偏成全了他。

智者懂得隐忍，原谅周围的那些人，在宽容中壮大自己。

隐忍平凡的外壳下，有着汁甜水蜜的肉瓤以及一颗坚硬善良的内核。这样的种子，才能在人间深处生根发芽，把一段富有情致的人生传奇书写下去。

虽然，这个成全，并不是他想要的。

他的阴柔，更是江南文化的濡染与浸润。

> 我打江南走过，
> 古典的莲花在季节里开落。
> 扑面的池水承载了多少斜阳暮雨？
> 前朝的月色融化在我柔媚的眼波，
> 日暮征帆何处是？
> 西泠桥畔又埋葬着谁的寂寞？

梁启超先生说："燕赵多慷慨悲歌之士，吴越多放诞纤丽之文，自古然矣。长城饮马，河梁携手，北人之气概也；江南草长，洞庭始波，南人之情怀也。散文之长江大河一泻千里者，北人为先；骈文之镂云刻月善移我情者，南人为先。"

山川风物的地理环境，政教习俗的熏染雕刻，共同铸就了温婉柔美的江南文化。

江南文化以吴文化为基础，吴国的先祖泰伯因三让天下而被孔子称为"至德之人"，成为中国文化中礼让和不争的典范。江南文化自古便有一种超越功利的审美气质与诗性精神。

六朝300余年，北方战争频仍，南方则相对安定，大批北人南迁，使江南逐步成为经济文化中心。历代的江南朝廷，无一有一统天下的雄心和魄力。军事上的孱弱，反倒促使艺术的蓬勃发展。

它不只是一个地理符号，还是闲适、淡雅、诗意的精神象征，是文人雅士的精神港湾与栖息地。

六朝时的吴越民歌，如《西洲曲》《子夜歌》《懊侬》，无一不吐属清华，明快中渗着淡淡忧伤，爱恨缠绵，反复不已。

无数文人在他们的诗词中留下了江南的丽影。

六朝烟雨，秦淮风月，秣陵春梦，惊艳了多少多情的眼。

温柔水乡，泼墨山水，渔舟唱晚，装饰了多少旖旎的梦。

西蜀《花间集》中的江南满是水，满是花，连起来是一幅杏花、春雨、江南的绝妙美景。

> 春水碧于天，画船听雨眠。
> 闲梦江南梅子熟，夜船吹笛雨潇潇
> 江上柳如烟，雁飞残月天。
> 桃花春水绿，水上鸳鸯浴。

……人人尽说江南好，游人只合江南老。所以韦庄怀恋"当时年少春衫薄，骑马倚斜桥，满楼红袖招"，他醉入花丛宿，白头誓不归。

江南的文化，是水的文化。

仁者乐山，智者乐水。

亲近山和亲近水的心情的确是不一样的。水比较柔软，比较温和，比较顺从，也比较沉静反省。山比较稳定、雄壮、大气，这两者有不同的美学体验。

江南水文化超功利的审美气质和诗性精神，贴合了从嘉的赤子之心和柔顺温婉的气质。

他，生于江南，也是为江南而生的。

他醉在江南的芳春与清秋的柔波当中：

> 闲梦远，南国正芳春。船上管弦江面绿，满城飞絮滚轻尘。忙杀看花人！
> 闲梦远，南国正清秋。千里江山寒色远，芦花深处泊孤舟，笛在月明楼。

寻梦？撑一支长篙，向青草更青处漫溯，载一船星辉，在星辉斑斓里放歌。

他想做一个与水共栖共止的渔父：

浪花有意千里雪，桃花无言一队春。一壶酒，一竿身，快活如侬有几人。

一棹春风一叶舟，一纶茧缕一轻钩。花满渚，酒盈瓯，万顷波中得自由。

他更喜欢江南女子如水般的柔情。

女儿本来是水做的骨肉，词体又是借女子之口作闺音，他耽溺在这样一个柔媚的世界里，乐此不疲。

都说从他的词中看得出他前期醉生梦死，后期悔恨沉痛。在他醉生梦死之前，他有一颗温柔的心。

他伤春。

亭前春逐红英尽，舞态徘徊。细雨霏微，不放双眉时暂开。
绿窗冷静芳音断，香印成灰。可奈情怀，欲睡朦胧入梦来。

樱花落尽阶前月，象床愁倚熏笼。远似去年今日，恨还同。
双鬟不整云憔悴，泪沾红抹胸。何处相思苦？纱窗醉梦。

他悲秋。

冉冉秋光留不住，满阶红叶暮。又是过重阳，台榭登临处，茱萸香坠。
紫菊气，飘庭户，晚烟笼细雨。雍雍新雁咽寒声，愁恨年年长相似。

孤独是一座花园，但其中有一棵树。这树是江南，可以遮风挡雨，可以为他的心灵提供一块憩息地。

时光在欢乐中浮游，在忧愁中沉积。遗忘有一把竖琴，记忆用它弹奏无声的忧伤。

世界让我受了伤，但伤口却长出了翅膀。黑夜向我袭来，却让我更加

灿亮。

江南，这座桥架设于他不解的世界与他内在的自我之间，让他泅渡过时光，泅渡过汹涌的海，直抵他梦中的彼岸与天堂。

这是一个少年的成人礼。

闲愁

遥夜亭皋闲信步，乍过清明，渐觉伤春暮。数点雨声风约住，朦胧淡月云来去。

桃李依依春暗度，谁在秋千，笑里轻轻语。一片芳心千万绪，人间没个安排处。

敏感多情的心，往往更容易感受忧愁、惆怅、感伤诸如此类的情感。

私意以为，忧愁、惆怅、感伤都是带有女性气质的情感，呈现出一种阴柔的美。

它最适宜在一个人的青少年时期产生。

在这世界中，任重道远的人类，已经是风霜满面，尘垢满身。他们疲乏的眼睛所看见的是罪恶、机诈、苦痛、空虚。他们的心灵蒙上了尘垢，他们的目光不再明亮，他们的情感接近于停滞，波澜不惊。

只有少年哀乐过于人，歌泣无端字字真。

譬如感伤主义的典范——少年维特。

宗白华先生说："少年维特是世界上最纯洁、最天真、最可爱的人格，却是一个从根基上动摇了的心灵。他像一片秋天的树叶，无风时也在战栗。这颗战栗着的心，具有过分繁复的心弦，对于自然界人生界，一切天真的音响，都起共鸣。他以无限温柔的爱，笼罩着自然与人类的全部，一切尘垢不落于他的胸襟。他以真情与人共忧共喜，尤爱天真活泼的小孩与困苦的人们。但他这个在生活中的梦想者，满怀清洁的情操，禀着超越的理想，他设若与这实际人事界相接触，他将以过分明敏的眼光，最深感觉的反应，惊讶这个世界的虚伪与鄙俗。"

少年的李煜，就像少年维特一样。

他软弱，多感，愉快和痛苦都较常人深一层。

他爱自由，爱真性情，爱美丽的幻想，爱沉醉在艺术的世界里。周围的人都劳碌于权欲与功名，在他看来无意义。这一切徒然束缚心灵，磨灭天性，他实在是无兴趣。

植根于现实的土壤中，他的心灵上空，时时有黯淡的愁云掠过。

我们都看到了他后期词作中那些无法排遣的来自灵魂深处的感伤，其实，这种几乎笼罩着某种疼痛的氤氲感伤贯穿在他生命的始终。

经济上的富足和政治上的相对安定，反而构成了他生命里更大的内在感伤，因为这个感伤是回到自身生命里面去反省去沉淀。

一个人如果致力于外在追求，致力于向外征服，反而不会产生一种内在的感伤或忧愁，比如唐诗。

在五代南唐词里，感伤、闲情、惆怅这类字眼大规模出现。

第一代打拼，第二代守成，第三代，能做些什么呢？

李煜是南唐的第三代，在经历了巨大的繁华之后，或许更适宜他做的是，反思繁华的意义、生命的意义之所在。这些对少年李煜来说，也许过于沉重，过于高深，可他有一颗善感的心，有比常人更锐感的触觉。他不明白，也参不透这宇宙人生的奥秘，但他的心被深深触动了。他总是会产生一种莫名的忧愁，莫名的惆怅，莫名的感伤。

忧愁，有时并非由某个事件引起的，它无法追问，没有因果。就像你在唱歌时，并不会特别追问为什么这首歌里讲了这种哀伤。你也无法解释，为什么一个人会"落花人独立"，看微雨中燕双飞，说不出的感伤与落寞。

忧愁是少年李煜的生命常态。

年纪轻轻的李煜，愁不知所起，也不知所终。谁说他是一个只懂享乐、不知愁的轻浮浪子？弥漫在他词中的愁，我想，不都是为赋新词的矫情。

装一时易，装一辈子难。

莫名的愁恨和忧郁，流淌在他的血脉中，早期如此，后期更如此。没有截然的分水岭。

夜晚拥抱起忧愁，然后解开它的发辫。关上门，不是为了幽禁欢乐，而是为了释放悲伤。

心中好似展开一匹绸缎，有什么东西在轻轻撩拨着我，让我逃离了这个现实的世界还有其他人。它以其温柔和烦恼搅得我不得安宁，我踌躇良久，想给它取一个美丽而庄重的名字：忧愁。

他的忧愁无时不在，年年相似。

> 冉冉秋光留不住，满阶红叶暮。又是过重阳，台榭登临处，茱萸香坠。
> 紫菊气，飘庭户，晚烟笼细雨。雝雝新雁咽寒声，愁恨年年长相似。

岁岁重阳，今又重阳。岁岁雁来，岁岁雁往。一切恒定不变，正如我一年又一年轮回的愁恨一样。

原来，愁恨不只是在今日今时，年年不变，岁岁如今朝啊！

只是这愁恨虽长，虽恒久，我们仍然不知其所起，也没有具体所指。

无着落的闲愁，无主的心情。

时光不会因他的闲愁而驻足，日子不会因他的闲愁而停步。

他什么也不能做，只能用青春和流年喂养着闲愁。

他的忧愁，在笙歌醉梦之后。

> 东风吹水日衔山，春来长是闲。落花狼藉酒阑珊，笙歌醉梦间。
> 佩声悄，晚妆残，凭谁整翠鬟？流连光景惜朱颜，黄昏独倚阑。

这一春来心里荒得像长了草。"春来长是闲"，得找点什么事，排遣这"闲"。不然，要白白辜负这良辰春景了。

"落花狼藉酒阑珊，笙歌醉梦间。"一副醉生梦死之态，一场华丽的宫廷

宴游，这便是主人公排遣闲愁的方式了。鲜花着锦，觥筹交错，弦歌阵阵，舞影婆娑。人人都在盛筵中燃烧着、狂欢着，尽情酣戏，不醉不归。

繁华落尽，曲终人散。他在黄昏中独自品尝着浩歌狂热之后的寂。

独自一个人，倚着阑干。看夜色渐浓，看千帆过尽，看月满西楼。

清幽的月光洒在身上，在斑驳的地上投射出一个完整的影子与我相对无言，我就这么独坐月光，夜凉如水。

他的忧愁，让他陷入了慵倦当中，试图挣脱。

> 春光镇在人空老，新愁往恨何穷！金窗力困起还慵。一声羌笛，惊起醉怡容。

春光在，一直都在，人却渐渐老去了。人之易老，对比春光恒在，让人产生了一种厌倦的情绪。年年岁岁一样的春光，岁岁年年无尽的愁恨，天长地久有尽时，此恨绵绵无绝期。身处其中的人不得不感慨，这新愁旧恨，何日才有个头啊？

长期困于新愁旧恨，生活如一潭死水，没有任何微澜。他当然只能是金窗力困起还慵了。在慵倦中浑浑然睡去，在慵倦中浑浑然地醒来。日子就像轮回。此时，不知何处传来的一声羌笛，打破了让人麻木的慵倦，惊起醉怡容！

谁愿置身于一潭死水之中，永无波澜？我宁愿长时间站在窗前，等待命运带给我惊喜，哪怕是一份惊吓也好。

他的忧愁，弥满心灵，弥满六合，人间天上没个安排处。

> 遥夜亭皋闲信步，乍过清明，渐觉伤春暮。数点雨声风约住，朦胧澹月云来去。
>
> 桃李依依春暗度，谁在秋千，笑里轻轻语。一片芳心千万绪，人间没个安排处。

偏是这秋千，让信步者更是苦恼。本来叹春暮红尽，自己白白虚度。见别人尽享春光，自己却无缘，百感交集，涌上心头。这里面有羡慕，有嫉妒，有懊悔，有惆怅，有无奈，也许还有隐隐的希望……

多情是自己的事，与春光何干，与秋千何干，与秋千上纵享春光的人又何干？如今，却偏偏为着别人的欢欣恼了自己。

一场信步，遭遇的却是"一片芳心千万绪，人间没个安排处"的结局！

寸心之愁，人间之大，竟无容处。

每个人都有一个死角，自己走不出来，别人也闯不进去。我把最深沉的秘密放在那里。你不懂我，我不怪你。

每个人都有一道伤口，或深或浅，盖上布，以为不存在。我把最殷红的鲜血涂在那里。你不懂我，我不怪你。

每个人都有一场爱恋，用心、用情、用力，感动也感伤。我把最炙热的心情藏在那里。你不懂我，我不怪你。

每个人都有一行眼泪，喝下的冰冷的水，酝酿成热的泪。我把最心酸的委屈汇在那里。你不懂我，我不怪你。

忧愁对少年李煜而言，是一个本质性的东西，怎样都无法排解。他也不想排解，这本身就是他的一种生命状态。就像树到了春天会发芽，到了秋天会枯萎。生命是一个轮回的流转，你无法逃避这个流转，所以你注定会遭遇忧愁。当忧愁来到的时候，无须惶恐，无须讶异，把它当作一个老朋友，对它招招手，说一声：

你好，忧愁。

这种莫名的忧愁状态，也是整个五代北宋的词中呈现出的状态。唐诗中也有，但性质不同。

李白也有忧愁，可他用一种声音把它掩盖掉了。他"呼儿将出换美酒，与尔同销万古愁"，在喝酒中把忧愁挥霍掉。

白居易也有忧愁，可他用"同是天涯沦落人，相逢何必曾相识"消解孤

独，让自己的忧愁和他人的忧愁产生对话。

杜甫也有忧愁，可他以万里乾坤为眼，以百年时序为心，他的忧愁永远有所指，永远与"致君尧舜上，再使风俗淳"的圣洁理想牵系着。

只有冯延巳，"每到春来，惆怅还依旧。"

只有李煜，"为问新愁，何事年年有？"

他们将自己封闭在内心的城中，在孤独中与自己对话，没有听者，没有观众，只有自己。

如鱼饮水，冷暖自知。

亭前春逐红英尽，舞态徘徊。

细雨霏微，不放双眉时暂开。

绿窗冷静芳音断，香印成灰。

可奈情怀，欲睡朦胧入梦来。

　　保大十三年（公元 956 年），这一年李煜 19 岁，这一年周主终于按捺不住自己的野心，抵挡不住江南富饶的诱惑，举兵入淮。

　　南唐举国上下，笼罩着一种前所未有的恐惧。

　　在这之前，南唐处在一个相对封闭的环境中，国富民安。也有两场大的战事，但那都是南唐主动发兵，开疆拓土，它是以一个入侵者的主动身份出现的。

　　周主南侵，南唐从主动出击变成了被动抵抗。

　　相对于由我发起、由我争取、由我负责的主动来说，被动意味着忍辱负重，意味着要听命于别人或是命运的安排。在咄咄逼人的骄兵强将面前，被江南香风脂粉软化了的南唐君臣，在气势上已经输了一半。

　　在这之前，少年李煜可以做一个与世无争、与皇位无争的赤子，可以保持着一颗敏锐而自由的心，可以沉浸在自己的感伤里，没关系，一切都没有关系。只要他愿意，只要他自动屏蔽人世间的利欲纷争。

　　可这时的他再也不能够。他是皇子，面对的不是身份的起伏，地位的变迁，而是亡国灭种。

　　他不能只做一个做着单纯的美梦、活在理想王国中的皇子。他不得不睁开眼睛，审视着那些他不愿面对也无力面对的一切。

20岁，行弱冠之礼，意味着自己是真正意义上的成人了。他要由父兄引进太庙，祭天祭地祭祖宗社稷。

他将依次戴上三顶帽子，首先是黑麻布材质做的缁布冠，表示他从此有参政的资格，能担负起社会责任；接着是用白鹿皮做的皮弁，就是军帽，表示从此要服兵役以保卫社稷疆土；最后是红中带黑的素冠，表示从此可以参加祭祀大典。

此后，他真正成为南唐的一分子，生死相关，荣辱与共，祸福相依。

同样在这一年，周主也送了南唐一份大礼：他攻克了南唐的天然屏障，败中主十五万大军于滁州。从此时开始，李璟便已知道，南唐将难逃一劫。

他不愿做亡国之君。

接下来的五年里，他一忍再忍，一让再让。直至去掉帝号，与大周划江而治。此时的南唐只有二十多个州，相对于极盛时期，"已输了东风一半"。他不知道未来的南唐走向哪里，他只能忍辱求全，保住一个余下的南唐，并让它更为长久地存活下去，如此足矣。

这五年，少年李煜卷入了乱世的洪流中。在黑云压城城欲摧的情形下，无法像一只知更鸟安息在他的窝里。

建隆二年二月，中主率旧臣迁都洪州，留李煜在金陵监国，这年他25岁。

少年的李煜，越过青葱，走向命运为他安排的一切。

留在无复往日繁华与气势、拘于一隅的洪州，遥望着自己曾经苦心经营也纵情享受了近二十年的故国，想着那个不知道算计权谋的敏感多情的未来国主，想着自己不知何年何月才能再次踏上那片熟悉的国土，巨大的悲伤向李璟袭来。

想想自己还只有46岁，尚未到知天命的年龄。等着自己的天命，会是什么呢？

此刻此时，他明白了，人最大的悲伤不是得不到，而是已失去。

没有得到，就无所谓失去。一旦拥有了，再失去，才是人间至苦。他的南唐，他的荣耀，他牵挂的一切，在暮色苍茫中渐行渐远，直至隐入无边的夜

色、无边的黑里。

> 菡萏香销翠叶残，西风愁起绿波间。还与容光共憔悴，不堪看。
> 细雨梦回鸡塞远，小楼吹彻玉笙寒。多少泪珠何限恨，倚阑干。

只有在梦中相见了，只有在黄昏时分，独倚阑干，远望以当归了。

> 手卷真珠上玉钩，依前春恨锁重楼。风里落花谁是主？思悠悠。
> 青鸟不传云外信，丁香空结雨中愁。回首绿波三楚暮，接天流。

风里落花谁是主？

无力无助的落花，随风飘送，零落成泥，谁又是它的主？

无常的人世，无限的江山，谁又是它的主？

明天，自己将会在哪里？百年后，自己又会在哪里？

读着父皇的词，李煜一次次问着自己，问着苍茫大地。他不知道，该怎样面对命运丢给他的一切。

他感到一种无边无际的虚空。

他感到一种不可知的宿命感，还有面对不可知的深深的无力感。

宿命感、无力感、空幻感，在他生命的后半期体现得尤其强烈。王国维说他"俨有释迦、基督担荷人类罪恶之意"。其实这些在他早期的词作中，一样有。只是程度的深浅、强弱不同而已。

他早期的词作中不但有忧愁，有感伤，也有空幻、宿命。这些都通过"梦"之意象的反复来体现。

> 亭前春逐红英尽，舞态徘徊。细雨霏微，不放双眉时暂开。
> 绿窗冷静芳音断，香印成灰。可奈情怀，欲睡朦胧入梦来。

小亭前，片片落红，在风中徘徊，它们贪恋着人间最后一点芳华，去意徘

徊，依依不舍。可又有什么用呢？"春逐红英尽"，一个"逐"字写出时序之无情，像是追着赶着逼迫着红英归入尘土，早早谢幕。属于它们的好时光已经完结了，是时候，把舞台交给别人了。

最是人间留不住，朱颜辞镜花辞树。

> 秦楼不见吹箫女，空余上苑风光。粉英金蕊自低昂。东风恼我，才发一襟香。
> 琼窗梦留残日，当年得恨何长！碧阑干外映垂杨。暂时相见，如梦懒思量。

琼窗前残留着当日的绮梦，当年情，今日恨，是何其漫长。

相爱太短，而恨和遗忘，都如此久长。一瞬间的电光火石，可能要用一辈子去忘记。一时的爱意涟漪，可能会在日后波澜你我的整个世界。

太短暂了，还没有来得及猜透你眼底春光的颜色，离歌已经奏响。

一切恍如一梦。

青春如此，红颜如此，爱情如此，都无法久长，也无法把握。

江山如此，功名如此，生命如此，在无常之手的操纵下，高贵的终将衰微，积聚的终将分散，沧海桑田，一切都是一场空。

一切有为法，如梦幻泡影，如露亦如电，应作如是观。

酷信释氏的他，深信这一点。

建隆二年六月，忧思交加中，中主逝去。

是年，从嘉嗣位金陵，更名为李煜。

煜，意为光明、照耀。取意于西汉杨雄《太玄·元告》："日以煜乎昼，月以煜乎夜。"他希望自己像太阳一样给他的子民以温暖和新生，像月亮一样给他的子民以光明和力量。光耀南唐，盛世隆昌。

无论今后的他能不能做到，至少，在初继位的那一刻，他心中燃起了希望的光，荣誉的光。

他感受得到北方强敌压境之下的无力无助，他不知道要怎么办，怎样跟北

方相处。所以，新继位的他，有种深深的无助无力感。

南唐的臣子何尝不是如此？

宠臣冯延巳"日日花前常病酒"，"满目悲凉，纵有笙歌也断肠"。

还有韩熙载，作为一个臣子，他把每个月的俸禄发到各个妓院去，没钱的时候，化装成乞丐，到各个妓院讨饭。

颓废至极。

人们只知道，他生于深宫之侧，长于妇人之手，怀抱着一颗赤子之心，像一个天真单纯的大孩子，对世俗功利得失保持着疏离的态度。人们不知道，他并不是不谙世事，不阅世，他只是在浑浊的世事当中，固执地坚守着他的真情、真性。尽量不受影响，不为之失去了本性。阅世虽深，本性难移。

其实这个世界上，并没有什么是一定可以伤害到你的。只要你足够冷酷，足够漠然，足够对一切事情都变得不再在乎。只要你慢慢地把自己的心，打磨成一粒光滑坚硬的石子。只要你当自己已经死了。那么，这个世界上，就再也没有东西可以伤害到你了。

他无法把自己当作石子，也无法当自己已经死去。所有忧愁、惆怅、幻灭、悲伤，千山万水，一一在他的心头走过，在他的生命里走过。

初见·相知·相思

Chapter 03

初见·相知·相思

晓妆初过，沈檀轻注些儿个，向人微露丁香颗，一曲清歌，暂引樱桃破。

罗袖裛残殷色可。杯深旋被香醪浣，绣床斜凭娇无那，烂嚼红茸，笑向檀郎唾。

人的一生，如果有幸，注定会遇到两个人，一个温暖了岁月，一个惊艳了时光。

作为一个君王，李煜是不幸的。作为一个情人，李煜是有幸的。温暖了岁月和惊艳了时光的两个女子，他都有幸拥有了。这便是他生命中最重要的两个女人：大周后与小周后。

大周后，名娥皇。娥皇死后，李煜又娶了其妹周嘉敏，人称小周后。这奇特的巧合，让人觉得蹊跷。难道李煜是舜帝的重生？他有着和舜帝一样的重瞳，也有着和舜帝一样的妃子。舜帝的两个爱妃，大的名娥皇，小的名女英，也是一对姐妹花。

舜帝南巡时死于苍梧，葬在九嶷山。娥皇、女英追随丈夫到沅、湘，夫死而哭，泪水落在竹子上，竹竿上结满了斑点，"斑竹"也由此而来。

悲哀和美总是结伴而来。屈原在《湘君》《湘夫人》中将这段美丽与哀愁的爱情刻画得艳异魅惑而又惊心动魄。

帝子降兮北渚，目眇眇兮愁予。袅袅兮秋风，洞庭波兮木叶下。登白薠兮骋望，与佳期兮夕张。鸟何萃兮蘋中，罾何为兮木上？沅有芷兮澧有兰，思公子兮未敢言。

横流涕兮潺湲，隐思君兮陫侧。桂櫂兮兰枻，斲冰兮积雪。采薜荔兮水中，搴芙蓉兮木末。心不同兮媒劳，恩不甚兮轻绝。

恩不甚兮轻绝。舜帝生命中最重要的两个女子，没有一个能与子偕老。李煜生命中最重要的两个女子，也没有一个能够善终。

这是后人的杜撰，还是历史的巧合？抑或，是命运的捉弄？

18岁那年，李煜在父皇的安排下，娶了宰相周宗之女娥皇。

当年父皇听了娥皇的琵琶演奏后，非常喜欢，把自己的宝物"烧槽琵琶"赐给了她，并决定选她为自己的儿媳妇，且她是宰相之女。

无论是出于政治上的考量，还是出于父皇的个人偏好，天性软懦的李煜安静接受了。

当这个丰神秀绝的白衣公子，在喧天的锣鼓声中骑着高头大马去迎接他未来的新娘时，他没有期待，没有兴奋，平静地走向那个已经安排好的命运。

他以为他可以一直这样下去。

酒阑人散后，走进烛光摇曳的洞房，看着那个头盖喜帕端坐在床沿的窈窕身影，他内心开始充满了忐忑。揭，还是不揭？这可是他将要"执子之手，与子偕老"的那个她吗？敏感如他，几乎视情为他生命的全部，不只是一部分，更不会是一段短短的插曲。他犹豫着。

静。

静得几乎可以听见自己的心跳声。喜帕下的娥皇，期待着她的良人来揭起面纱。他的才华，他的品性，他的与众不同的敏感与纯净，她早有耳闻。他的犹豫让她心痛，尽管充满了期待，她仍然选择了静静坐在那里，给他时间，给他空隙，让他自己作出心甘情愿的决定。

爱一个人，就要像爱一个孩子一样怜惜他。

她出奇的淡定与安静让他生出了一份好感。

那淡然悠远的样子，仿佛宫里的一切都与她无关，只她一人遗世独立。

像独立秋风的菊花，不与百花争艳，耐得住寂寞，才能享得住长远。

他揭开了喜帕。四目相对的那一刻，没有电光火石的激越，倒有一种仿若前世似曾相识的恍然。

绸缪束薪，三星在天。今夕何夕，见此良人。子兮子兮，如此良人何！

绸缪束刍，三星在隅。今夕何夕，见此邂逅。子兮子兮，如此邂逅何！

绸缪束楚，三星在户。今夕何夕，见此粲者。子兮子兮，如此粲者何！

这分明是《诗经·绸缪》中的句子，此时此刻却盘旋在李煜的心头，挥之不去。

他知道，从这一刻起，他便认定了这份缘。三生石上旧精魂，还有什么安排比得上缘分呢？

一个才子，一个佳人，一桩美事。

爱的星星之火，一旦燎燃，便有摧枯拉朽席卷一切之势。沉溺在爱海中，耳鬓厮磨。两个人天天在一起，诗酒歌舞，快乐幸福地挥霍着美妙的时光。

和煦的阳光斜斜地照入寝殿，宫女们已在室内添香。李煜从宿醉中醒来，看着阳光明亮，红锦地毯微微皱了。昨夜，对，他想起了昨夜，他和她把酒而歌，乘兴舞蹈……李煜笑了，回过头去便看见床榻上慵懒的娥皇，她初醒，望着他笑，脸上还有些红晕。这样的感觉柔软得难以捕捉，殿外隐约传来了丝竹箫鼓合奏之声。

想着她慵懒妩媚的醉态，他略有怔忡的样子。

她轻轻地唤他："檀郎，你想什么？"

李煜故意想了想，神秘地摇摇头，柔声说："该起床啦。"

这样的话，让娥皇觉得无与伦比的幸福。她沉溺，沉醉，她耍赖，闭起眼睛等待着宠爱的滋润。宫女们小心地扶起她，给她梳妆。他在边上目不转睛地看着她。想着张敞画眉的典故，他忽然有了跃跃欲试的心情。

他要为她画眉，为她涂脂粉。宫女们在边上笑着，美好的一天就这样开始。

他的才情被淋漓地激发了出来，他要为她写点什么才好：

晓妆初过，沈檀轻注些儿个，向人微露丁香颗，一曲清歌，暂引樱桃破。

罗袖裹残殷色可。杯深旋被香醪涴，绣床斜凭娇无那，烂嚼红茸，笑向檀郎唾。

"罗袖裹残殷色可，杯深旋被香醪涴"，没有比这更媚惑的了。衣袖上沾着或深或浅的红色，那是意兴沉酣时被酒渍了。杯壁上酒痕杂唇痕，那是满满的诱惑与风情。

"绣床斜凭娇无那，烂嚼红茸，笑向檀郎唾。"相比前面的沈檀轻注、微露丁香颗、暂引樱桃破的柔与媚，这一嚼一唾，则显得野性而恣肆！

她分明是在撒娇。

刻意的隐藏夹杂着刻意的妩媚，躲避又挑逗，拒绝又应允，欲说还休，欲迎还拒，种种心思，只在这"一唾"之中了。

一个总是端着架子，总是贤淑贞静的女子，哪个男子会受得了？

贞静贤淑是给臣民看的，是内在的核。妩媚恣肆是给爱人看的，是一种情趣，一种调剂，让庄重的生活充满柔情，让庸常的情感呈现异彩。

情到深处的绸缪。

爱与誓言，像一朵合欢花朵。

绸缪之时，两人也曾许下过山盟海誓。

那是七夕，李煜的生日。

昔日的这一天，一定是群芳开夜宴来庆祝。

这个七夕，他们只想两个人静静地过，这是属于他们的二人世界。

是夜月色颇佳。俯视河中，波光如练，轻罗小扇，并坐水窗，仰见飞云过天，变态万状。娥皇摆好了香烛瓜果等祭品，两人一同拜祭天上的织女星。焚

香拜月，许下了"执子之手，与子偕老"的誓言。

想唐明皇与杨贵妃，也是在"七月七日长生殿，夜半无人私语时"，许下"在天愿作比翼鸟，在地愿为连理枝"的誓言。奈何"渔阳鼙鼓动地来，惊破霓裳羽衣曲"，马嵬坡下，一丈红绫收艳骨。

一切深情，只能以死作句读。这难道也是他们夫妇二人无法白头之兆？

距离老去还有很多年，很多年中，会有很多变故，很多不测。

生死离别，都是大事，不由我们支配的。比起外界的力量，我们人是多么小，多么小！可是我们偏要说："我永远和你在一起，我们一生一世都别离开。"——好像我们自己做得了主似的。就算是没有外界力量，谁又能一直做得了自己的主？做得了心的主？

可是，誓言之美，不在于它能对抗世事无常，而在于今生今世，有那么一瞬间，我们曾经愿意相信它能。

他们在瑶光殿下，一起植下了一株蜡梅。相约，每年花开之时，他们共同来赏。

他们要把彼此的爱意，深深植根在大地中，在冰清玉洁的世界里妖娆成一抹逼人的红。

他们为梅树设了步障，为它挡风。他们在月下，汲出寒泉之水，为它灌溉。

> 殷勤移植地，曲槛小阑边。共约重芳日，还忧不盛妍。
> 阻风开步障，乘月溉寒泉。谁料花前后，蛾眉却不全。

她站在雪地里，若不是那一抹青丝，她仿佛完全融入天地中。

他站在雪地里，白衣胜雪，不染铅华。

世事的艰难遗忘在风中，淹没在呢喃声中，远去。

愿此生终老温柔乡。

春色撩人，花风如扇，柳烟成阵。行过处，辨不出紫陌红尘。

瑟瑟在御

晓妆初了明肌雪，春殿嫔娥鱼贯列。笙箫吹断水云间，重按霓裳歌遍彻。

临春谁更飘香屑？醉拍阑干情味切。归时休放烛花红，待踏马蹄清夜月。

　　清代的李渔曾说："尤物足以移人。尤物维何？媚态是已。世人不知，以为美色。乌知颜色虽美，是一物也，乌足移人？加之以态，则物而尤矣。……媚态之在人身，犹火之有焰，灯之有光，珠贝金银之有宝色，是无形之物，非有形之物也。惟其是物而非物，无形似有形，是以名为尤物。"

　　颜色再美，也只是一物，不足移人之情。加之以态，则物而尤。

　　娥皇不只是有颜色之美的"物"，她是尤物。

　　所谓美人，须得风情灵动，知情识趣才好，否则再美也是个木头人，有什么意思？

　　她有美色，更有才气，有情趣。

　　是李煜的结发之妻，也是他高山流水的知音。

　　她通书史，善歌舞，尤工音律。

　　每年冬天，只要落雪，她便要李煜在雪夜燕乐。

　　一次夜宴，周后举杯请后主起舞。后主推托说："你要是能制一新曲，我就舞。"

　　周后嫣然一笑："这有何难。"说着拿起纸笔，口中轻轻念着调子，一阕新曲，转瞬间就填写出来，这就是当时闻名一时的《邀醉舞破》。周后用烧槽

琵琶弹奏，旋律谐美，李煜惊喜不已，起身和曲而舞。

翠虬一举，红袖飞花。情驰天际，思栖云涯。

一对逐爱的精灵，全然忘却了凡尘俗事，快乐逍遥得如同神仙眷侣。

俯仰同心，绸缪是道。

唐代的《霓裳羽衣曲》，至五代已经成绝响，一次偶然机会，李煜得到了这支舞曲的残谱，如获至宝，只可惜它是残缺的。

娥皇知道李煜有多希望这支曲子能成为完璧，她也知道这支曲子，不仅仅只是一首曲子，它更是唐明皇与杨贵妃生死至情的见证。当初，长生殿里，贵妃曾在翠玉盘中忘情地和着它，起舞。

柔情似水，佳期如梦。

霓裳羽衣曲，几番轮回，只想为你歌舞。

她知道自己一定要完成这首曲子，无论经历多少艰辛。

她变易讹谬，去繁定缺，使《霓裳羽衣曲》的遗响重现人间。

改定之后，她要在仰秣苑内演奏这支曲子。仰秣，是南唐宫廷燕乐之所。这名字是娥皇所取，取《荀子·劝学》"伯牙鼓琴，而六马仰秣"之意。

时值秋冬之交，在仰秣苑，这支曲子已经演习了整整几个时辰。全曲分散序、中序、曲破三部分，散序为器乐演奏，不舞不歌；中序始有拍，且歌且舞；曲破为全曲高潮，繁音急节，声调铿锵，结束时转慢，舞而不歌。秋水、流珠领歌，窈娘领舞，娥皇亲操琵琶，曹生司笛，李煜吹箫……

此曲只应天上有，人间能得几回闻。

只是大臣徐铉听闻此曲后，有种不祥的预感。此曲的煞尾，原来似乎是舒缓的，而这时却变得急促，急管繁弦，让人顿生逼仄之感，没有了唐时雍容和穆的气象。

这收煞，难道是国运艰难蹇涩，苍天假法曲以示警？

李煜的心，蓦地沉了下来。只短短一瞬，他便将这种不快抛置在脑后了，岂懒得管它。

佛说："留人间多少爱，迎浮世千重变。和有情人，做快乐事，别问是劫是缘。"

一对小夫妻，完全忘记了尘世烦忧，沉醉在歌舞升平、花前月下。

晓妆初了明肌雪，春殿嫔娥鱼贯列。笙箫吹断水云间，重按霓裳歌遍彻。

临春谁更飘香屑？醉拍阑干情味切。归时休放烛花红，待踏马蹄清夜月。

明媚鲜艳的宫娥们，如同春日之晨，一大早整好装束，鱼贯而入，列于春殿，一场歌舞盛筵即将开始。

笙箫齐奏，弦歌阵阵，声闻九天。袅袅余音，直达遥远苍茫的云水之间。这感觉很像小晏的"舞低杨柳楼前月，歌尽桃花扇底风"，美得奢侈而不符合逻辑。

宫女们演奏的是《霓裳羽衣曲》。舞姿婆娑的宫女演绎虚无缥缈的仙境，让人全然忘记了北宋虎视眈眈地在身后盯着他们，随时会举起利爪，一跃而上，直扑向垂涎已久的猎物。

这不只是一场视听盛宴。

"临春谁更飘香屑"，点明歌舞是在香烟渺渺、香气氤氲的氛围里进行的。我们无法想象，他们花了多大的气力将这场奢华的游戏进行到底。

有香，还有酒。"醉拍阑干情味切"，醉是酒醉，更是心醉。醉翁之意不在酒，而在于声色之间。忘形之际，不由得拍阑干，不由得手之舞之足之蹈之了！

至此，仿佛已臻高潮，等待我们的会是"曲终人散"吗？

不。是"归时休放烛光红，待踏马蹄清夜月"！

哪怕是歌舞结束了，他们依然深深沉溺。他吩咐宫人，不要点起红烛，那样会败了兴。古人曾说："昼长苦夜短，何不秉烛游。"他们更绝，他不要秉烛，而是和爱妃群臣一起，在月下清辉里打马夜游。

他要尽情挥霍着自己的时光，燃烧着自己的快乐，这架势，分明就像末日前的狂欢，不愿意繁华落幕。

他打算将这首词谱成曲子，在仰秾苑为娥皇演奏新词。

"好个归时休放烛花红，待踏马蹄清夜月。只可惜美则美矣，尚有不足。"

"快说来听听。"

"你看看，两个'春'字，分明犯重了嘛。既有'春殿'，何必'临春'？"

"何不赐教？"

"'临春'改成'临风'，岂不妙哉？"

"一字师！爱妃真真当得起一字师了。林下闺房世罕俦，得妻如此，夫复何求？"

望着真诚欢乐得像孩子一样的李煜，娥皇心中汪着满满的幸福。

公元961年，李煜25岁，嗣位金陵，正式成了南唐的国主。一当上国主，李煜便迫不及待地封娥皇为后。

他要为她倾尽天下，许她一世繁华。

而欢娱易过，转瞬即逝。

两情缱绻固然好，可生命不只是一场华丽的相遇相守，还有别离与相思。

李煜接手的江山，早已是千疮百孔。他想像往日一样，沉溺在两情缱绻当中，天塌下来，有父皇顶着。现在却不能了，他就是南唐的天，是南唐的主。身为人主，总得担负起人主的责任。

他一面向北宋进贡，以示驯服。一面要巡视南唐的江山，了解自己的疆土，离别是在所难免了。

临行，娥皇小语曰："无人调护，自去经心。"及登舟解缆，正当桃李争妍之时，而他则恍同林鸟失群，天地异色。

三月如十年之隔。每当风生竹院，月上蕉窗，对景怀人，梦魂颠倒。

期间，只收到她写的一封素心笺。洁白的纸上，只有一行字：

陌上花开，可缓缓归矣。

她的寂寞，不说，他也能听见。

漫漫长夜，他只有借词以慰愁怀。

云一绵，玉一梭，淡淡衫儿薄薄罗。轻颦双黛螺。

秋风多，雨相和，帘外芭蕉三两窠。夜长人奈何！

夜凉如水，远在千里之外的你，此时此刻在做着什么呢？是否如我一样，在我想着你的时候，你也恰好想着我？

我能够想象出你的样子。云一绵，玉一梭，淡淡衫儿薄薄罗。青丝如黛，用一根丝带随意挽起，再插上一支玉簪。静静伫立在窗前的你，一定是轻颦双黛螺。

窗外，秋风肆意地吹，秋雨淋漓地下。雨中那二三株芭蕉，卷起了叶叶心心。一任秋雨，一滴滴，一声声，点滴到天明。唉，这漫长的夜，这恼人的雨，没有了我，你怎能奈何？

你的轻颦我看得见，你的叹息我听得见。此刻的我，正如你一样。

一重山，两重山，山远天高烟水寒，相思枫叶丹。

菊花开，菊花残，塞雁高飞人未还。一帘风月闲。

这边是一重山，两重山，山远天高烟水寒，相思枫叶丹。

转眼又是秋天了，丝丝寒意，不经意间袭来，让人禁不住颤抖了一下。放眼四望，远处山岚间，一丛丛枫叶红了，像是醉了。晓来谁染霜林醉，离人心中泪。

你那边呢？是菊花开，菊花残，塞雁高飞人未还。一帘风月闲。

菊花开，菊花残，一开一残之间，是时序的变迁，是等待的漫长。眼见着它开了，眼见着它残了，眼见着塞雁高飞远走了。一切一切，都井然有序，各安天命，各守其时，从容得让人心惊。那么，远在天边的人呢？为何不像守信的南飞雁一样，飞回到我的身边呢？

菊有时，雁有信，人无凭无信。

又能如何呢？无人陪你数遍生命里的花开花残，雁来雁还，只能一个人，放下水晶帘，独倚玻璃枕，怏怏地。哪管它春风秋月，岁月轮回。

等着我，亲爱的。等到菊花再开的时候，我来唤醒你，一起看菊花。

情深不寿

玉树后庭前，瑶草妆镜边。去年花不老，今年月又圆。莫教偏，和月和花，天教长少年。

日中则移，月盈即亏。

日和月，高悬在人类头顶上，静默如谜，向人世间宣示着物极必反的真理。

在我们肆无忌惮地挥霍着我们的拥有、我们的快乐、我们的幸福时，是不是该抬头仰望一下星空，让心中充满敬畏？

碰到好的欢喜的东西，总要留一分清淡的余地，才会有中正的情缘。有时保持一点点若即若离的距离，反而会存在得久远一些。

所以，不允许自己沉溺。

慧极必伤，情深不寿，强极则辱。谦谦君子，当温润如玉。

沉溺在爱欲海中的李煜，也许不是不懂得。只是，一个拥有赤子之心的人，一个情深之人，断不会在感情方面节制。

上天要执行它的自然律。天妒红颜，不许人间见白头。

18岁，娥皇嫁给李煜，那时他是皇子。四年后，长子仲寓生。

25岁，李煜嗣位，立娥皇为后。此年，次子仲宣生。

28岁，娥皇病逝。距离娥皇为后，只有短短四年。

许给她一世的繁华，她无福消受。

与子偕老的誓言，随着娥皇的早逝而夭折，丢弃在风中。

我们无法得知，为何两人婚后四年，才有了长子仲寓？为何又隔了三年，才有了次子仲宣？为何在娥皇病逝前的这十年间，历史上留下记载的，只有两个孩子？身为君王，当绵延子嗣，即使没有后宫三千，十年间，两人也只生了两个皇子。

难道弱水三千，李煜只取一瓢饮？

抑或有不能为外人道的秘密？

历史无论如何也不能真实，我们只相信自己愿意相信的真实。

我相信，在这段不得善终的情感中，多病是其中一个不可忽略的因素。

李煜本为第六子，上面五个哥哥中，除长兄弘翼历史上有记载、有事迹外，其余四个哥哥连名字也没有，都早早夭亡。李氏家族难道天生羸弱多病？李煜留存下来的仅有的几首诗中，有两首是记病中心情或是病后所感。

他敏感，他忧愁，多愁自古原多病，多病自然会多愁，两者本来是二而一的东西啊。

娥皇也是一个多病身。

次子仲宣出生后，她产后失调，断断续续，缠绵病榻。

乾德二年（公元964年）秋天，真是一个伤感的季节。霜风欺凌着跌跌撞撞的黄叶，落叶萎于草地上，水面上。三春好景淹没在一片萧瑟的秋当中，让人黯然神伤。娥皇独卧在瑶光殿的西房里，盯着那张烧槽琵琶，上面似乎已经蒙上了轻尘。

入秋来，她的病是一日深似一日了。

有宫女殷勤伺候着，又能如何？身体上的不适和心灵上的孤独，无人可以分担。没有人，就连生命中最亲密的人，也无法代替你感同身受。

他每日会来探视，陪伴，会坐在床前，紧握着她的手，眸子里满是爱怜与温柔。穿过这层温柔的迷雾，她看到了深深的无奈与隐忧。

他的到来，会让她暂时忘记了不适与忧愁，心被填得满满的。他走的时候，她的心像被无端地挖空了，整个都被他带走。

无人的时候，她看着室内，炉丝静逐游丝转，纤细，脆弱，静默，虚空。

人在浑浑噩噩中，心灵像脱离了身体，随着游丝袅袅地漫游，不知所往，也不知所终，一片迷茫。

夜深的时候，听着滴漏声声，一分一秒，敲打着她的无眠。

有多久没有注意阳光照在身上的感受了，温暖，那最最单纯的温暖。

有多久没有注意枝条初绿瞬间的喜悦了，欣喜，那最最感动的欣喜。

有多久没有弹过这张琵琶，奏响《霓裳羽衣曲》了，那最最任性的沉醉。

面对爱人的萎谢，他眼睁睁地看着，却无能为力。

只有祈求上苍了。

玉树后庭前，瑶草妆镜边。去年花不老，今年月又圆。莫教偏，和月和花，天教长少年。

他将她生命中无比眷恋的人，带到她的面前。他自己，还有儿子仲寓、仲宣。

仲宣，一个聪慧至极的可人儿，三岁就会背《孝经》，一字不漏。听奏乐，能审音。宫中侍宴知礼而合度，出见士大夫，改容揖让有如成人。

集父皇和母后的敏慧于一身。

她不想离开他。她多想告诉她的皇儿：如果有一天我不在了，尽管你再也听不到我的声音，再也看不到我了，但你会感觉到，我一直在你身边。

当你在后花园的时候，我从窗户安静地看着你。

当你在前庭时，我在卧房为你织寒毛。

当你在卧房时，我在后花园整理你最爱的百合。

你看不到我，我却从未曾远离你。

我的小阿宣，你要知道，我永远爱着你。

于是，在那个黄昏，听不太懂的小阿宣忽然觉得，有些悲伤，有些幸福。

他想为母后做点什么，他学着大人的样子，去佛堂，为母亲祷告祈福。跪在蒲团上的他，虔诚地祈祷着，一只大花猫忽地蹿上了房顶，撞上悬在顶上的琉璃灯，猫和灯，在离仲宣几寸远的地方，一起跌落。满地零碎，一摊鲜血，

让小仲宣顷刻间魂飞魄散。

没过几天，他便夭折了。

他的苦难没有慰藉，没有补偿。一个父亲守着他注定早夭的孩子，这个场景异乎寻常。他真正领略了苦难当中的绝望。此时此刻，一切美化苦难的言辞是多么浮夸，一切炫耀苦难的姿态是多么做作。

永念难消释，孤怀痛自嗟。雨声秋寂寞，愁引病增加。咽绝风前思，昏蒙眼上花。空王应念我，穷子正迷家。呜呼！庭兰伊何，方春而零；掌珠伊何，在玩而倾。珠沉媚泽，兰陨芳馨；人犹沮恨，我若为情？萧萧极野，寂寂重扃。与子长诀，挥涕吞声。

迷失在丧子之痛中的李煜，像一个灵魂无依的流浪儿，在祈求空王给儿子指点归途的同时，也给自己一条生路。

这个儿子，是他与她爱的结晶。

他对她的爱，超越了生死，倾尽了他所有的真情。仲宣的夭折，带走的不只是一个小小的生命，还有他们对爱的信仰与信心。同时也是一个暗示，暗示着他们彼此相守的誓言会成空，暗示着月老在两人之间牵的红线始终敌不过命运的戏弄。

他也知道，当娥皇得知这一消息后，会有怎样的结局。

他不敢想，也无法想，巨大的虚空和痛苦，让他几近麻木，让他想逃，逃到一个没有生死、没有爱欲、没有悲伤的世界里。骨子里，他没有那么坚强，他本来就是一个软弱的人。

儿子的早夭，已经要了娥皇的半条命，她气若游丝。可她不愿撒手，因为这个世上还有她深爱的夫君，如果她再离去，他将是世间最孤独无依的魂。纵拥有广厦华屋，权倾天下，知心能几人？这是她活下去的慰藉，也是支撑。

游走在生死边缘，只为心中的那份坚持。

远处隐隐约约传来什么声音，她感觉自己跌入一段虚空之中。时而清醒，

时而迷糊。每次醒来，她感觉到的是无止境的晦暗、寂静还有疼痛。

看着她轻蹙的眉头，苍白的脸，乌黑的长发松散开来，像一个永远不愿醒来的睡美人。李煜心里，不只是惶恐、焦虑、痛苦。一种不知所措的宿命感，一种无能为力的空虚感。他不知道，自己将往哪里走。

娥皇的母亲和妹妹来到了宫中。

本来是想给娥皇以抚慰的小妹，无论如何也没有想到，她的入宫，抚慰的不是病危的姐姐，而是在仓皇绝望当中极度脆弱的姐夫。

她成了他绝望当中的救赎。第一眼看见她，李煜便觉得这简直是另一个娥皇，一个嫩绿的、有着蓬勃生机和希望的娥皇。

情不知所起，一往而深。

他陷入了一种近乎疯狂的情感狂潮当中，这股狂潮要将他带向哪里，他无力去想，无暇去想。此时此刻，他只想追随着心中的感觉，盲目地向前奔跑着。他要抓住心中的微光，让自己从窒息中挣扎出来，哪怕燃烧自己，化为灰烬，也在所不惜。

他无法理解自己，在守着深爱的人、奉汤侍药不得安生、衣带渐宽终不悔的同时，心里却隐秘地渴望着一段激情。

一边是至死不渝的忠贞，一边是情难自禁的狂欢。

躺在病榻上的娥皇，哪里知道，这宫中正上演着她曾经奉为神明的爱情，她难以承受的背叛？

瑶光殿里，娥皇异乎寻常地清醒了。

这是妹妹始料未及的。因为，她还没有做好准备来面对这个在病中被自己背叛的姐姐。她的眼神充满了怯懦，游移着，躲闪着。这份慌乱，无法掩藏，无所遁形。

看着站在自己床榻前的小妹，娥皇的眼里掠过一丝惊喜。但这瞬间的惊喜一闪便不见了。

她感觉到妹妹眼神中的怯懦。

"小妹几时入宫？"

"已经入宫好多天了。"

妹妹终究学不会撒谎，也不知道隐藏。短短的回答，证实了她心中的预感，她的世界顷刻间坍塌。

她听到心里细碎的一声轻响，仿佛就此关上了两扇冷宫的大门，所有的心事终化成灰烬。关山万里，从此分道扬镳，再不遇你。

亲情和爱情的双重背叛，为她奏响了安魂曲。

我把你的誓言，把爱，刻在蜡烛上，看它怎样，被泪水淹没，被心火烧完。看到最后一念，怎样灭绝，怎样被风吹散。

十一月，冷冷的寒冬里，她躬身向里，任凭他怎么呼唤，也不肯转过面来。

她留给丈夫一个绝情的背影。

无论他有多么正当合理的理由，在得知事实的那一刻，她的伤心和绝望是最真实而深刻的。这种感觉，主导了一切。

时间，来不及。

来不及给她一个沉静反省、去看透这一切的机会。

花开有时，谢亦有时，万物有时。怀抱有时，生死有时，聚散有时。美一旦到了极致，便成苍凉。

> 爱，如死一般强，也已经死亡，
> 来吧，在凋谢的百花丛中，
> 让我们给它寻找一个安息的地方。
> 在它的头旁栽上青草，
> 再放一块石头在它的脚边，
> 这样，我们可以坐在上面。

我心悔如

樱桃落尽春归去，蝶翻金粉双飞。子规啼月小楼西，玉钩罗幕，惆怅暮烟垂。

别巷寂寥人散后，望残烟草低迷。炉香闲袅凤凰儿，空持罗带，回首恨依依。

多情多苦，无心无愁。如果可以，来世做一株草，无忧无虑地生长，倒可葳蕤自生光，以尽天年。或是做一只鸟，从不忧虑吃什么，也不忧虑穿什么，以自由为翅膀，在无垠里翱翔。

我不是无情的人，却将你伤得最深。

公元964年，大周后去世。泪水洗不尽李煜满心的痛与悔，自此后，悔愧如魅影般穿梭在他心灵，哪怕他沉醉在酒乡，沉醉在小周后的温柔乡里，也无法将这种感觉全部抹杀。它蜷缩在心之一角，不失时机地探出头来。

李煜为大周后写了数千言的诔文，这早已超越了一个帝王对妃子的情分，而是相知相惜的知己之恨。历史上帝王为后妃写诔文的很少见，而在诔文中如此没有节制地一任情感泛滥，全无君王的矜持的，恐怕也只有李煜一人。这是他为人君的短处，却是他为一个真正意义上的人的长处。他的赤子之心，他的多情，也由此体现。

快乐是真快乐，痛苦是真痛苦，悔恨是真悔恨。没有半点虚假与遮掩。

这样的一个君王，叫人说什么好呢？

他的诔词很长，只摘其中的两个片断，便可见他的情怀：

茫茫独逝。舍我何乡？昔我新婚，燕尔情好。媒无劳辞，筮无违报。

归妹邀终，咸爻协兆。俯仰同心，绸缪是道。执子之手，与子偕老。今也如何，不终往告？

我思妹子，永念犹初。爱而不见，我心悔如。寒暑斯疚，吾宁御诸？呜呼哀哉！万物无心，风烟若故。惟日惟月，以阴以雨。事则依然，人乎何所？悄悄房栊，孰堪其处？

这篇诔词前半部分都是整饬的四言，有《诗经·大雅》的庄重肃穆，后半部分在四字句中间杂长短句，有《楚辞》的绮艳与跌宕。

"俯仰同心，绸缪是道"也好，"执子之手，与子偕老"也好，如今只落得"爱而不见，我心悔如"的痛和"悄悄房栊，孰堪其处"的孤独。其实那时他并不孤独，他有小周后陪伴。

在诔词的落款上，他写上了三个字：鳏夫煜。

如果很爱一个人，会变得很依赖。因为有他，才能经千叠岫，万重波，享尽人世光阴。

她的身死，是他的魂灭，世间万物皆为腐木。

她死了，所有的岁月静好都成了虚妄。在我心中，你便是我的天地人间。

悼亡诗词，在《诗经》中早已有过。

后世的人无论怎样踵事增华，《唐风·葛生》这一首朴素得近乎哀号，哀莫大过于心死的原始悼亡，永远以其绝代风华，独领风骚。一切绚烂，最终都将归于平淡。

> 葛生蒙楚，蔹蔓于野。予美亡此，谁与独处！
> 葛生蒙棘，蔹蔓于域。予美亡此，谁与独息！
> 角枕粲兮，锦衾烂兮。予美亡此，谁与独旦！
> 夏之日，冬之夜。百岁之后，归于其居！
> 冬之夜，夏之日。百岁之后，归于其室！

大周后去世后，李煜陷入悔恨与追忆当中，一点一滴的眼泪，凝成一首一首的词。词也很朴素，朴素中也有一份迷人的美，有一种魅惑人心的力量。其实，这种吸引没有什么特别之处，只为他捧着一颗真心。

公元965年正月，李煜发国丧，葬昭惠后娥皇于懿陵。是时，距离她病逝已有月余。

过去的事情就像画在沙地上的画，时间流逝，沙被风吹走，记忆模糊，最后化成茫茫一片，再也无法分辨。但总有一些根深蒂固的东西，会留在心底，时时泛起。我还清楚地记得我们在一起的点点滴滴的细节。"最忆相看，娇讹道字，手剪银灯自泼茶。"最喜欢看你念错了字，娇嗔任性，手剪银灯自泼茶的样子。

细节是最温馨、最容易打动人的，真爱就是在这样的细节里呈现，幸福就在这样的细节里流淌，就像当时的李清照与赵明诚，赌书消得泼茶香。

我想就算有一天，我会老到记不起任何人，却能清晰地记得这一个铭刻在心的细节。

他回忆两人相敬如宾，花前月下，切磋琢磨，知音共赏。

他回忆两人如影随形，携手共植梅树，为它设障阻风，为它浇水相约花开之日，共同玩赏。

怎么能忘记她那时候的样子，乌黑如云的头发盘成发髻，佩着玉簪。身着轻薄精美的罗衫，微微蹙起眉头。那么美！

这样沉溺于思念，他几乎难以承受了。窗外的小雨敲打着芭蕉，夜如此之深，他无力自拔。有什么办法呢？想着，念着，等着，梦着。

他叹息一声，然后是更深更冰凉的叹息："娥皇，你真的怪罪我和嘉敏的爱情么？"

他说："你应该知道的，我的心里，你依然是无法替代的。嘉敏也不会取代你。"

她应该能听到的。生和死之间，断开的只是眼神，心还连着。

我们除了一如既往地爱着，还能做什么呢？

樱桃落尽春归去，蝶翻金粉双飞。子规啼月小楼西，玉钩罗幕，惆怅暮烟垂。

　　别巷寂寥人散后，望残烟草低迷。炉香闲袅凤凰儿，空持罗带，回首恨依依。

　　樱桃已落尽，一起落进尘埃中的还有繁华的三春盛景。来不及祭奠，眼前翻着金粉，双双对对、上下翻飞的蝴蝶深深刺痛了李煜的心。它们不知道春已尽，犹自享受着生命的狂欢，全然不理会眼前这个伤春又伤心的人。

　　你在，世界就在，春天就在。你不在，我的世界里充满了残缺。原来，这世界里每段情感，可以重来，无法替代。

　　暮烟四合，惆怅得抬不起头来呼吸。小楼西，还记得吗？那个留下了我们记忆的地方，在夜月清辉的笼罩下，有种蚀人的清冷。时时有一二声子规鸣啼，似打破了夜的岑寂。过后，是更深的寂，更清的冷。

　　独抱一天岑寂，我分明看见，那玉钩罗幕，因为你的离去，再也没有人卷起，低垂在暮烟中，唤不起一点生意。

　　我害怕，曲终人散后的那种寂寥。而此时，陷入回忆中的我，偏一遍遍地咀嚼着曲终人散的感觉。《霓裳羽衣曲》是你续残章，终成完璧，金碧辉煌的皇宫里，我们演了多少次？你是再也无法听见了，回望四野，不见你的身影，不见你的回应，只有烟草低迷。

　　凤凰形的香炉，袅着青烟。庭院深深几处凄凉，栏外熟睡着月光。室内轻烟摇晃，散落了一地的忧伤。

　　空持着罗带，那上面分明还沾染着你的气息。

　　在这堆感情废墟上，只有我孑然而立 。悼念着过往，悼念着曾经。

　　晓月坠，宿云微，无语枕频欹，梦回芳草思依依，天远雁声稀。

　　啼莺散，馀花乱，寂寞画堂深院。片红休扫尽从伊，留待舞人归。

　　我们一辈子真能只爱一个人吗？或许是在爱着一类人！

　　亭外，落花遍地狼藉，春天已逝，还有什么是留得住的？还有什么？他问自己，蹙着眉头。缭绕的香烟弥散，可是心中悲伤的情绪却越压越紧。

　　看满地的落叶，被风无情地卷起，他的心又一阵抽紧。

曾记得，在满地落叶中，她为他一人起舞。她说要用舞扫他心头的萧瑟暮气。满地红叶，一袭素衣，她忘情地舞着，忘了天，忘了地，在爱人如水的眼眸中沉醉。

你还好吗？他呓语。

他又想娥皇了。

风啊，不要将落叶扫走，留着吧，留着等她回来，在同样的地点，同样的时节，以同样的姿态，与我共舞一曲。

嘉敏怜惜地看着这个永远也长不大的醇美的男人。他总是很容易哀伤，常常莫名其妙地忽然就不说话了。清澈的眼神也随之一暗，然后里面就弥漫了一层浓浓的雾，好像一个迷路的孩子。

他时不时，会将宫女流珠召来。因为宫中只有她能将娥皇生前作的两支曲子《邀醉舞破》《恨来迟破》演绎出娥皇的神韵来。娥皇死后，这两支曲子很少有人会演奏了。

听着，听着，他陷入了回忆中。

久久地出神，像是望着什么。走近来，眼神里又空无一物。

"重光，重光。"

是谁在唤？他听不到。

是娥皇么？回过神来，却只有嘉敏。

有一种孤独是，闭上眼能回忆起你的温度、对话、举动的细节，睁开眼却感觉它们从没有发生过。人生有很多擦肩而过，有很多再无交集的孤独，有很多再无也许的当初，所以我们每次都要好好开始，好好结束。

两销魂·定三生·无限恨

两销魂·定三生·无限恨

画堂南畔见

铜簧韵脆锵寒竹，新声慢奏移纤玉。眼色暗相钩，秋波横欲流。雨云深绣户，来便谐衷素。宴罢又成空，魂迷春梦中。

人永远都无法知道自己该要什么，因为人只能活一次，既不能拿它跟前世相比，也不能在来生加以修正。没有任何方法可以检验哪种抉择是好的，因为不存在任何比较。一切都是马上经历，仅此一次，不能准备。

在毫无准备的情形下，李煜遇到了娥皇的妹妹——嘉敏。

第一次相见，就像跌进记忆的深渊。明丽的双眸，两泓淌清泉，那微微低头间羞涩的笑容，像一朵水莲不胜凉风的娇羞，惊呆了李煜心底一个妩媚的春天。

她的美，有种不谙世事的纯，有种花至半开的张力，有种让人微醺的神秘。

> 一别三春，浑不似昔日伊人……
>
> 乍看来似娥皇当年风韵。

她成了他绝望当中的救赎。

他要抓住心中的微光，让自己从窒息中挣扎出来。

就这样，他不管不顾地一头栽了进去。

曾经的誓言，现实的人伦，不是不想，只是他无法按捺住那颗被燃烧着的

灵魂，止不住地想进入到一个全新的领地，一探究竟。

我们得承认，自己有时很贪婪，有了爱情还不够，还要激情。我们不甘于心如止水，有时候，只想证明自己还在沸腾。

所以，在娥皇生病期间，他仍然与嘉敏色授魂与，暗结兰襟。

他写给大周后的词，有婚后的鱼水欢，有离别的相思痛，有人去楼空后的忏悔，唯独没有初恋，没有激情。而这些，他都留给了小周后，嘉敏。

他与大周后是指定的婚约，在没有揭开她的红盖头之前，他们只是一对陌生人。

他与小周后是两颗自由的魂魄自由相遇，这让没有经历过初恋的李煜好好地补了一课。

当那个温暖了岁月的女人，眼看着再也留不住的时候，他要牢牢把握住这个惊艳了时光的人。

初见的感觉，一直在心中盘旋。

只是当时有周夫人在场，母后在场。他来不及细细品味这种感觉。

感觉常常就是这样，哪怕只是刹那的相遇，瞬间的心暖心动，也值得人用一生去回忆和追逐，用一世去保护和守候。

对周嘉敏来说，也是一样的。这个身为国君的姐夫，他的儒雅，他的才情，他的多情，她早有耳闻。当她几乎是怀着仰慕的情怀抬头看他时，她小小的心里涌起的是一种说不清的怜惜。她看到此时因姐姐的病而折磨得形销骨立的姐夫，眼里充满了无助与忧郁。

还有寂寞，她一眼看穿了渗透在他肌肤中的清凉寂寞。

她一直在揣摩，这个白衣胜雪的姐夫。

看完姐姐的间隙，她来到澄心堂，想看看书。

娥皇生病期间，除了朝政不得不理，除了去探视，他最喜欢来的地方，就是这书斋。他可以将自己关在房里，什么也不想，释放自己的哀伤和痛苦，舔着自己的伤口。

还未进入书斋，他瞥见了一个身影。斜倚在窗边，一手支在窗棂上，托着腮，若有所思的样子。杨柳小蛮腰，被通体的素淡映衬得恰到好处。他有些

恍惚。

"小妹看的何书？"

"没，没什么。"猝不及防地被打断，她有点惊慌，一低头，像一朵水莲不胜凉风的娇羞。这更惹得李煜怜爱。

"小妹可有字？"

"没有。"

"哪能没有？"

"就是没有。"在他面前，她有一种自然而然的撒娇冲动。

"真是这样，官家送你一个字。女英，就叫女英如何？"

女英？姐姐叫娥皇，她叫女英？他不是自比大舜么？这是无意，还是有心……她又喜又羞又气。

"姐姐叫娥皇，你不就是女英么？"

"姐夫分明是欺负人，回头告诉圣尊皇后去，看不恼了你。"

看着她娇嗔的样子，他笃定地看着她："只要你愿意，你就是女英。"眼神充满了渴望，还有柔情。

真想醉倒在这柔波当中，一梦不醒。

风乍起，吹皱一池春水。

与娥皇一样，她有着惊人的才艺。能歌能舞，善古筝。娥皇的琵琶弹得极好，那把烧槽琵琶追随着她一起埋进了地底。

李煜赠给她一张古筝。

宫里又一次开夜宴，嘉敏鼓筝。借着这个机会，两个人又可以名正言顺地见上一面了。

　　　　铜簧韵脆锵寒竹，新声慢奏移纤玉。眼色暗相钩，秋波横欲流。
　　　　雨云深绣户，来便谐衷素。宴罢又成空，魂迷春梦中。

她的纤纤素手，光润莹滑，在光的映衬下，仿佛是透明的，轻捻、慢挑、徐拨、急抹，那双手性感得仿佛有了生命，在深情地诉说。勾起了隐秘的欲望。

他的目光在游移着，探索着，捕捉着。

他的寻找她感觉到了，这就是所谓的心有灵犀吧。众目睽睽之下，她只能看似无意地微抬了一下头，丢下一个只有他能懂的眼波。眼色与眼色相勾，秋波盈盈。我无法想象，眼神是只可意会而不可言传的无形之物，它们是怎样相勾，又是怎样流动的？

这真是暧昧而又奇异的场景。谁知道，在大庭广众之下，李煜与嘉敏正在上演一场惊心动魄的缠绵呢。有人说彼此有意而不说出来是爱情的最高境界，因为这个时候两人都在尽情享受媚眼，尽情享受目光相对时的火热心理，一旦说出来，味道就淡了。

现实中的种种阻碍尚在，他无法在大周后尚在病中的时候，无所顾忌地扑向她的妹妹。欲望在心中堆积，总要找到一个突破口。

只有在梦中实现了。

"雨云深绣户，来便谐衷素。"梦里他与她，朝云暮雨，且复且，夕复夕，极尽欢会缠绵，互诉一腔衷素。雨云，谁都知道这是一个极暧昧香艳的词，李煜毫不避讳地用了这个词，他直视着自己内心深处的欲望。衷素，又给这种欲望罩上了纯情的光环，发自内心的真与爱，难道有罪吗？

魂魄尚停留在刹那的恍惚春梦中，没有走出来。人却要面对宴罢成空的场景，只有惆怅了。

想见不能见的煎熬，欲得不能得的辗转，人在其中，倍受折磨。想必与他一样的，还有嘉敏。

冷静的激情，最让人心力交瘁。因为要控制得那么小心。

他们都在等待着，等待着时机，火一般的激情，如果不燃烧，又能奈何？

良辰美景奈何天，赏心乐事谁家院？怎辜负了这三春美景，任如花美眷，付于似水流年？听着宫里传来的断断续续的笙箫声，她想去后花园里走走。

庭院里，数行芭蕉，她漫无目的地转着。迎面走来一个宫女，好像是姐夫身边的宫女。她递过一个折子，悄声交代，是官家给的。怀揣着不安，她展开了折子，上面写着一行字："今夜月，画堂南。"

这分明是约她私会啊。看着熟悉的金错刀字体，她的心有如小鹿乱撞。

离约定的时间还有许久，她却一刻也无法安宁了。盼着时间快点过，又害怕着，不知道如何自处。一边是情难自禁，一边是人伦束缚。时间在煎熬与渴盼中一秒一秒地过，当月上柳梢头的时分，她告诫着自己不要去不要去，脚却已经在下意识中挪动了。

> 花明月暗笼轻雾，今宵好向郎边去。刬袜步香阶，手提金缕鞋。
>
> 画堂南畔见，一向偎人颤。奴为出来难，教君恣意怜。

天越来越暗了，月色朦明，已是二更。小径上影影绰绰地走着一个人，踯躅徘徊，犹豫不定。平日里喜好明月，今夜里偏躲着月色走，平日里惧怕昏黑，此际却最喜欢暗处。幸好，花明月暗笼轻雾。

是什么声音？夜风的声音，虫儿的鸣叫声。不，还有，还有她缠在金缕鞋上的金铃铛。一步一响，步步惊心。那金铃铛是她白日里跳《步步莲》时系上的，是姐姐亲手所赠。慌乱间，她竟然忘了把它摘下来。还是摘了它吧，偏又摘不掉！只得脱下金缕鞋，穿着袜子，走在香阶上。

要是让人看见了，掬尽西江水，也难涤今日羞啊。

且惊且疑，且怨且盼，跌跌撞撞的步子，跌跌撞撞的心情。

终于到了画堂南畔，看到了那个朝思暮想的身影，她不顾一切奔了过去。偎在他怀里，不知是激动、兴奋，还是恐惧、羞怯，她像一只迷了途的小羔羊，战栗着。

奴为出来难，教君恣意怜。多么赤裸裸的表白，多么赤裸裸的欲望。银汉迢迢暗渡，金风玉露一相逢，便胜却人间无数。此一逢，定然不负相思，恣意沉酣。天与地，都隐藏起来了，风与鸟都屏住呼吸，唯天上明月一轮，静静地注视着这对贪欢的恋人。

这段热烈的感情，类似初恋，疯狂而又美好。

只有不懂爱情的少年，没有历经聚散后的平淡，没有患得患失的思量，才会有这种疯与傻。才会一旦相逢便不顾一切，不遗余力地奉献赤诚，以他的悲欢为自己的悲欢，以他的世界为自己的世界，不在乎外界一切。

他们彼此燃烧着，怜惜着，温暖着。

实在难以理解，那时的李煜，已经不是一个懵懂少年，他有曾经的爱人，他已经是两个孩子的父亲。然而，这又何妨呢？这一切，都挡不住他燃烧自己，拾起初恋般的情怀，与小周后在重重阻碍下相恋。

生命中浓烈的感情往往是超越于理智与常情之外的。莎士比亚说："爱情不过是一种疯。"

因为疯狂，少年维特得不到绿蒂的爱情，用手枪击中自己的头部死去。死去时，他仍然穿着第一次和绿蒂跳舞时穿的"燕尾服和黄背心"，口袋里装着"她戴在胸前的那个蝴蝶结"。

因为疯狂，为情所困的顺治帝，在董鄂妃病逝之后，也从此撒手大好江山，一意礼佛，遁入空门。心已死，生又何欢？

因为疯狂，雪域高原高高在上的尊者仓央嘉措才羡慕流浪在拉萨街头的浪子宕增旺波，才苦苦追问着"世间安得双全法，不负如来不负卿"？

因为疯狂，生长在顿河旁边的哥萨克人葛利高里才会置家中贤良淑德的妻子于不顾，带着他心爱的有夫之妇阿克西里亚四处浪亡。

爱之于李煜，不是一饭一蔬的恩情，而是他平淡生活中的梦想。他需要以此来证明，自己还活着，还有激情。

生活中充满了令人窒息的静止，这种静止性使我们生活中的每一天的每一个最可怕的细节都和过去一模一样……敏感而多情的心，向来流变不居，不能安于像死水一样的静止。越来越无望地看着娥皇一步步走向命定的归宿，他想做点什么，打破内心的节奏。这对于他来说，也是一种解脱，一种喘息。

此情须问天

金雀钗，红粉面，花里暂时相
见。
知我意，感君怜，此情须
问天。
香作穗，蜡成泪，还似两人心
意。山枕腻，锦衾寒，觉来更
漏残。

公元 964 年大周后去世。李煜与小周后一对苦恋的人，以为从此可以名正言顺地走到一起，让这段地下情得见天日，扬眉吐气。

也许是老天对这对有情人要来点小小的惩罚，惩罚他们的贪欲，大周后去世之后，李煜并没有立即娶了小周后。不是不愿，而是不能。大周后去世不久，李煜的母亲即圣尊皇后去世，按国例，他在三年内不得有喜事。

一对在激情中挣扎的人，偏偏还要等三年。

相恋中的人，一日便长如一季，漫似一秋，何况是三年呢？

按捺不住的李煜，终于要找小周后了。

蓬莱院闭天台女，画堂昼寝人无语。抛枕翠云光，绣衣闻异香。
潜来珠锁动，惊觉银屏梦。脸慢笑盈盈，相看无限情。

画堂里静得出奇，一抹斜晖透过窗棂，闪烁着明暗的光斑，有种恍惚迷离的错觉。她在睡。

静静立在窗外，看着她的睡态，睡态也极美，美得像一个梦境，让人不忍侵扰，不忍走进去。她睡得如此沉酣，头已经偏离了枕边。青丝如黛，慵懒而散漫地散在枕边、颈边，闪着光泽。平时里绾住的发髻，唯见整饬。不经意的

凌乱，反添了几分韵致。

凌乱的发丝，凌乱了他的心。

如水的双眸爱抚着沉睡中的她，薄薄的衣衫裹出玲珑的曲线，他忍不住想唤她醒来。与他共享，心中的柔情。

空气中氤氲着她独有的香气，芬芳而迷离。

原谅我，你是那么美，美得像一个诱惑。我无法冷静，无法克制，小心翼翼地走了进去，卷珠帘，金锁动，惊觉了梦中的你。

醒来的你，脸慢笑盈盈，相爱无限情。温润的笑意漫开来，没有言语，没有挪动步子。如梦如幻，如醉如痴，就这样，傻傻地看着。

像是等待已久的样子。

"知否知否？我正在梦中与你相见，你就这样不早不晚地站在了我的眼前。告诉我，是真的吗？你的人是真的吗？你的脸是真的吗？还有你的手，你的眼？"心中万语千言，她没有说出口。

彼此间心有灵犀的默契，语言也是多余了。

最好的爱情，是默契，是你不说，我也能懂。

多么喜欢这样的时刻，我们就这样静静地站着，等风来，等落红翩跹，等时光却步，等光阴共染。你我的眉宇间，没有岁月的褶皱，没有家国的黯然，我们就这般徜徉在花海里，春光旖旎，花语嫣然。

我在一个嫩绿的早晨，猜你眼底春光的颜色。

宫中，本来是一个是非横生、流言丛集的战场。李煜与小周后，不顾礼法伦常，暗渡陈仓，势必会有明枪——大臣的谏阻，有暗箭——别有用心之人或是猎奇的小人的蜚短流长。

通往爱情的路，从来都不是平坦的。太多太多的人，在阻碍面前，铩羽而归。能坚持到底的，是传奇，是绝唱。

风流淹没红尘中，大浪淘尽多少痴情种。

李煜是痴情种中的一个。

小周后是不幸的，他们的真情因为名不正、言不顺，一直在幽暗的角落生长着，见不得光，也得不到众人的祝福。

小周后又是幸运的，帝王有后宫三千，寻欢猎艳的激情之后被始乱终弃者多的是，而她一直是他心口的朱砂痣。最终两人修成正果，小周后亦被立为继任国后。

金雀钗，红粉面，花里暂时相见。知我意，感君怜，此情须问天。
香作穗，蜡成泪，还似两人心意。山枕腻，锦衾寒，觉来更漏残。

两个人面对着面，有幸福，还有一丝苦涩。温柔乡里，红烛光下，他的声音听起来有些伤感。她矜持地站在他的面前，泪水忽然湿了眼眶。

这一路，我们走得多么难，多么苦。受了多少非议，遭了多少责难。李煜抓住她的手，眼眶湿湿的："等我三年，一切都不同了。此后，便可以名正言顺地和你长相守了。"

他不怕天下人的非议，心里却瞬间掠过娥皇死时的背影，那样决绝，让他禁不住颤抖了一下。

"我们都对得起娥皇的？是不是？"

嘉敏点点头，泪珠滚滚而落。

"重光！"她轻轻地叫着他的名字，"无论以后的时光怎么样，我陪你一起走到尽头！"

他流下了泪。

像嘉敏说的一样，他们对得起娥皇。

虽然，娥皇已经去世，可是他放不下。他放下过天，放下过地，从没有放下过她，她一直在他的伤口幽居。

即使是和嘉敏在一起的时光，还有以后十几年的时光，他从未曾真正忘记。

这个世界上有两种男人，一种是在所有女人身上寻求一个女人，这个女人存在于他一如既往的主观梦想之中。另一种，则是想占有客观女性世界里无穷的姿色，他们沉醉在这种欲念里，无法自拔。

李煜在嘉敏的身上看到的是娥皇的影子，他爱的是一类人。

似此星辰非昨夜，为谁风露立中宵？

他常常会在有月亮的夜里，想起她。

"天若有情天亦老，月若无恨月常圆"，喜欢看月的人都有一段伤心的往事。冷冷的月色下，你不知道身在何处，也不知道自己将要去往何处。

嘉敏醒过来，抬头看到了那个飘逸俊美的末世君王，一个人默默垂泪。她知道，他又想起了姐姐。其实，你知道，是我陪你在这个孤单的人世上。

他喜欢人多，喜欢热闹，喜欢那一瞬间的快乐。

嘉敏知道，其实他是害怕寂寞。这个世上那么多人爱他，保护他，为他生为他死。可是这仍然是不够的。他多想是一个不谙世事的孩子，永远要求那么多。可是哪有永恒的快乐？

每次宴饮过后，他都那样失落。一个人在空旷的宫殿里徘徊，沉吟，伫立。

她唤他："重光。"

他回过头，寂寞地笑笑。醉酒的笑容是那么凄艳惊心。她过来拥着他，睡觉吧，睡觉吧。醒了就好了。他闭上眼，又听见月光里传来一阵苍凉的笛声。

是谁？他问。然后又沉沉地睡去。

他喜欢沉醉在嘉敏的温柔乡里。

那些冲动、颤抖、尖叫、撕咬，都不过是表征。我渴望、追求的是另一种东西，它的名字叫"激情"。它是一切情感中最无影无形，难以把持，无从寻觅的，肉体的欲望与它相比平庸无聊。我无法描述我在她怀抱中感受到的激情，哪怕是最轻微的触摸带来的战栗，让我哭泣，让我感动。

一声羌笛，惊起醉怡容。

在无法摆脱的懦弱、无法改变的命运、无法抗争的强权面前，他渴望着受惊，渴望着什么能打破如死水般的静。

哪怕是千夫所指，哪怕在道德君子的眼里，看起来是一种罪恶。

罪恶里面时常蕴藏着某种激情和勇气，平庸乏味则毫无美感。可惜大家通常既无勇气坚持善，也无勇气坚持恶，甚至没有勇气坚持随波逐流。

他无法左右宿命，无法改变国家的命运。唯一能左右的是自己的感情。

在情感的世界里，他有勇气坚持别人眼中的恶。

在政治的权衡里，他有勇气坚持随波逐流，得过且过。

懦弱和坚强，都表现得真诚而坚定。

他喜欢在所爱的人面前，做一个真实的自己。

别人只看到他的醉生梦死，只看到他的放纵享乐，只看到了他轻浮的快乐。

快乐和痛苦不同，快乐要戴上面具，痛苦却从来不。

他可以在所爱的人面前，流露出他的软弱，他的怯懦，他的痛苦，他的心之所往。哪怕像一个孩子一样哭泣，也没有人会责怪他，没有人让他端起一个君王的架子，承载着力不能胜的江山。

这点纵容与怜惜，娥皇有过。只是被立为国后之后的她，得拿出母仪天下的样子。再无法像以往一样放纵。

这点纵容与怜惜，嘉敏有。

史铁生说："爱是软弱的时刻，一种求助于他者的心情，不是求助于他者的施予，是求助于他者的参加。爱，即分割之下的残缺向他者呼吁完整，或者竟是，向地狱要求天堂。爱所以艰难，常常落入窘境。"

在嘉敏那里，他感觉自己是完整的。

"爱的情感包括喜欢、包括爱护、尊敬和控制不住，除此之外，还有最紧要的一项：敞开。互相敞开心魂，为爱所独具。这样的敞开，并不以性别为牵制，所谓推心置腹，所谓知己，所谓同心携手，是同性之间和异性之间都有的期待，是孤独的个人天定的倾向，是纷纭的人间贯穿始终的诱惑。"

喜欢，控制不住，他都曾经历过。

他知道，最诱惑他的，是孤独的灵魂敞开心扉的那种感觉。

这种感觉，臣子给不了，权力给不了，只有她能给。

当娥皇下葬时，他"悼自悲伤，悲哽几绝者数次，将赴井，救之获免"，他的痛不欲生是真实的。所幸，有了嘉敏的陪伴，他渐渐感觉到，她依然是活着的，这样很好。自己也因此活过来了。

相看无限情

公元 968 年，冬十一月，周嘉敏在李煜守制三年后，终于和李煜"成礼"，并被立为继国后，史称小周后。

对于迎娶小周后的礼仪，李煜很踌躇。

踌躇是因为慎重。就像一个人，有话要说，又很慎重，反而觉得怎么都很不妥当。

三年的等待，两人早已是旧相识。不妻不妾的身份，不尴不尬的情分，三年中要抵挡多少风霜刀剑严相逼，一路走来，他们没有退却。为了这份真情与执着，他也一定要慎重。

他要给她最好的，感谢她，在他生命中最失意、最黑暗的时候，给了他快乐与活着的意义。

他让掌管礼部的一干人等，考察古今婚礼的沿革，选择最适宜的方式。

对于婚礼中用不用乐，用不用钟鼓，一干臣子争论不休。李煜喜欢潘佑引《诗经》的那一句："窈窕淑女，钟鼓乐之"，《诗三百》为淑女风仪定下了既美且善的标准。这样的淑女，宜室宜家，所以要慎重地"琴瑟友之""钟鼓乐之"。

对婚礼中夫妻之间有无答拜，又是久议不决。李煜喜欢像庶民一样，有答拜之礼，这样显得夫妻平等。在情感的世界里，他不想当一个高高在上的王。

成婚前夕，小周后回到扬州，像"待字闺中"的女子。李煜在金陵举迎亲之礼。虽是续弦，一切却都像初嫁的样子。

婚礼是在冬十一月。按古人的习俗，纳采时一定要有一对雁，以寓诚信衷情。寒冬时节，雁皆南飞，李煜命人找来一对白鹅来代替。他不想因为一对雁，把婚礼拖到第二年春季。

大婚当日，金陵全城百姓宛如过年，万人空巷，观者如潮。有人鹄立引颈而望，有人争占高处以待，更有人登上房顶以致坠落丧命。他们怀着猎奇的心理，想一睹这场等待了三年引来无数流言蜚语的婚礼及它的主角。

江南佳丽地，金陵帝王州。

衣冠文物，盛于江南，文采风流，甲于海内。白下青溪，桃叶团扇，其为艳冶也多矣。可哪一种艳冶比得上李煜与小周后的这一段？才子与佳人的风流多情，帝王与妃嫔的尊贵显赫，集于一身。

> 蝶恋花一惜别，
>
> 前世情今生续。
>
> 三载金陵，
>
> 今朝终合璧。

因为他，日子变得鲜活起来。因为他，心中充满了欢悦。因为他，内心温柔，想善待每一个遇见的人。坐在轿中的小周后，感觉这一刻，是她最骄傲、最美丽、最珍贵的时刻。

我想，我们始终会温柔相待的，哪怕以后充满了变故，哪怕故事的结局并不是童话描述的那样。

与子偕老的誓言，就让我替姐姐来与你共同续写吧。

那年她十八岁，他三十二岁。

豆蔻梢头二月花，恣意绽放在他许下的春光里。以年华为锦，以江山为缎，织成无比奢华的美。

在最美的年华里，如一朵怒放的花儿，被他好好地折取。李煜心中有种不可言说的满足与适意。他提笔写道：

寻春须是先春早，看花莫待花枝老。缥色玉柔擎，醅浮盏面清。

何妨频笑粲，禁苑春归晚。同醉与闲评，诗随羯鼓成。

寻春吗？不要追着春天到来的步子跑，要走在春天的前面，早早地等着。这和"归时休放烛花红，待踏马蹄清夜月"一样，有种贪婪享受的意味。

看花吗？不要等到花枝空老。酒至微醺，花开至半，才是最美的时候。

美人的纤纤玉手托着酒盏，新醅的春酒，有种春天般的色泽，盛在青瓷杯中，一汪莹碧。

一干臣子，铺锦列秀，掞藻飞声；一干美人，流连穿梭，频频劝酒。

不知不觉间，日已偏西。

携满苑春光，一路调笑戏谑，至宫内，已是暮色四合，华灯初起。

一个国君的快乐一日游，到此并没有完结。等待他的，是另一个开始。

那年，国事堪忧，宋军屯兵国门，虎视眈眈，国内天下大旱，一片萧条。

他逃避这一切闹心的事情，沉湎在自己为自己营造的花天酒地之中。

春天被宠爱得无以为继，可以深情直至溃不成军。意兴阑珊的颓废。

他知道大宋在虎视眈眈地窥伺着。尽管他年年纳贡，年年降尊纡贵，以求苟安。

他知道臣子的失望，韩熙载拒不出仕，在荒戏与宴游中掩盖自己的难堪。

可是，他知道悲剧是注定的，就看它什么时候降临，人在宿命中，再怎么挣扎又有何用？

可是，他知道，在这个弱肉强食、朝不保夕的乱世中，如果宇宙的中心只有虚无，那么人生唯一确定的补偿，唯一的现实，便是欲望的放纵与感官上的满足。

而她，偏偏又是那么美，美得近乎无辜。

像一个童话般，可以让他暂时忘却世间的庸碌与无常。

娥皇嫁给他时，十八岁，那时他还不是南唐国主，他是一个皇子，有权拥有单纯的幸福。如今嘉敏也正是十八岁，越是风雨如晦，越是鸡鸣不已，他越

是在无力的惶恐中怀念她，怀念从前，怀念当初婚后那段"俯仰同心、绸缪是道"的日子，怀念那种单纯的快乐。

而眼前的这个小周后，是他走进回忆、回到从前、重温美好的最好知音。

我把纯白的一面朝向你，给你看里面金黄色的宠爱，草绿色的谢意，天蓝色的眷恋。

居住在柔仪殿中，她唯一想做的是让他快乐，用她特有的方式或是一个女人特有的方式。

他想不顾一切地宠着她。因为，在她眼中，他看到了自己。

他让人特意为小周后和自己营造了一个只属于他们彼此的小天地。

"李后主每春盛时，梁栋窗壁柱拱阶砌，并作隔筒密插杂花，榜曰锦洞天。"

这个锦洞天，"以销金罗幕其壁，以白银钉瑁瑂而押之。又以绿钢刷隔眼，糊以红罗，种梅花于其外。又以花间设小亭子，才容二人。煜与爱姬周氏对酌于其中，如是数处。"

在这个别致的"锦洞天"里，这个只属于他们的名副其实的"花花世界"里，他们躲进小楼成一统，管它春夏与秋冬。

像一对醉生梦死的蝴蝶，一对无知懵懂的败家子，一路挥霍而来。

他喜欢一切带有阴柔之美的东西。

喜欢花，喜欢春天，喜欢春天的颜色。

一切都是浊世中的补偿。现实有太多丑陋，他便喜欢美；现实有太多无望，他便喜欢如希望般的春天。

你说你喜欢绿色，我便把自己变成绿色。尽情释放着生命的美。

知道他的心头好，小周后平时穿的衣服也多为绿色。

绿色是南唐这个时间段里的主色调。它不像冬日里的那种绿色，带着一丝枯黄，也不像夏日里的绿色那样绿得耀眼，此时的绿色就像一场玲珑的迷梦，让人沉醉之后再也不愿醒来。

一些宫女纷纷效仿。甚至，一个宫女觉得坊间所染的绿色，不够灵动，绿

得沉闷板滞，她尝试亲自动手漂染。可她将染好的绢帛放在外面，夜间忘了收。次日清晨，她发现那绿色的绢帛因为被夜露浸染，碧绿中带着晶莹，极富层次感。天然胜过人工，这是天赐的绿。

小周后将其命名为"天水碧"。

无法想象小周后穿一袭绿衣在春光烂漫中走来的样子。想起张爱玲的《倾城之恋》中，浪荡公子范柳原的调情场景来：

> 范柳原在细雨迷蒙的码头上迎接她。他说她的绿色玻璃雨衣像一只瓶，又注了一句："药瓶。"她以为他在那里讽嘲她的孱弱，然而他又附耳加了一句："你是医我的药。"

他们喜欢焚香。在袅袅香烟中，到达空远寥廓的境界，岁月静好。

他们用香味很浓的梨挖成碗状，然后把沉香放在其中熏蒸，再置入帐内，香气馥郁。这香遇热而散，和人的汗气混合，变成一股甜香，令人闻之欲醉。小周后特意为它取了一个香艳的名字：帐中香。

他们使用的香料有丁香、檀香、龙涎香等等。焚香的器物更是琳琅满目，有把子莲、三云凤、玉太古、金凤口罋等等。

香成了他们情致生活的一部分，缭绕在他的文字里。

> 炉香闲袅凤凰儿，空持罗带，回首恨依依。
>
> 红日已高三丈透，金炉次第添香兽。
>
> 香作穗，蜡成泪，还似两人心意。

"抛枕翠云光，绣衣闻异香。"小周后的香，让他深深沉溺。

香，是情人之间一种只可意会不可言传的暧昧与痴缠。

明人冒襄满怀凄楚地回忆了与董小宛曾经有过的黄金时光，"姬与余每静坐香阁，细品茗香"。

清人沈复《浮生六记》中有一段三白与芸娘关于香的对话：

芸已漱涎涕泪，笑倒余怀，不能成声矣。觉其鬓边茉莉浓香扑鼻，因拍其背以他词解之曰："想古人以茉莉形色如珠，故供助妆压鬓，不知此花必沾油头粉面之气，其香更可爱，所供佛手当退三舍矣。"芸乃止笑曰："佛手乃香中君子，只在有意无意间；茉莉是香中小人，故须借人之势，其香也如胁肩谄笑。"余曰："卿何远君子而近小人？"芸曰："我笑君子爱小人耳。"

　　若李煜和小周后能有幸读到这段文字，看着"我笑君子爱小人耳"这句半娇半嗔半调侃的爱语，定当解颐。

　　在博物馆，看到这些熏香之器，仿佛能嗅到在一条条蜿蜒的爱情之河中曲折地流淌着的香气，这种气息并没有因为时间的漫长而荡然无存。相反，时间和气息使之变成一朵朵奇迹般发出巨大喧哗声响的神秘之花。古代较早的香熏均为陶瓷烧制，在汉朝流行一种叫博山炉的香熏。古代盛传海上有蓬莱、方丈、瀛洲三座仙山，博山炉便是根据这一传说设计的。使用时，香料燃于炉中，烟气从盖上的镂孔冒出，既可以消除居室内的恶秽之味，又可以凭借袅袅上升的香烟，营造出一种空远寥廓的境界，虚化暗淡悲惨、压抑沉闷的现实，给人精神上的慰藉。南朝人谢惠连在《雪赋》中写道："燎熏炉炳明烛，酌桂酒兮扬清曲。"所以，围炉熏香是古代士大夫充满情致的生活场面。生活中充满了不解、恐惧、无助、渴望和焦虑，可又不愿意放弃，一定要寻找出路，这就是中国知识分子。

　　我们无法阻止生命的飞逝，世事的无常，只能运用生命的活力来补偿生命的仓促潜逃。我们对生命的占有越是短暂，越是要增加它的密度和浓度。

　　熏香便是补偿之一种。

还如一梦中

多少泪，断脸复横颐。心事莫
将和泪说，凤笙休向泪时吹，肠断
更无疑。

　　他和小周后的好日子其实并没有过多久。

　　面对着强大的北宋，他从没有想过要反抗。除了一让再让，一退再退，一点点埋葬自己的尊严外，他实在没有想出更好的办法来。

　　他以为他的忍让与卑微，会换来赵宋的同情或体恤，让他及他的南唐，一直苟安下去。可赵匡胤发话了，他说："卧榻之侧，岂容他人酣睡！"

　　南唐旨在偏安，而赵宋想经略中国！

　　他的目光首先盯住了南唐这个最广大最富庶的僭窃之国，南唐的退让与卑微，只会让赵宋更加鄙夷，更加坚定了出兵的信心。

　　被香风脂粉熏得发了酥的骨头，怎么能抵挡住赵宋的铁骑？

　　公元975年，李煜39岁，小周后25岁，金陵城陷，李煜肉袒出降。

　　自此后，小周后陪伴着他，在赵宋的监禁下，过着亡国奴的生活。

　　幽囚在违命侯府中，他哪里也去不了，也不想去。

　　不必把太多人，请进生命里。若他们走进不了你的内心，就只会把你的生命搅扰得拥挤不堪。孤单，并非身边没有朋友，只是心里无人做伴。都市里遍地是热闹而孤寂的灵魂，来来往往的行人，不过是命中的游客，越热闹越冷清。

他只想无言独上西楼，望着月如钩，望着寂寞梧桐深院锁清秋。

望着江南的方向，遥寄一腔乡愁。

那时候，她不会阻拦他。只在他的身后无言注视着，在他下楼的时候，给他一个温暖的眼神。告诉他，她会在这里，在这里等着他，只要他一个转身，就能看见。

生命中只剩下登楼，流泪，饮酒。

人如何在消逝的美好面前忍住眼泪？

如果没有了眼泪，心是一面干涸的湖。

他无法掩饰自己的悲伤，一如既往地像个赤子。初到汴京，他知道他要忍辱偷生，却不知道未来在哪里，命运又会将他抛向哪里。无力、恐惧、忧虑。他能做些什么呢？"日夕以泪洗面"而已。

还好，他还会流泪，他还有记忆。

　　　多少泪，断脸复横颐。心事莫将和泪说，凤笙休向泪时吹，肠断更无疑。

哭吧，哭吧，她张开怀抱，轻抚着他的背。

也只剩下这点自由了。

如果，连哭都不能哭，我的那些恐惧和担忧要用什么来证明呢？我还活着这件事，又该怎么来证明呢？

痛苦，是保持清醒的最好方式。

再不想清醒地痛苦着，清醒地看着自己沉沦。有时，我只想让自己醉。不想睁着醒眼，看着这个无力回天身陷囹圄的生命困境。

　　　醉乡路稳宜频到，此外不堪行。

只能沉湎于酒了。

看着他醉，看着他沉沦，她的心一阵一阵发紧。怎能忍心，看着他一步一步走向颓废，走向无可挽回的绝境？

她想伸出手去，扶着摇摇晃晃的他。却发现，自己也如身陷泥沼，越挣扎陷得越深。

由他去吧。

至少醉里他可以暂时做回自由的自己。

涸辙之鲋，相濡以沫。

如果生命里尚能保持这最后的一点温度，该多好。

然而这样的梦太奢侈。弱者，从来没有选择的权利。赵匡胤在世时，他们两人可以。赵光义继位了，他们的梦也随之破灭了。

小周后忘不了，忘不了江南城陷时，赵光义在皇宫里看着他们夫妇二人走出来时，他眼里异样的光。这个匆匆的眼神，包含了惊为天人的讶异，还有如猎人见到猎物般的贪婪。这个眼神几度出现在她的噩梦里，她害怕着，逃避着，希望这一天永远也不要到来。

可该来的终归会来。

公元 976 年 11 月，赵匡胤暴毙，其弟赵光义继位。

李煜被赵氏兄弟玩弄于股掌之上，这当然是无话可说的，败寇只能是一个玩物。人类在某种意义上一直在有步骤有谋划地进行着集体对抗和集体屠杀。玩弄高贵的东西，向来是野心勃勃的人的恶毒本性。人们对弱者的同情仅限于可施舍的范围，精神上的高贵纯洁只能激发野兽亵渎高贵的本能，对于赵光义来说，污辱李煜最好的方式当然是玩弄他那个名满天下的妻子。于是，赵光义明目张胆、为所欲为地蹂躏着囚笼里的小周后嘉敏。

李煜满目含血地看着自己被强权施暴的一幕又一幕。他们在哄笑，在得意。

他躲在自己的梦里面，瑟瑟发抖。

笙箫的旋律，醉酒的晕眩，都无法抵挡来自残酷现实的寒冷。死，或许更容易些。

看着消瘦的丈夫，想安慰他。可是张开嘴，才发现说什么都是多余的。

赵光义把小周后一次又一次传召到皇宫里……李煜在椎心刺骨的痛苦中等待妻子回家！

一天，两天，三天……来了。小周后就是哭，她委屈，绝望，愤怒。

李煜呆呆地看着嘉敏越来越憔悴的脸，他没有嚎叫，没有叹息，甚至没有表情。

宋铚《默记》中记载："李国主小周后随后主归朝，封郑国夫人，例随命妇入宫。每一入辄数日而出，必大泣骂后主，声闻于外，多婉转避之。"明人沈德符《野获编》又谓："宋人画《熙陵幸小周后图》，太宗戴幞头，面黔色而体肥，周后肢体纤弱，数宫人抱持之，周后作蹙额不胜之状。有元人冯海粟学士题曰：'江南剩有李花开，也被君王强折来。'"有人说这些都不足信，就算是传闻吧。

我们永远也看不到真相。污辱和被污辱，损害和被损害。不过说明同一个问题。

接下来应该是更加卑贱地活着——

他睡不着，无法做梦。就算是睡着了，还是会被噩梦惊醒。这样活着和梦到底有什么区别。李煜和嘉敏面对面坐着，听着外边的雨声萧索。灯火摇曳，看不清对方脸上的泪痕。

喝酒，喝醉，什么都不要想了。如果这是个梦，到底什么时候能醒来呢？

这样活着，与死又何异呢？

他几乎不敢抬头再看小周后的眼了。

洁白的绢上，洇开了一团红，触目惊心。

兵连祸结的年代里，人的尊严本来就是卑微的。

西蜀重臣韦庄的女人被他的主子王建夺走了。宋人杨湜在《古今词话》中说，韦庄有一个很漂亮的宠姬，有文采，能写诗文。王建知道了这个事后，便差人说让此姬到宫里写些诗文。韦庄没有办法，只好让自己的美人随宫人去了。想念这位美姬的时候就作词来消解心中的痛苦，这似乎是唯一的办法了。

这里面除了骄横、淫逸、耻辱和孱弱以外，我再也看不见别的东西。唯一令我感叹的是，弱者的诗词却写得如此之美。

如果痛得太狠而又无力止消它，那只有一个办法可以让自己活下去，就是变得麻木。可是韦庄却始终不肯麻醉自己的神经，而是剥开这些创伤。我无意夸大，韦庄的痛苦只是来源于失去一个女人，可是他的艳情文字背后埋藏的无力和愤懑，不能不让我同情他。

还有一个与李煜一样，同为后主的后蜀末代皇帝孟昶。

孟昶亦被称为后主。刚取鼎位时，似乎还是有理想的，常以王衍为鉴，孜孜求治。史书上说他初也能节俭自律，到了中年便不能再约束自己，逐渐奢侈起来，爱好游乐，喜赏名花，让人在成都城里遍植芙蓉，用帷幕遮护着，秋天盛开，望之皆如锦绣，用以博美人花蕊夫人一笑。那一日，她甜甜地笑了，这个容貌才情双绝的女人深情款款地享受着风流帝王倾城的爱恋。岂知，江山美人岂能双双置于掌上？

孟昶早已经晕了头，花蕊夫人的美色让他沉溺了，尝作艳语小词《木兰花》：

> 冰肌玉骨清无汗，水殿风来暗香满。绣帘一点月窥人，欹枕钗横云鬓乱。
>
> 起来琼户启无声，时见疏星渡河汉。屈指西风几时来，只恐流年暗中换。

富贵温柔是慢性毒药，不知不觉地吞下，慢慢地被它杀死。

公元 965 年，赵宋灭蜀。

孟昶花蕊夫人一行三十三人被押赴汴梁。

七天后孟昶暴疾而终，年四十七岁。

国亡家灭，丈夫孟昶被赵匡胤毒杀，她自己不得不委身杀夫仇人，每日里强颜欢笑，虚与委蛇。

千古艰难唯一死，伤心岂独息夫人。

李煜没有选择死，而是更加卑贱地生。只是，公元 978 年的七夕，42 岁的他，连这种生也无法继续了。赵光义赐他服牵机药而死。

他死后不久，小周后悲不自胜，亦卒。

惊艳了岁月的女人，最终温暖了时光。而他一生中最爱的两个女人，竟无一能够善终。

与子偕老的誓言，依然只是一场空。

没有什么缘分可以维系一生，再华丽的筵席也会有散场的一天。

我们都是人生场景中的过客，这段场景走来了一些人，那段场景又走失了一些人。

蓦然回首，恍如一梦。

Chapter 05

流年·飘摇·倾覆

Chapter 05

流年·飘摇·倾覆

半壁江山

乾德元年，公元 963 年冬天的一个夜晚，赵匡胤掌着大红蜡烛，盯着地图，谋划着经略中国的步骤。

他审视着地图，域中原有十国，眼下北方只余北汉和契丹，如芒刺在背。南方，则有南唐、西蜀、吴越、荆南和南汉，都不肯臣服。

大江以南的广袤疆土和繁华富庶，他早有耳闻。要打，就先从南方下手。

公元 963 年，荆南首先被赵宋荡平。

消息传到南唐，才即位不久的李煜，尚无心收拾自己的心情。家事还没有理清，哪里有暇顾及国事、天下事？

想想自己在即位之时，为表忠心，上宋太祖表。情辞恳切，态度谦卑，一至于此，赵匡胤应该会手下留情的吧？他还记得那篇《即位上太宗表》：

> 臣本于诸子，实愧非才。自出胶庠，心疏利禄。被父兄之荫育，乐日月以优游。思追巢许之余尘，远慕夷齐之高义。既倾恩恼，上告先君，因非虚词，人多知者。徒以伯仲继没，次第推迁。先世谓臣克习义方，既长且嫡，俾司国事，遽易年华。……

105

他说自己"思追巢许之余尘，远慕夷齐之高义"，没有什么野心和抱负，但求一方净土，给他自由便足够，他会安分守己做个顺民的。

他对赵宋发誓："若曰稍易初心，辄萌异志，岂独不遵于祖祢，实当受谴于神明。"

人都有自欺的时候吧？年少时的自欺总带着几分天真和稚气，年纪老大之后的自欺却难免透着几分悲凉。

27岁的李煜，即使是坐在王位上，也依然天真得像个置身事外的孩子。或许他心中还怀抱着儒家的大义，他不知道在五代十国的乱世中，道统早已散落一地，它只适合一个个怀着狼子野心的政客粉墨登场。

> 我在幻想着，
> 幻想在破灭着。
> 幻想总把破灭宽恕，
> 破灭却从不把幻想放过。

乾德二年（公元965年）十一月，宋太祖赵匡胤命忠武节度使王全斌率军六万向蜀地进攻，十四万守成都的蜀兵竟不战而溃。孟昶对花蕊夫人说："我父子以丰衣足食养士四十年，一旦遇敌，竟不能东向发一矢！"乾德三年元宵刚过，司空平章事李昊草表，孟昶自缚出城请降。孟昶、花蕊夫人与李昊一行三十三人被押赴汴梁。

消息传到南唐，李煜心中兴起兔死狐悲之叹，他不知道南唐这只待宰的羔羊，还能活多久。心中的惶惑他来不及细细体味，便被"笙歌吹断水云间"的诱惑拉走。算了算了吧，再也别想它。

在自己继位的前一年，父皇李璟已经因国势衰危而称臣于宋，减制纳贡了。宋灭南唐，形势已定。守着这个风雨飘摇的摊子，他又能做些什么？除了等着，实在想不出更好的办法。

睡吧，合上双眼，世界就与我无关。

为了麻痹南唐，也为了给自己连年征战以喘息之机，赵宋暂时放缓了步步

紧逼的步伐。

他要南唐充当政治掮客，约南汉与南唐一起事宋。并在南唐境内大旱之际，饷米麦十万石，以收买仁义。

天真的李煜以为赵宋真的要放过自己了，沉醉在温柔富贵乡的奢靡和经声佛火的虚妄之中，暂时忘却了风雨如晦的恐慌。

和睦相处，只不过是弱者的自欺欺人罢了。

我们总喜欢给自己找很多理由去解释自己的懦弱，总是自欺欺人地去相信那些美丽的谎言，总是去掩饰自己内心的恐惧，总是去逃避自己犯下的罪行。但事实总是，有一天，我们不得不坦然面对那些罪恶，给自己的心灵以救赎。

李煜不知道，这一天，并不会等太久。

开宝四年（公元 971 年）十月，宋太祖灭南汉，屯兵汉阳。

李煜非常恐惧，忙不迭地去除唐号，改称"江南国主"，并遣其弟郑王李从善朝贡，上表奏请罢除诏书不直呼姓名的礼遇。

同年，有商人告密，宋军于荆南建造战舰千艘，请求派人秘密焚烧北宋战船，这本来是一个削弱赵宋水上实力的千载难逢之机，李煜却因为惧怕惹祸，没有批复。

那些隐藏在心里的恐惧会慢慢在时间中变成柔软的绳子，然后将我们牢牢捆住。

当我们面对一个害怕的人，一桩恐惧的事，一分使人不安的心境时，唯一能克服这种感觉的态度是：面对它。

可李煜从不面对，他只选择逃避。

形势紧迫，他忧心似焚。可除了每天与臣下变本加厉地设宴酣饮、忧愁悲歌之外，他没有做出什么振奋人心的举动来。

开宝五年（公元 972 年）正月，面对大宋的蠢蠢欲动，李煜又开始老一套的退让逃避了。

他下令贬损仪制：下"诏"改称"教"，中书、门下省改为左、右内史府，尚书省改为司会府，御史台改为司宪府，翰林改为文馆，枢密院改为光

政院。

降诸"王"为"公",避讳宋朝,以示尊崇。

元宗时,虽臣服后周,但金陵台殿皆设鸱吻(殿脊的兽头);乾德年间,宋朝使者到来,李煜就撤去,使者走后再复原;此时,遂撤去一应器物,不再使用。

有时妥协是一种变相的等待,退一步,海阔天空。

可伴随着李煜的妥协而来的,是更大的迷失。

他用妥协和退让换来的,不是怜惜与尊重,而是无止境的无视、轻贱和伤害。

尽管,一切政治行为,在本质上是一种妥协和交换。人类政府的历史,其实是一部各种利益不断妥协和交换的历史,也只有在不断的妥协和交换中,各种利益才可能获得相对的平衡。

可是,李煜忘了,这种妥协的前提是双方势均力敌或大致对等,这样才有交换的可能。他从一开始就丧失了对等的可能,又怎能希望妥协能换来平衡和奇迹呢?

大宋仍在步步紧逼。

公元 972 年,宋太祖晋封李从善为泰宁军节度使,并在汴阳坊赏赐宅院,暗示李煜入京降宋;李煜不是不知道赵宋的暗示,他不愿意,只派人进京致谢。

开宝六年(公元 973 年)夏,太祖遣翰林院学士卢多逊出使南唐,李煜上表愿接受北宋册封爵位,被拒。

十月,内史舍人潘佑感于国运衰弱,上书极力劝谏李平为尚书令,徐铉、张洎进言"李平妖言惑众,煽动潘佑犯上",李煜遣人收捕,潘佑在家中自杀,李平亦自缢狱中。南唐仅有的一点刚性被李煜亲手绞杀了。

世事的遇合变幻,穷通成败,虽有关机缘气运,自有幸与不幸之别,但归根结底,总是由各人本来的性格决定的。

一个人的性格决定了他的际遇,如果你喜欢保持你的性格,那么,你就无权拒绝你的际遇。

开宝七年（公元 974 年），李煜上表求放李从善归国，宋太祖不许。

李煜明白，弟弟已经被当作人质留在了宋廷。

他不敢见七皇妃，她每次都哭着喊着向他要人。

他也想念自己的胞弟，自己是对不起弟弟的。一切都源于自己的懦弱和无能，这个国，这个家就要这样慢慢地破碎了。就算是春天，他看到的也只是残破的梦境。

> 别来春半，触目柔肠断。砌下落梅如雪乱，拂了一身还满。
>
> 雁来音信无凭，路遥归梦难成。离恨恰如春草，更行更远还生。

他久久站在树下，想念不能归来的弟弟，孤独从心里滋长，还有恐惧和忧伤。

也不知道从善现在的日子怎么样？会好到哪里去？所谓的命运难道真的已经不可挽回地衰颓下去了么？

李煜到底是幼稚的，他们要的岂止是岁贡，而是你的三千里地河山！

赵匡胤早就放过狠话了："卧榻之侧，岂容他人酣眠！"

同年秋，宋太祖先后派梁迥、李穆出使南唐，以祭天为由，诏李煜入京，李煜托病不从，回复"臣侍奉大朝，希望得以保全宗庙，想不到竟会这样，事既至此，唯死而已"。

太祖闻信，即遣颍州团练使曹翰兵出江陵，又命宣徽南院使曹彬等随后出师，水陆并进；李煜亦筑城聚粮，大举备战。

一直到最后，退无可退，李煜才彻底丢掉幻想，准备抗争。

只是，可能连他自己也不敢相信，会有胜算的可能。不过是苟延残喘，死得漂亮一些而已。

他只知道，飘摇风雨中的南唐，终于要倾覆了，永远也靠不了岸。

有时候，我们越接近真相，越垂死挣扎得有些可怜。

末日狂欢

红日已高三丈透，金炉次第添香兽。红锦地衣随步皱。佳人舞点金钗溜，酒恶时拈花蕊嗅。别殿遥闻箫鼓奏。

宋兵果已南进，精于权谋的赵匡胤连用诡计，让李煜频频失误，接二连三地错杀了猛将林仁肇，忠臣潘佑、李平，自毁长城。

而且樊若水这个人在关键时刻竟然投降了赵宋，樊若水颇有才学，就是因为在南唐一直不被重用，竟然开始怀恨朝廷，一气之下叛唐投宋，向苦无渡江良策的赵宋谋划出了渡过长江天险的方法。长江之险已不可据。

争，值不值得？妥协，安不安心？在理想与现实之间，他很难找出一条路来。李煜彻底陷入了慌乱、恐惧与无措当中。

人一旦迷醉于自己的软弱当中，便会一味软弱下去。

面对心爱的东西，不甘心失去，却又不得不失去的时候，他依然选择了：逃！

在俯仰同心视为知己的大周后生命即将凋零时，他想逃，逃到了小周后的温柔乡里。在"四十年来家国，三千里地河山"即将付诸东流成为他人囊中之物时，他想逃，逃进更深的沉溺与麻木当中，沉醉在肉体的狂欢里。逃进"万境皆空""诸行无常""诸法无我"的佛境中。

这世界本来如《红楼梦》里空空道人手中的那面镜子。

这镜子有两面，一面是滚滚红尘，温柔乡里，美人缱绻，醉生梦死。人天

110

生要被镜中红尘所惑，不可自拔。

一面是红尘如炼狱，美人成枯骨，功名利禄到头来，皆是一场空。

这是对立的两面，也是相互转化的两面。

或许李煜早已深知其中三昧，他偏偏要将两面的生活都经历体验一遍。一边沉醉在温柔富贵乡里，醉生梦死。一边沉醉在佛法的空空之境里，求得解脱。

两个矛盾对立面，竟然被他完美地统一在一起。

身处乱世，"生之艰难"与"死之可畏"是人生的两大主旋律。整个魏晋南北朝时期，一个绵延不断的话题，就是生与死。生命之短暂与人生之无常如高悬在人们头顶上的剑。

生命不能永恒，死亡不可避免，人在其中将何以自处？

以古诗十九首为代表，慨叹着生命短暂，奉"及时行乐"为圭臬，形成忧生之嗟的大合唱。

以曹操为代表的建安烈士，高举建功立业的大纛，向死而生，以期不朽。用"志深笔长，梗概多气"的调子抒发着他们的忧世之叹。

正始名士，颠覆了儒家建功立业的人生观，大炽玄风，高谈老庄。

与玄谈联袂而来的，是精神的落荒而逃，肉体的末日狂欢，载体是药、酒和女人。

他们服药，以期长生不老，"虽留身后名，一生亦枯槁。死去何所知，称心固为好。客养千金躯，临化消其宝。"

他们饮酒。当有人问任纵不拘的张季鹰，"卿乃可纵适一时，独不为身后名邪？"答曰："使我有身后名，不如即时一杯酒。"阮籍为了躲避司马昭这门亲事可以酩酊大醉，一连60天不醒。喝醉了，他可以堂而皇之地躲在当垆美妇的身边。当有人问起时，他说："礼法岂为我辈而设？"

而陶渊明选择做一个隐士，他在人境结庐，在南山修篱种菊，纵浪大化，不喜不惧。

当生命的存生只是体验现实的苦难而不能保有自身的尊严时，当恐惧地等待着不期而至的暴力来结束生命时，李煜有他自己的选择。

肉体和精神，他都要安顿，都要找到自己的渠道。

肉体上，他逃向了醉生梦死的沉溺中，颓废得不可自拔。

像五代十国里的大多数君王一样，他无法脱开这个时代，注定会受到时代之风的熏染与影响。

前蜀王建，趁天下大乱，割地自据。他心里也清楚，强者很多，枭雄遍地，自己的皇帝是当不长的，所以他一旦窃取神器，便得过且过，明明白白地挥霍着自己的时光和蜀国民心。他的儿子就是王衍，这家伙是个败家子，当了皇帝之后就开始荒淫无道的帝王生活，他命宫妓衣道服，簪莲花冠，施脂敷粉，号"醉妆"，并且制《醉妆词》。

　　者边走，那边走，只是寻花柳。那边走，者边走，莫厌金杯酒。

后蜀的孟昶，十年不见烽火，不闻干戈，五谷丰登，斗米三钱。都下仕女，不辨菽麦，士民采兰赠芬，买笑寻乐。宫廷之中更是日日笙歌，夜夜美酒，教坊歌妓，词臣狎客，装点出一幅升平和乐的景象。

他太会享乐，用的是七宝装成的溺器，精美无比，让赵匡胤见之大叹。溺器要用七宝装成，却用什么东西贮食呢？奢靡至此，安得不亡！

吃着独出心裁的"酒骨糟"和"月一盘"。前者用净白羊头，以红姜煮之，紧紧卷起，用石头镇压，以酒腌之，使酒味入骨，然后切如纸薄；后者是宠妃花蕊将薯药切片，莲粉拌匀，加以五味，味酥而脆，又洁白如银，望之如月。

住的是"水晶宫"，建于摩诃池上。其中三间大殿都用楠木为柱，沉香作栋，珊瑚嵌窗，碧玉为户，四周墙壁，不用砖石，尽用数丈开阔的琉璃镶嵌，内外通明，毫无隔阂，再将后宫中的明月珠移来，夜间也光明透彻。四周更是青翠飘扬，红桥隐隐。夏夜晚水晶宫里备鲛绡帐、青玉枕，铺着冰簟，叠着罗衾。每遇炎暑天气，孟昶和花蕊夫人在此夜夜笙歌。

生命既然不能够被挽留，也不能够被拒绝，那就用自己的方式去挥霍，或者珍惜。

孟昶和花蕊夫人有他们的"水晶宫",李煜和他的小周后,有"锦中天"。

孟昶有七宝溺器,李煜有可以散发出耀眼光芒的夜明珠。"归时休放烛花红,待踏马蹄清夜月",是以夜明珠的珠光为背景的。

他为小周后特制"帐中香",每年七夕生日时,命人用红、白色丝罗百余匹,作月宫天河之状,整夜吟唱作乐,天明才撤去。

据说,南朝梁萧宝卷曾令工匠把金锭煅压成金片,并做成莲花的样子贴在地面上,然后让他的潘妃着长裙在金莲上翩跹起舞,萧宝卷命之曰"步步生莲花"。李煜宫中有窅娘,擅跳凌波仙子舞,翩若惊鸿,令李煜沉醉。他也想欣赏她"步步生莲花"之美态,便命人铸造了一朵高六尺的巨型黄金莲花,让她以之为舞台,在上面献舞。

他尝微行倡家,乘醉大书石壁曰:"浅斟低唱偎红倚翠大师,鸳鸯寺主,传风流教法。"

他誓将奢靡享乐进行到底。

看到这里,我在想,这是那个被史家称为"精究六经,旁综百氏,常以为周孔之道,不可暂离"的李煜吗?

这是那个谆谆告诫自己的臣子,让他们"从公之暇,莫若为学为文;为学为文,莫若讨论六籍,游先王之道也。不成,不失为儒也"的李煜吗?

一面是以圣贤为标杆的儒家道德理想,一面是弃道统于不顾、任性沉溺的享乐主义,如此分裂而统一。

人们记住的只是他的奢华无度,只当他是一株醉生梦死的罂粟花。可是,如果你愿意走进他的心,仔细审视,你应战栗。

一个弱者,在面对生命的困境时,总有种悲剧的美。

任何沉溺上瘾都源自你无意识地拒绝去面对和经历痛苦。每一次沉溺都始于痛苦而又止于痛苦。无论你沉溺于什么——醇酒、食物、享乐,或者一个人,你都是用某些东西或某人来掩盖你的痛苦。

激情过后,留下的是更多的不快乐和痛苦。享乐本身没有造成痛苦和不幸,它们只是将你内在的痛苦和不快乐引发出来。每一次沉溺上瘾都是这

样的。

可每一次沉溺都会达到一个点，在这个点上，它不会再对你有效。此后，你的痛苦就会比以前更甚。

红日已高三丈透，金炉次第添香兽。红锦地衣随步皱。
佳人舞点金钗溜，酒恶时拈花蕊嗅。别殿遥闻萧鼓奏。

"红日已高三丈透"，一个勤政的帝王，或许早已批了一堆的折子、听了一干臣子的奏议，揉揉发酸的眼睛，准备结束早朝了。他则忙着继续昨夜的狂欢宴游。

他吩咐宫女们将兽炭次第添进金炉，他要继续昨夜的宴游。宫人趋步，鱼贯而入，红锦铺就的地衣也随之踏皱了。炉是金铸的，香想必也是极品，龙涎香、伽南香还是檀香？就连地衣亦是华丽的锦缎铺设的。

不动声色的几句描写，包藏着一个帝王的任性与奢华。

看佳人舞点金钗溜，看酒恶时拈花蕊嗅。整个宫廷都在狂欢的海洋中，你听，别殿传来了阵阵萧鼓奏。

在这暴烈的享乐欲望中，李煜和他的臣子，像是被一阵狂风撵着仓促向前。

一个人的快乐才是真快乐，一群人的快乐，那快乐是表演给人看的。他害怕独自承受自己的孤独。

也许他不知道为什么，也不知道要往何方。而命运此刻，似乎正凌驾在他的头顶上，冷眼瞧着他。

看着他们跳啊跳，舞啊舞，乐啊乐。仿佛永恒的黑暗已经踩到了他的脚底下。

只是曲终人散后，一切外在刺激都已停止，一种更深更沉的空虚与寂寥，慢慢地爬上心头。

他禁不住打了个寒战。

明天呢？明天的生活还要继续。

我们已各自就位，在自己的天涯种植幸福。曾经失去的被找回，残破的获

得补偿。

时间，会一寸寸把凡人的身躯烘成枯草色。

不必讶异。

真实的人性有无尽的可能。善当然存在，但恶也可能一直存在。歉意不一定能弥补，伤害却有可能被原谅，忏悔也许存在，也许永远没有，都无法强制，强制出来也没有意义。人的一生，本来就是善良与罪恶，人性与兽欲不断交织不断干戈的过程。

醉心佛陀

陋室空堂，当年笏满床。衰草枯杨，曾为歌舞场。蛛丝儿结满雕梁，绿纱今又在蓬窗上。说甚么脂正浓、粉正香，如何两鬓又成霜？昨日黄土陇头埋白骨，今宵红灯帐底卧鸳鸯。金满箱，银满箱，转眼乞丐人皆谤。正叹他人命不长，那知自己归来丧！

国将亡而不可救，人既在而不可逃。排闼而来的狂欢与奢纵并不能掩饰一切乱象，抹去一切痛苦。

夜深人静的时候，他不得不面对自己的内心。茫茫苍穹，浩浩长空，一如他心底仿佛已经长存了千年万年的孤独，风吹不息，雨浇不灭。

任诞如阮籍，也会"时率意独驾，不由径路，车迹所穷，辄恸哭而反"。阮籍猖狂，岂效穷途之哭？

疏旷如嵇康，在身死魂灭的那一刻，哀恸"广陵散绝矣"。"目送归鸿，手挥五弦"的冷眼下藏着"钟期不存，奇音谁赏"的热肠。

简淡如陶潜，弹着无弦琴，吟着归去来，如羲皇上人的面孔下藏着武士荆轲式的怒目金刚。莫信诗人竟平淡，二分《梁甫》一分《骚》。

歌舞升平深藏着无奈，红巾翠袖掩不住哀伤。

现实中的痛苦种种无法排解，他不得不在精神层面上寻求解脱。

那就是——佛陀。

五季乱而五宗盛。

在那个乱世，民困于兵燹，士穷于仕途，他们一起将目光投向了可以解脱苦难的佛陀。李煜也不例外。

116

这是时世的熏染，也有家风的传习。

当烈祖还是一个四处流浪的孤儿时，一座破败的佛寺，是他的栖身之所，也是他心灵憩息之所。自幼结下的佛缘，随着他的成长和壮大日益成长着。

到中主时，崇佛更甚。"于是名山福地，胜境灵综，坏室颓垣，荒坛废址，咸期完葺，式表兴隆。"他甚至对臣子徐铉说："佛经有深义，卿颇阅之否？"

至李煜时，整个南唐，恍如佛国。

他下了一道诏令，国境之内，无论通都大邑，名山胜水，都广修佛寺、佛祖、韦陀、四大金刚、五百罗汉……哪里的佛寺修得好，还会有奖励。一座座寺庙拔地而起，一座座浮屠高耸入云，整个金陵城随处可见僧尼的身影。他聚各方高僧于宫中，开法会，设道场。曾在宫中修建永慕宫，在林苑建静德僧寺；又在钟山设寺，并亲笔题词"报慈道场"，每日供应近千名僧侣，所需费用皆由朝廷出。

开宝二年（公元 969 年）普度僧侣，又于次年改宝公院为开善道场。他与小周后亲身垂范，身体力行。夫妇二人帽僧伽、衣袈裟、诵经卷。以至于额头磕肿，长出赘瘤。

他自号莲峰居士，宛如一个修行者，端坐在南唐的龙座上。

他的所好，最终成为被人利用的软肋。

我理解李煜的所作所为。

哪怕是尊贵的帝王，宇宙间终有一种比他更强大的力量，即使以一生的威严与狂傲垂首哀告，也无济于事。他无法穿透这种力量，只有向冥冥中无所不能的神明寻求慰藉。史铁生说：

> 求神明保佑，可能是人人都会有的心情。"人是被抛到这个世界上来的"。生而为人，终难免苦弱无助，你便是多么英勇无敌，多么厚学博闻，多么风流倜傥，世界还是以其巨大的神秘置你我于无知无能的地位。

我又不理解李煜的所作所为。

佛在心中，道不远人。靠的是证悟，明心见性，立地成佛。而不是庙宇的数量多少，浮屠的威严与否。

一天，几个僧人坐在树下谈论。一个叫玄生的说："我看这佛，如庭前大树，千枝万叶，不离其根。"另一叫玄淇的道："我也有一比，我看这佛，如院中古井，时时照之，自省我心。"四周众僧皆道："二位师兄所言妙极，真显佛法要义。"那二人颇有得意之色，却见玄奘一边独坐，不理不睬。玄淇叫道："玄奘，我们所言，你以为如何呀？"玄奘头也不回，笑道："若是我，便砍了那树，填了那井，让你们死了这心！"玄生玄淇均跳起来："好狠的和尚，看不得我们得奥义么？"玄奘大笑道："若是真得奥义，何来树与井？""哼！那你倒说佛是什么？""有佛么，在哪儿？你抓一个来我看！"玄奘说。"俗物！佛在心中，如何抓得。""佛在心中，你说它作甚？不如放屁！"

人是多么复杂的动物。

他偏偏又是深结佛缘，独具慧根的一个。

传统文化宣扬"治国平天下"，不太关注人的自身。而佛对人世的生、老、病、死……一切与人心息息相关的东西都有着纯粹的专注。偏于自省，偏于向人的内心审视，这一切对多愁善感而性情真率的李煜，无疑有着天生的吸引力。

醉心于佛陀，是他于绝望之中寻求解脱的希望，也是他遵从内心呼唤的必然结果。

佛说人生有八苦：生、老、病、死、爱别离、怨憎会、求不得、五蕴盛。这八苦在他的生命中一一穿行，也让他一一证悟。

生即为苦。人一出生，便被抛进无尽的苦恼与无边的苦海当中。为生计奔波，为名利追逐，执着于种种世俗的欲望当中，无法解脱。百姓有百姓的苦，皇帝有皇帝的忧。贵为皇子，他也有自己无法摆脱的宿命，无法推卸的责任，有自己的不自由。他多么渴望做一个与世无争的渔父，"一棹春风一叶舟，一纶茧缕一轻钩。花满渚，酒盈瓯，万顷波中得自由。"

老亦为苦。敏感如他，在四季的轮回里，伤春复悲秋。"美人迟暮"让他惊心哀怜，生命萧条让他迷茫感伤。哀伤一直都在，如影随形，早年便如此。

当"冉冉秋光留不住，满阶红叶暮"时，他听着"雍雍新雁咽寒声"，叹着"愁恨年年长相似"。

当"亭前春逐红英尽，舞态徘徊"时，他在"细雨霏微"中"不放双眉时暂开"。

当"樱花落尽阶前月"时，他"象床愁倚熏笼。远似去年今日，恨还同"。

当他"遥夜亭皋闲信步"时，渐觉伤春暮，"一片芳心千万绪，人间没个安排处"。

他不知道，这种对生命逝去的悲叹，对美好毁灭的悲悯，将成为他一生中的主旋律，不绝如缕。

爱别离是苦。

结发之妻在正当盛年的时候病危，他在佛前苦苦哀求，还是无法挽回红颜天妒。曾经的秾丽飘零在风中，一切成空。茫茫宇宙，他不知道该向谁诉说，回答他的只有年年依旧吹送着的东风。他只能作一首诗，告慰自己哀伤的灵魂。

最珍爱的儿子，尚未长成，便告夭折。"永念难消释，孤怀病自嗟"，如果佛祖果真有眼，应该怜惜我这颗迷失在悲伤中的灵魂。"空王应念我，穷子正迷家"，迷失的不只是穷子，还有在世间的他。

花、月，一切美好而又短暂的意象，在他的词中屡屡出现。愁、恨，一切人间之苦，他执着地品尝。

佛说，"诸行无常""诸法无我"，世界万物只不过皆因缘和合而成，始终处于变动不居的状态。世事万物皆非实有，一切外物都是虚幻的，暂时的，有形有色、有体有相的本质后面，深藏的本质，只是"空"。

人生无常，世事如梦。

从他被阴差阳错地推上国君之位时，他已经深深感到人生的荒谬与无常了。

"置君犹治吏，变国若传舍"，西蜀灭了，吴越灭了，南汉也灭了。江南唯余最大的一块肥肉，南唐。垂涎三尺的赵宋，终于按捺不住了，磨刀霍霍，举起了手中的屠刀。而自己又能如何？良将被斩，良臣被杀，那些空言误国各怀心思的股肱大臣们，事到临头，除了党同伐异，竟然拿不出一个像样的章程，找不出几个像样的栋梁，难道金陵，自己的金陵也要走向灭亡吗？

登楼远眺，金陵玉殿莺啼晓，秦淮水谢花开早，谁知道容易冰消。这个从六朝开始，繁华富庶的城市，见过多少风流被雨打风吹去啊。眼见他起高楼，眼见他宴宾客，眼见他楼塌了。那乌衣巷不姓王，莫愁湖鬼夜哭，凤凰台栖枭鸟。

谁来叹兴亡，谁来叹兴亡？

难道，这也是自己的宿命么？难道，世事一场大梦，一切都逃不开无常么？想到这里，落日黄昏中的李煜，感到一阵莫名的悲凉。

　　陋室空堂，当年笏满床。衰草枯杨，曾为歌舞场。蛛丝儿结满雕梁，绿纱今又在蓬窗上。说甚么脂正浓、粉正香，如何两鬓又成霜？昨日黄土陇头埋白骨，今宵红灯帐底卧鸳鸯。金满箱，银满箱，转眼乞丐人皆谤。正叹他人命不长，那知自己归来丧！训有方，保不定日后作强梁。择膏梁，谁承望流落在烟花巷！因嫌纱帽小，致使锁枷杠，昨怜破袄寒，今嫌紫蟒长。乱哄哄你方唱罢我登场，反认他乡是故乡。甚荒唐，到头来都是为他人作嫁衣裳。

李煜知道，"四十年来家国，三千里地河山"，到头来，都是为他人作嫁衣裳。

悟到了又如何？

当宋军压境、兵临城下之际，李煜依旧抛不开心中的一点点幻想。他从佛法中悟得，也从佛法中再次寻求力量。

我不理解，佛"照见五蕴皆空"，让人断、舍、离，以达清净寂灭的解脱空境。而我们俗世中人，每每拜倒在佛前，虔诚地祈祷着佛来满足个人的私

欲。人啊，终究在欲望中迷失了自己，终究无法得证佛的真性。

当宋军兵临城下时，李煜"如小长老问祸福"，令僧俗军士念救苦菩萨，满城沸腾。

当金陵城破之际，李煜"仓皇中作一疏祷于释氏，原兵退之后，许造佛像若干，斋僧若干，建殿宇若干所，其数皆甚多"。

在归降宋朝的途中，举族冒雨登舟，随宋将曹彬北上。既至汴口，他依然"欲登普光寺"，左右谏止，他却怒而大骂。

他双手合十，满心敬畏，但佛祖却依然不为所动。古园寂静，你甚至能感到神明在傲慢地看着你，以风的穿流，以云的变幻，以野草和老树的轻响，以天高地远和时间的均匀与漫长。……你只有接受这傲慢的逼迫，从那悠久的空寂中听出回答。

释迦牟尼佛也曾经亲口说："吾为汝说解脱之方便，当知解脱依赖于自己。"

一切解脱最终当依赖于自己，而非其他。

仓皇辞庙

四十年来家国，三千里地山河。凤阁龙楼连霄汉，玉树琼枝作烟萝，几曾识干戈？

一旦归为臣虏，沈腰潘鬓消磨。最是仓皇辞庙日，教坊犹奏别离歌，垂泪对宫娥。

佛救不了李煜和他的南唐。

就像当年他不得不做南唐之主一样，如今他不得不看着南唐在自己手中灭亡，一切都是命运，都是烟云。

开宝八年（公元 975 年）二月，宋师攻克金陵关城。

三月，常州失守。

六月，宋与吴越会师，润州、洪州失守。

十二月，金陵失守。

李煜奉表肉袒出降，南唐灭亡。

肉袒，却衣露体，以表惶恐之意。时李煜白衣纱帽，袒露一臂，手捧黄缎包裹着的传国玉玺，步出南宫门，正式投降。

南唐自此灭亡。

还记得半年前，李煜曾说过决不投降，说过"孤当亲督士卒，背城一战，以存社稷，如其不获，聚宝自焚，终不作他国之鬼"。可是，他没有这样做。

他知道王族之尊便是社稷之尊，容不得半点践踏。他也知道，自宋军列兵王都之下，一路上踏着南唐子民的骸骨，他肉袒出降，又如何对得起这些为国而死的将士与子民？

他觉得自己应该去死。

可是，死，也许并不是解脱，只是逃避。

我和这个世界不熟，我依旧有很多问题，问南方问故里，问希望，问距离。

我和这个世界不熟，这并非我虚假的原因。我依旧有很多真诚，离不开，放不下，活下去。

在生死的关口，李煜又一次作出了选择。他不知道，这个选择对他来说，意味着什么，前路莽苍苍，是刀山火海，还是人间天堂？他只知道，他依旧有很多问题，要对生发出呼号。他依旧保持着真诚，放不下，离不开。不想掩饰内心的怯懦和迷茫，可一个更强烈的念头告诉他：活下去。

如果他知道，选择活下去，带给他的是更大的痛苦和耻辱，他会不会后悔？

承受痛苦，有时候，比死亡更需要勇气。

宋使曹彬说，赵皇帝在汴水旁修好五百间广厦等着他。

临行前，给了李煜一天的时间，辞庙。

那天恰逢正月初一，在去庙堂的路上，一路经过澄心堂、光政殿、仰秫苑。但见翠华一去寂无踪，玉楼歌吹声断已随风。面对着列祖列宗的牌位，他感觉自己像一个罪人。冥冥中似有一个声音在说："七月七日，你降生之日，正值你祖父受禅登基，他篡夺了吴王杨氏两代四朝的江山社稷。后来你父皇李璟再迁杨氏于泰州永宁宫，在京口杀了杨氏三百余人……"如今这窃取的江山终又要落入他人之手，这是他命里要背负的罪，命里要替祖宗还债吗？佛说，世间事一切自有因果，果然不虚。前世种下的因，今日结下的果，只能由他来承受了。

他忍不住恸哭。

隐隐地，他听到自教坊传来声声哀乐，是流珠、秋水、阿黄、阿乔、窅娘在为南唐奏着最后的挽歌。

在世界要把我遗忘的时候，你们还依然记得我。"教坊犹奏别离歌，垂泪对宫娥"，这不是奏乐的时候，你们却只能用这种方式道别。

感君故意长，唯有泪千行。

再见了，乔氏、庆奴、薛九、秋水、宜爱、小花蕊、窅娘……

众多宫女中，独独不见了乔氏。

那个曾为他用血手抄《金刚经》相送的宫女，早已遁入空门。闻听金陵城破，她带领全寺四十二名女尼，一起关闭寺门，燃起柴草，从容赴死。她们用自己的清白与贞烈，殉了那曾深深眷念的国与君。

辞别祖庙，但见金陵城里，处处举火，无一不在祭奠家国，无一不在祭奠李煜。他们并不知道国主的结局。流言太多，或曰他已成臣虏，秘密渡江。或曰他携国后出逃，不知去向。或曰他在城破之际自刎身亡。倘国主尚在人间，权当生祭吧。

见此情形，李煜愧疚，欣慰。他不明白，他这个亡国之君，何以能得到子民的谅解与忠心。

他试着走向了一个老妇。他想知道，自己到底是谁，在这个天地间，到底拥有了多少。

"老人家，请你告诉我，你们为什么要这样祭奠一个让你们连家国都没有了的君主，他值得你们这样对待么？"

"他是我们的君，我们是他的子民。这是天命，也是缘分。就算是国亡了，家没了，这种天命和缘分不会改变。每个人在世间都要经受各种人生苦痛，有的甚至会堕入恶途无法回头。但经历过了，你才会更爱世人，体恤世人，慈悲世人。"

"他给他的子民带来多少慈悲和爱呢？他甚至觉得自己连个普通人的事情都没做好。"

老妇人抬头看着天，回答："这世界，总要有太阳、月亮以及星辰，太阳不知道自己的光辉，星星也不知道自己的渺小。但，太阳就是太阳，它的存在就为世间万物创造了生机。一个君主，他的存在就仿佛太阳，给他的子民以无限信心和勇气。他的存在，本身就是一种力量。"

听到这里，李煜泪流满面。

他的存在，就是南唐子民的希望和力量。他的痛苦，或许会成为对自己的

救赎。

生有时比死更艰难。

　　起程之时，黑云压城城欲摧，天下起了大雨。

雨，是上苍为南唐落下的泪，为他落下的泪。

伫立船头，望大江东去，他要最后看一眼他的四十年来家国，三千里地山河。

告别了，石头城，燕子矶，乌衣巷。旧时王谢堂前燕，今后又将飞入哪个寻常百姓的家？

告别了，秦淮烟月，钟山风雨。人世几回伤往事，山形依旧枕寒流。

告别了，我的青春，我的眷恋，我的情感，我的悲欢，此一去，一番风雨路三千，别时容易见时难。

他的双眼渐渐模糊了起来，不知是雨水还是泪水。

每一次告别，最好用力一点。多说一句，可能是最后一句。多看一眼，可能是最后一眼。

唯有在告别的那一瞬间，你才会发现，那些曾深爱的一切，早在告别的那天，已消失在这个世界。心中的不舍和思念，都只属于自己曾经拥有过的纪念。

有些事能够心甘情愿，有些事情一直无能为力。

唯有以诗一首，聊作祭奠：

　　江南江北旧家乡，三十年来梦一场。吴苑宫闱今冷落，广陵台殿已荒凉。

　　云笼远岫愁千片，雨打归舟泪万行。兄弟四人三百口，不堪闲坐细思量。

蜷缩在汴京的一角，回忆这一段场景，他写下了这首《破阵子》：

　　四十年来家国，三千里地山河。凤阁龙楼连霄汉，玉树琼枝作烟萝，

125

儿曾识干戈？

　　一旦归为臣虏，沈腰潘鬓消磨。最是仓皇辞庙日，教坊犹奏别离歌，垂泪对宫娥。

　　多么难舍，这四十年来家国，三千里地山河。阁是凤阁，楼是龙楼，煌煌帝王之气象满得都溢了出来。这些金碧辉煌的宫庙殿宇，鳞次栉比，直冲霄汉。庭内玉树琼枝，密密匝匝，连成一片，远远望去，如雾如烟，何似在人间？

　　江山信美，民阜物丰，耽溺在升平气象中的国君与臣民，又哪里会"识干戈"呢？

　　宋家的铁蹄踏平了他的江山，闯入了这个曾让他无比自豪的"四十年来家国，三千里地山河"，践踏着他引以为傲的"凤阁龙楼连霄汉，玉树琼枝作烟萝"。南唐的土地上，充斥着干戈。

　　"一旦归为臣虏，沈腰潘鬓消磨。"从万乘至尊的国主到卑微如蝼蚁的臣虏，从天上跌落到人间，他已是"沈腰潘鬓消磨"。如沈约衣带渐宽，如潘岳早生华发。愁恨、愧悔、焦虑、抑郁、无奈、无助，种种情绪噬咬着，他只有憔悴。

　　"最是仓皇辞庙日，教坊犹奏别离歌，垂泪对宫娥。"辞庙，是告别列祖列宗的魂灵，告别江山社稷，告别臣民百姓，告别他无比眷恋的一切。这是一种仪式，一种庄重。借由它，他精神的丝缕会牵系着故土的根，在那里求得一种安定。只是，作为败寇的他，早已经没有从容道别、从容安放自己灵魂的权利了，他只能在"仓皇"中辞别。

　　风云变幻，江山易主，从来都是诡异急促的，容不得他选择，来不及说再见。

　　他始终参悟不透，家国天下到底有什么区别？为什么一定要有个你死我活的结果呢？"生于深宫之中，长于妇人之手。"为人的幼稚，处事的软弱，这些性格难道就能葬送一个国家吗？然而事实正是如此。他为自己的无能感到内疚，他为错杀了潘佑、李平感到后悔，他为故国亡于己手感到不安，他也为城

126

破之时没有殉国而感到惭愧。与其苟活求辱倒不如一刀两断干净地死了的好，那样至少可以用鲜血洗刷掉自己的昏聩、懦弱和无能。

他不是个勇士，不是个豪杰，更不是个英雄，他只是一个饱读诗书的风流雅士。他的骨头里充满的是柔软的哀伤和明澈的自我怜悯，而不是凛冽的烈士尊严。

被俘的那一天，他感受到的是轰然坍塌的悲剧性人生的无奈和无助。他哭了。所有自以为有骨气的人都认为李煜苟活下来，是懦弱和卑怯的。

我却从中感到了更深一层的悲哀。当赵匡胤得意扬扬地嘲笑李煜的时候，他只是简单地把李煜当成了自己的俘虏，当成了被老虎按在爪下的狐兔，当成了一个手无缚鸡之力的书生。赵匡胤看不透李煜眼神中的悲哀，其实也包括了他赵皇帝突然暴毙的无奈和徒劳。

苏东坡对李煜词中所写颇为不屑，他认为此际"举国与人，故当恸哭于九庙之外，谢其民而后行"，而李煜却顾着"挥泪宫娥，听教坊离曲哉"！简直是全无心肝。

明人尤侗说，安史之乱之时，"明皇将迁幸，当是时，渔阳鼙鼓惊破《霓裳》，天子下殿走矣，犹恋恋于梨园一曲"，何异于李煜之挥泪对宫娥？

清人梁绍壬说："若以填词之法绳后主，则此泪对宫娥挥为有情，对宗社挥为乏味也。"

蒋勋先生说，垂泪对宫娥，就是他的真性情。"他觉得要走了，最难过的就是要与这些一同长大的女孩子们告别。所谓的忠，所谓的孝，对他来讲非常空洞，他没有感觉。这里颠覆了传统的文以载道，绝对是真性情。"

他不是全无心肝，他是如此的真诚，一颗赤子之心，毫无遮掩地袒露在阳光之下，也不管适不适宜。

从来都是如此。

前尘·昨夜·此刻

Chapter 06
前尘·昨夜·此刻

昨夜风兼雨，帘帏飒飒秋声。

烛残漏断频欹枕，起坐不能平。

世事漫随流水，算来一梦浮

生。醉乡路稳宜频到，此外不

堪行。

第二年正月，李煜和家族一行人等被押解到汴梁（今河南开封），李煜一身白衣纱帽待罪明德楼下，没有什么献俘仪式。

南汉王归降在崇元殿，且君臣以帛系颈，牵拽着。一个接一个，如牛羊般，跪于太庙之前，伏地待罪。

赵匡胤算是为李煜留了一点体面和尊严。

当御前大臣宣读诏书时，李煜仔细谛听着，封了个"违命侯"。这表明赵宋对他屡召不降，又起兵顽抗，还是心存芥蒂的。

上天之德，本于好生；为君之心，贵乎含垢。自乱离之云瘼，致跨据之相承，谕文告而弗宾，申吊伐而斯在。庆兹混一，加以宠绥。

江南伪主李煜，承奕世之遗基，据偏方而窃号。惟乃先父早荷朝恩，当尔袭位之初，示尝禀命。朕方示以宽大，每为含容。虽陈内附之言，罔效骏奔之礼，聚兵峻垒，包蓄日彰。朕欲全彼始终，去其疑间，虽颁召节，亦冀来朝，庶成玉帛之仪，岂顾干戈之役。寒然弗顾，潜蓄阴谋。劳锐旅以徂征，傅孤城而问罪。洎闻危迫，累示招携，何迷复之不悛，果覆亡之自撮。

昔者唐尧克宅，非无丹浦之师；夏禹泣辜，不赦防风之罪。稽诸古

131

典，谅有明刑。朕以道在包荒，恩推恶杀。在昔骡车出蜀，青盖辞吴，彼皆闰位之降君，不预中朝之正朔，及颁爵命，方列公侯。尔实为外臣，庚我恩德，比禅与皓，又非其伦。特升拱极之班，赐以列侯之号，式优待遇，尽舍尤违。可光禄大夫、检校太傅、右千牛卫上将军，仍封违命侯。

好一副替天行道的无辜样子。成王败寇，谁让他是败者呢？只有接受这个命运了。

李煜不知道，未来等着他的会是什么。更不知道，赵宋皇帝将如何对待他这个"违命侯"。也许，只是更加卑贱地活着。

对李煜的怀德示恩，只不过是赵宋为了装点门楣，向世人售恩示义而已。在他们的内心深处，他们是瞧不起这个失败者的。在赵皇帝心中，他称不上雄才大略之君，也没有人主包举宇内、心怀天下的英伟之气。充其量，也只是一个高级文人。

> 江南李煜既降，太祖尝因曲燕，问："闻卿在国中好作诗，因使举其得意者一联。"煜沉吟久之，诵其咏扇云："揖水月在手，动摇风满怀。"
> 上曰："满怀之风，却有多少？"
> 他日复燕煜，顾近臣曰："好一个翰林学士！"

听到这句话，李煜好像被针刺了一下，打了个寒战。他知道自己的好日子已经过完了。

这只是苦难的开始。国家已经被倾覆了，自己至多不过是胜利者的一个玩物。

更多的羞辱还在后面，虽然这个羞辱，在对方看来是一种体贴与恩赐。

开宝九年（公元965年）十月，赵匡胤莫名暴毙，其弟赵光义继位，史称宋太祖。

此时，离李煜一行执献京师仅仅十个月。

132

赵光义称帝之后，于当年十一月下诏，废除李煜的爵位"违命侯"，改封"陇西郡公"。由侯晋公，似乎意味着李煜身份的提高。然而，只有他知道，这不过是他收买仁义的一个更加堂皇的装饰。

　　当这个抬高了地位的"陇西郡公"，因无钱沽酒，向他乞要酒资时，他大方地给他提高"每月三百钱"，其实和以往并无二致。

　　赵光义不止一次地向近臣宣扬："朕平生无其他嗜好，就是酷爱读书。为的是从中探察古今兴亡，成败得失，以史为鉴，择善戒恶，以利治国平天下。"他即位之后，鉴于原坐落在右长庆门附近的昭文、集贤、史馆三个藏书场所狭小简陋，不利于"蓄天下图籍，延四方贤俊"，便下诏于左升龙门东北另建三馆，赐名为崇文院。崇文院的东廊藏昭文院书，南廊藏集贤殿书，西廊藏史馆书，六库共有正副本图书八万卷。又下诏在崇文院中建秘阁，把三馆所藏的万余卷版本珍贵的图书和宫内特藏的古今名人书画墨迹，存放于此。

　　一日，赵光义书兴大发，传旨有司备轿去崇文院观书，并召李煜同行。来到书院礼贤馆，他指着馆内汗牛充栋的藏书对李煜说："据云卿在江南亦喜读书，更喜收藏。此中孤本、善本多是卿的爱物。不知卿归顺本朝后是否常来书院披览？"

　　李煜驻足望着眼前一函函钤有自己的藏书印章，并在天头地脚留有自己眉批手迹的藏书，又一次深感屈辱。

　　想金陵城破之日，他原打算聚自己收藏的书画珍宝举火自焚，最终这些凝聚了他心血的书画都落入了赵宋之手。

　　一个人，在拿掉权力、资本、名望等一切外物之后，怎样才能更像一个人？李煜没有做皇帝的野心与韬略，而这些精心收藏的书画，是他仅有的一点语言上的自负，文化上的自负。在政治上他穷得一无所有，甚至连他赖以生存的权杖都丢了。在精神和文化上，他固守着仅有的一点高贵与自由。这些，如今也要依靠别人恩赐才能获取。

　　他永远处于被侮辱被损害的地位。

　　赵光义也热衷书法，面对李煜的撮襟书、金错刀，他心里颇为不屑。"然殊乏姿媚，如穷谷道人、酸寒书生，鹑衣而鸢肩，略无富贵之气。要是当我祖

宗应运之初，揭云汉奎壁，昭回在上，彼窃据方郡者皆奄奄无气，不复英伟，故见于书画者如此。"

这个穷谷道人，酸寒书生！

还有更大的羞辱。

小周后被频频传唤入宫。每次入宫后，他坐立难安，心如刀割。闭上眼，仿佛能见赵光义得意而淫邪的笑容。睁开眼，仿佛有什么声音在耳边吹送。

他盼着小周后早点回来，那样至少可以让他自欺欺人地认为，她只是入了一趟宫而已，其余的什么也没有发生过。也许她在献舞，也许她在献歌。她如此擅长这个。

他又害怕看见小周后回来，真正的恐惧是等待未知揭晓的那一刻。

她回来了，眼神呆滞麻木，一言不发。她没有对他说什么，但从她哀怨而绝望的眼神中，他读懂了一切。

她甚至有些恨眼前的这个男人了，虽然她知道，她还是如此期待与他相濡以沫，如此不忍。她冷冷地看了他一眼，却像刀子一样剜在他的心上。

男子汉若是觉得自己活着已是羞辱时，他就宁可永不再见他所爱的女人，宁可去天涯流浪，宁可死。因为他觉得已无颜见她。

可他不能，当初城破时他没有选择死，如今已然走到这一步，哪怕是更卑贱地生，他也要含垢忍辱。

他的尊严一次次被践踏，散落得无可收拾。

因尊严，万事万物才默然自主，悄然而立；因自立，琳琅世界才有迹可循，有序可寻。

没有尊严，世间便是一个烂泥塘。

我们的尊严不值什么钱，可它是我们唯一真正拥有的东西，是我们最后一寸领土。

世界上任何不忿，委屈，不公，羞辱，无力，践踏……的存在，不在于对方有多么可恨可恶可笑可耻，而在于你自己本身的无能与弱小。

他恨自己的无能与弱小。

他鄙视这样的自己。

"我曾经七次鄙视自己的灵魂：它本可以进取却故作谦卑；它在空虚时用爱欲填充；在困难和容易之间选择了容易；它犯了错，却借由别人也会犯错来宽慰自己；它自私软弱却把它认为生命的坚韧；它鄙夷一张丑恶的嘴脸，却不知那正是自己面具中的一副；他侧身于生活的污泥，虽不甘心，却又畏首畏尾。"

侧身在生活的污泥之中，他能做的只是饮酒，只是写词。

前者让他麻木，后者让他忘却。

> 昨夜风兼雨，帘帏飒飒秋声。烛残漏断频敧枕，起坐不能平。
>
> 世事漫随流水，算来一梦浮生。醉乡路稳宜频到，此外不堪行。

秋风秋雨已摇其精，室内之人，在烛残漏断之际，频敧枕，起坐不能平。像一个失了魂魄的人，片刻不得安宁。

他想做点什么，却颓唐得使不出劲来，好比杨花在春风里飘荡，身轻无力，终飞不远。

昨日一国之君，今日归为臣虏；昨日笙歌醉梦，今日"烛残漏断"；四十年来家国换姓，三千里地河山易主。世事无常，生命无常。原来，这世上的一切，终将随着不舍昼夜的流水徒然流走，在历史的长河中湮没无痕。人之一生，又算得了什么呢？如梦、如幻、如泡影，到头来，唯余空空。

也许就连现在刻骨的恨与铭心的痛，到头来，也是一场空。

浪在这个浮生，人该如何自处？

"醉乡路稳宜频到，此外不堪行。"还是沉醉于醉乡吧。

不在痛苦中清醒，就在痛苦中麻醉。

或是写词吧。

我一无所有，只能拼命摇动自己手中的笔，用笔在自己的心头割开一个个伤口，看那些文字带着自己的感情和温度，像血一样流出来。然后，静静地看着它淌了一地。这样的痛，让他暂时忘却现实的痛。

风回小院庭芜绿，柳眼春相续。凭阑半日独无言，依旧竹声新月似当年。

笙歌未散尊罍在，池面冰初解。烛明香暗画堂深，满鬓青霜残雪思难任。

春天来了，我的心仍没有走出冬天。

独自凭阑，竟然连话也懒得说了。一切都显得多余，孤独和无告，像梦魇一般纠缠着自己。竹声飒飒，新月纤纤，一如当年的模样，不会因人事而有半点更改。它们是无情的，不懂得人的悲哀。它们是永恒的，不懂得人世变幻与无常。

不如归去吧。

归去，烛明香暗画堂深，满鬓青霜残雪思难任。

这个深夜里，无法可以安睡。深深的画堂，明灭的烛光，伴着他满鬓青霜残雪，在回忆的深处流浪。

如此不堪。

他伶仃的样子，让她升起一股温柔的怜悯。哪怕，此刻她也像一个溺水者一样，等待着救助。她知道这种痛到麻木的感觉，如是轻轻地走到他的身后：

"重光，睡吧。"

我强迫自己用一种轻描淡写的口吻去讲述自己和他人的所有悲欢离合，目的是为了使自己麻木。唯有麻木，才能让自己不再心痛。

不哭、不闹、不糟蹋自己，你怎么知道你爱一个人有多深？恨一个人有多深？

老妇人说，自己的存在本身就是一种希望。果真如此吗？他禁不住开始深深怀疑自己存在下去的意义了。

作为一个词语，"活着"在我们的语言里充满了力量，它的力量不是来自于喊叫，也不是来自于进攻，而是忍受，去忍受生命赋予我们的责任，去忍受现实给予我们的幸福和苦难、无奈和平庸。

满目河山空念远

从违命侯到陇西郡公，变化的只是称呼而已。日子一成不变，一天天过去。

我还活着。

找一样我认为重要的东西，爱情也好，做梦也好，我需要这样的东西提醒我，我不是靠"活着"的惯性活着的。

醉酒、写词，还有呢？还有回忆。我越来越喜欢回忆了，生活在北方，人却活在了回忆里。也许，生活原本就是这样，一半是回忆，一半是继续。

醉酒让人麻木，写词是为了忘却。而回忆，是为了相见。忘却是一种解脱的方式，回忆是一种相见的形式。只有在回忆里，我才能与我的故国相见，与我曾经拥有的骄傲与青春相见，与我曾经的沉溺与忧愁相见，无论如何，它让我感到自己嗅到了故乡的气息，感到自己是自己的主人，感到一种从未有过的安宁。

站在异国的土地上，作为被侮辱被损害的人，一个被剥夺了依赖感的人，我需要回忆帮我拾回失去的一切。

经过了金陵城将破时的愤怒与否定，经过了金陵城已破时的妥协，现在的我，陷入了我生命中的一个漫长的忧郁期。我不知道，我和命运最终怎样和解，现在的我，只想依靠回忆活下去。

躲在一个寂寞的角落里，寂寞地舔着自己的伤口。将过往的人生故事，一幕幕放给自己看，挚爱过的，挣扎过的，怨恨过的，狂喜过的，拥有过的，一一呈现，又一一收藏在他的心之角落，或是记忆的地下室里。

他回忆他的江南。

闲梦远，南国正芳春。船上管弦江面绿，满城飞絮滚轻尘，忙杀看花人！

闲梦远，南国正清秋。千里江山寒色远，芦花深处泊孤舟。笛在月明楼。

你还在想念着江南吗？

江南的春天，江南的秋天，江南的梦。

站在违命侯府的庭院里，仰着头望着遥远的天空。悲伤在四季更替里回旋，这里流露出来的心迹，是一种沉痛的愁思，精神迷离恍惚。前阕忘情，后阕忘形。李煜心中的千里江山并不是雄心勃勃的功业，而是一个孤独自由的归宿。

芦花深处泊孤舟。这一句浩渺深悠，有遗世独立之感。可是结尾一句，笛在月明楼，却让人有一丝错愕。高楼之上，笛声隐约，好像还有一丝牵连。温暖期待？知音期待？不知道，看起来安静美妙的意境里，他内心苦苦挣扎的到底是一个什么样的渴望呢？

如今荣辱经遍。他获得的是一个充满荒诞意味的空虚。

他思念他的故国。

多少恨，昨夜梦魂中。还似旧时游上苑，车如流水马如龙。花月正春风。

多少泪，断脸复横颐。心事莫将和泪说，凤笙休向泪时吹，肠断更无疑。

138

春花在春光里明媚盛放，春月在春夜里温柔如水，一年中最美的季节里最美的景致全部都集中在这里了，让人迷醉。还不够，还有"吹面不寒"的杨柳风，摸抚着春花春月，抚慰着游人在春光中充盈而飞扬的春心。花月正春风，何尝不是他生活中最纯粹、最美好、最干净明澈、最春风得意的时刻呢？

都过去了。如今只能蜷缩在泛黄的回忆里，连哭泣也是一种奢侈。

往事只堪哀，对景难排。秋风庭院藓侵阶。一任珠帘闲不卷，终日谁来。

金锁已沉埋，壮气蒿莱。晚凉天净月华开。想得玉楼瑶殿影，空照秦淮。

吴晋大战后司马氏将三国归于一统，何等豪迈！北宋侵入南唐前，他还有"四十年来家国，三千里地山河"，只是，眼下这一切，都似幻梦一场，金锁沉埋，壮气蒿莱。

沉埋在蒿莱中的岂止历史与故国，还有他的壮气与希望啊。

如水的凉月，铺洒下来。照着眼前这个沉溺于"金锁沉埋，壮气蒿莱"的历史之慨中的他。他在想，故国的玉楼瑶殿、凤阁龙楼依然还在吧，它们在月下的秦淮河畔，投下了参差斑驳的倒影。只是如今南唐已破灭，君主成囚虏，秋月还是那轮秋月，物是人已非、事过境已迁，只是"空照秦淮"而已。

怀念在层层加深，反省也在步步深入。

从开始时候"车如流水马如龙，花月正春风""凤阁龙楼连霄汉，玉树琼枝作烟萝"的感官依恋到现在"金锁已沉埋，壮气蒿莱""想得玉楼瑶殿影，空照秦淮。"的历史之叹，他一步步在逼近生命的本质。

他甚至从故国之思中开始触碰到了"人生"。

人生愁恨何能免？销魂独我情何限！故国梦重归，觉来双泪垂。
高楼谁与上？长记秋晴望。往事已成空，还如一梦中。

他一次又一次开始寻味"人生"。我一直以为，成功者的人生是一个短暂的现象，而失败者的人生却是一个永恒的隐喻。李煜开始问自己"人生愁恨何能免？"他也许无法做出回答。

佛说人生四谛：苦、集、灭、道，都是无常，都是空，然而这些奥妙的道理，到底还是不能安慰他。他孜孜以求的还是一生一世一双人的相伴相随，故国不过是他心中的一份自由而已。高楼之上，眺望远方的白衣男子，需要的依然还是如梦如幻的自在境地。

一段段往事纷至沓来，回首西风。回首昨梦前尘，往日种种历历在目，如梦，如幻。

他在孤寂的枯坐中，翻起深埋在心中的往事，任它们如影子一般，穿梭在自己的回忆中。那些他曾经拥有的，失去的，向往的，无奈的，执着的，放手的，温暖的，凉薄的，五味杂陈，一一登场，而人早已恍然若失，犹在梦中。

往事已成空，还如一梦中。

就像是梦蝶的庄子，不知是蝶之为我，还是我之为蝶，恍然若失，物我两忘，梦境与现实的界限早已泯灭。遥远的过往历历在目，反倒是眼前的种种朦胧如前尘韶光。

梦如人生，还是人生如梦？

对故国的回忆变得越来越冷静。有时"无言独上西楼"，有时欲说还休，"别是一般滋味在心头"。他开始思索人生愁恨、往事成空、开始体悟人生之无常、命运之无常、历史之虚无，开始打开眼界，将目光从对自身痛苦的关注慢慢移向浩瀚宇宙……

> 林花谢了春红，太匆匆。无奈朝来寒雨晚来风。
>
> 胭脂泪，相留醉，几时重。自是人生长恨水长东。

春红，一年之中最美好的季节和最绚丽的色彩。在生活里，我们命中碰到的一切美好东西，都是以秒来计算。它们，消逝得太快。

美好东西的离去，总会带着悲哀。

谢了就是谢了，无人能够挽回，就像时光难倒流，覆水再难收。人只能直面这个残酷的现实，像个伤心的孩子，束手无策。

他只能眼睁睁地看着这些花，在朝来寒雨晚来风的摧残下，凋零。他充满怜惜，又无可奈何。这便是人间的悲剧。

悲剧，便是将美好的东西撕毁了给人看。

知道结局是悲剧，也无法改变，却依然要继续，这就是人生的最大悲哀。

看着林花谢了春红，叹着太匆匆，怨着朝来寒雨晚来风，又怎么样呢？一切无法改变，生活仍然在继续。仍然在他人手下忍辱含垢，生不如死，像一个玩偶，这才真是人生的最大悲哀啊。

所以，李煜写的不是花，而是他自己。

自是人生长恨水长东！人之必然长恨，如水之必然东流，滔滔不绝，去而不复。

操纵这一切的，是隐藏在表象之下、那个无比神秘却又无处不在，想挣脱却无法挣脱的东西——无常。

不想当皇帝的他皇位偏偏砸在他头上，想当皇帝的太子，机会算尽却敌不过短命，这难道不是无常？从一国之君沦为阶下之囚，天上人间的命运，难道不是无常？

无常的魅影在历史上、在生命中穿梭。休要再提当年，过去的已成过去，那只是一场梦。

高贵的终将衰微，积聚的终将散去，兴盛的终将没落。

他在无意之中，触碰了天机。

江山信美非吾土，一个人走得再远，灵魂始终眷念的地方，是故乡。

每个人的心里，都有一方魂牵梦萦的地方。得意时想到它，失意时想到它。逢年逢节，触景生情，随时随地想到它。海天茫茫，风尘碌碌，酒阑灯灺人散后，良辰美景奈何天，洛阳秋风，巴山夜雨，都会情不自禁地惦念它。

这个地方，就是故乡。

离家的日子越久，回归的声音就越来越清晰。

回家的呼唤，从远古的洪荒中，穿过千年的时光，悠悠传来。

是谁在黄河的岸边，把思乡的调子唱了又唱？

> 谁谓河广？一苇杭之。谁谓宋远？跂余望之。
>
> 谁谓河广？曾不容刀。谁谓宋远？曾不崇朝。

这首思乡的调子，可能是远在异乡为异客的宋人，面对着黄河滔滔浊浪，那种叫思乡的情绪泛滥成灾。他自问自答，谁说黄河宽又宽，过河筏子芦苇编。谁说宋国远又远，抬起脚跟望得见。其实他自己知道，他不是达摩祖师，没有超能力，也无法一苇即可渡江。他只是在用这种夸张的方式说服自己尚在动摇的心。

世上的路有无数，最难忘是回家的路。

世上的路有千条，回家的路只有一条。

回——家——，两个字，却是世界上最华丽的语言，最丰美的篇章。

它永远是游子心中最诱人的渴望，最深切的呼唤，最动听的语言。

可是，他再也回不去了。

无限江山，别时容易见时难。

回忆让他活了下去，回忆同时让他充满了深深的悔恨。自省越多，触摸到的生命之渊便越暗越长。

流水落花春去也

帘外雨潺潺，春意阑珊，罗衾不耐五更寒。梦里不知身是客，一晌贪欢。

独自莫凭阑！无限江山，别时容易见时难。流水落花春去也，天上人间。

越来越多的词传到了赵光义的耳朵。李煜知道这样怀念故国，对大宋意味着什么。可他的真性情让他停不下来，他的痛苦逼迫着他，只有在这个纯任性灵的天地里，他才感觉到活着是真实的，呼吸是自由的。

他在辞庙时，依旧哀怜着自己"沈腰潘鬓消磨"，依旧"垂泪对宫娥"，这是他的真性情。他作为一个被大宋幽囚的猎物，却偏要昂起高傲的头颅，这也是他的真性情。他不知道赵光义会对自己说些什么。

赵光义的回答，让李煜感到意外。

"重光若不思念江南，真个如刘禅，如孟昶，乐不思蜀，那不成了酒囊饭袋？"

他宣示的是他的厚德与雅量，即便是一种手段，要对着全天下不动声色地表现出来，也是一种修养。

他不得不佩服这个人。一个可以收买天下，收买人心的人。当他入住违命侯府的那一刻，他的旧臣徐铉、张洎，一个个投了新主，归顺了新朝。这不只是形势所迫，也暗含着"良禽择木而栖"的审时度势。

他知道自己不是赵光义的对手。

南唐旧梦，离他是越来越远了。回去，回去，只怕是再也回不去了。

难道，就这样在幽囚中苟且下去？属于他的使命还有什么？活下去的意义

还有什么？当生命变成了一场虚无，活着与死去，又有什么差别呢？

他越来越容易做梦了。

> 帘外雨潺潺，春意阑珊，罗衾不耐五更寒。梦里不知身是客。一晌贪欢。
>
> 独自莫凭阑！无限江山，别时容易见时难。流水落花春去也，天上人间。

窗外是潺潺的雨，惊扰了他的梦。在北方春天的某个夜晚，他听着雨声醒来了。

阑珊的春意，欲走不走，拖泥带水的样子，没办法一刀两断，就像他心中黏滞的阴郁。

盖在身上的薄薄罗衾挡不住即将到来的春寒，还有心里无边无际无着落的荒凉感。

回想起刚才的那个梦。梦里他忘记了自己客居北方，他回到了故国，回到了南方。就那么短短一刹那时，他在梦里"贪欢"。

"贪欢"多么富于感官性的字眼。一个诗人的诚实再次体现出来了。

梦里不知身是客，一晌贪欢。梦把空间缩短了，梦把时间凝固了，梦把世界净化了。梦中没有污秽，没有嘈杂，没有邪恶；梦中没有分离，没有创伤，没有痛苦；梦中只有柔和的月色，只有温馨的爱。

写完这阕词。李煜也即将走到生命的尽头。自取其辱三年多的阶下囚生活让李煜真正体味了获得尊严的艰难。

他用生命中最后的一次温度完成了一次狂欢，"梦里不知身是客，一晌贪欢"。那种饮鸩止渴的姿态让人心碎。那只是一种完全的坠落，应该是黑色的，绝望的，冰冷的，尖锐的。

蒋勋先生认为"梦里不知身是客，一晌贪欢"，是中国文学史上最具宗教感和哲学感的，"我觉得它可以用来做任何一种生命形式的告白。所以我自己常常写这个句子，我觉得它让我感触到自己的生命其实是在这样的状态，就是

'梦里不知身是客，一晌贪欢。'其实有一天不知道到底是不是应该这样执着，包括最深的感情，跟母亲的眷恋，跟自己最爱的人的眷恋，好像也不过是一晌贪欢，因为不知道后面会有一个什么东西在等着。所以我把这个句子抽出来，我想李后主在写这个东西的时候，他后期的心境已经完全沉淀下来了。他怀念的已经不是故国了，其实是在思考自己这一生到底在干什么。"

不要一个人随便靠在阑干上了，因为眺望其实有着非常伤感、孤独的感觉。极目远眺，无限江山，还有你生命中的所可能看到的一切，结局只有一个：别时容易见时难。

"我一直觉得这首诗好像是他应该到最后的时候了，就是你会感觉到他的生命已经到了最后，所以'无限江山，别时容易见时难'，没有以后了。'流水落花春去也'，水在流，带走了所有凋零的花，春天也要结束了。所以他已经觉得他的生命也可以去，可以消逝了。对'天上人间'有很多不同的解释，很多人认为他是说过去在故国是在天上，过着花天酒地的日子，现在被打入人间去受罪。我对这个版本的解释不是很喜欢，我觉得'天上人间'其实是一个生命在面临最后的死亡状态的时候，忽然迷惑了：我以后到底会在哪里？我会在天上吗，我会在人间吗，我会是那个流水吗？还是我是那个落花，我是那个春天？他对自己梦醒之后将要去哪里，其实是一个谜。"

夜晚惊醒后一刹那的生命感伤，是他生命里最后的谶语。

死亡在生命的尽头踮着脚眺望。

赵光义知道，他可以容忍李煜卑贱地生，却无法容忍他高傲地活着。他的"厚德"和"雅量"是在不危及他的权力意志时才表现出来的，一旦过了界，他会坐立难安。

一个帝王，即使是亡国灭邦，只要人还在，心不死，迟早是祸害。他是黎庶可见的心像，他是百姓无孔不入的心旌。心像犹在，心旌长翻。

他必须扼杀掉这面精神的旗帜，借用李煜曾经最信任亲近的人。

太平兴国三年（公元 978 年）的某一天，宋太宗问李煜的旧臣徐铉："你见过李煜没有？"

徐铉很紧张地回答："臣下怎么敢私自去见他？"

太宗说："你这就去看看他，就说是朕叫你去见他的。"

于是徐铉来到李煜的住处，在门前下马，见一老卒守在门口。徐铉对老卒说："我要见李煜。"

老卒说："圣上有旨，李煜不能与外人接触。你怎么能见他？"

徐铉说："我今天是奉圣上旨意来见他的。"于是老卒进去通报，徐铉跟着进去，徐铉在庭院内等候。过了一会儿，李煜戴着纱帽，穿着道服出来。徐铉一见李煜，欲行人臣之大大礼，李煜说愧不敢当，也受用不起这个大礼，反倒是上前来，抱着徐铉大哭起来。

坐下后，两人沉默不语。李煜忽然长叹一声，说道："真后悔当日杀了忠臣潘佑、李平。"

徐铉心里一惊。三年来，他到底没有释怀，没有解脱。

可世上哪里有后悔药？

徐铉离开后，太宗宣召徐铉，询问李煜说了什么话。徐铉不敢隐瞒，只好照实回复了李煜的话，他到底是做了大宋的顺民。

宋太宗终于要动手了。

公元 978 年七夕，李煜四十二岁生日。

一大清早，陇西郡公庭院里，垒起一座拜星台。江南习俗，拜星台祭拜牛郎织女星，台上陈列瓜果、糕点、各类供品，以备中夜乞巧。台上饰以红罗、白绫、皂绸，以拟天河鹊桥之属。昔日在南唐，李煜和小周后都钟情这个特别的节日，今日虽然草草，比起往日的岑寂来，倒也多了几分节日的气氛。

小周后，流珠，秋水，抱出琵琶，凤箫。

皓月当空时分，陇西郡公的府院里飘出了管弦丝乐之声。

遥望天际的那轮孤月，李煜写下了这首千古绝唱，也是他生命中真正的绝唱：

> 春花秋月何时了，往事知多少。小楼昨夜又东风，故国不堪回首月明中。
>
> 雕栏玉砌应犹在，只是朱颜改。问君能有几多愁，恰似一江春水向

东流。

他再一次触碰到了永恒与无常。

春花秋月何时了，岁岁花开花谢，年年月盈月缺，是自然得不能再自然的事了，这便是宇宙的永恒。春花与秋月代表着宇宙中最美好的事物。春花明媚鲜艳，寓生之绚烂；秋月沉静皎洁，寓生之静美。何时了，是无时了之意，意思是宇宙中的美好生生不息，亘古长存。

"往事知多少"，这便是人事的无常。年年岁岁花相似，岁岁年年人不同。春花永恒，秋月永恒，人事在这个永恒中是变动不居的，是无常。看那秋风金谷，夜月乌江。阿房宫冷，铜雀台荒。荣华花上露，富贵草头霜。旧时王谢堂前燕，飞入寻常百姓家。

"春花秋月何时了，往事知多少"，隐宇宙之永恒与人事之无常的鲜明对比，这是宇宙与人生的共相，我们每个人都身处其中，无处遁藏。

小楼昨夜又吹起了东风，如春花秋月般，不会因任何人事而有改变，这又是宇宙的永恒了。一轮皓月孤独而永恒的悬在天幕中，可我的故国呢？故国不堪回首！昔日的"四十年来家国，三千里地山河。凤阁龙楼连霄汉，玉树琼枝作烟萝"早已沦入他人之手，江山易主。昔日的"晚妆初了明肌雪，春殿嫔娥鱼贯列""归时休入烛花红，待踏马蹄清夜月"早漫随流水而逝，恍如一梦。

永恒与无常再次遭遇。

那让他在"笙箫吹断水云间"里"醉拍阑干情未切"的雕栏应该还在吧？那让她"手提金缕鞋"去"刬袜步香阶"的玉砌还在吧？是的，它们还在，也许都在。

"只是朱颜改"，一切都变了。

变的是他，形如槁木，心如死灰。随时光老去的，不只是他的容颜，不只是青丝变白发，还有他的心灵，在屈辱与悔恨之中煎熬的心灵，早已没有往日的温度。

变的是她们。"重按霓裳歌遍彻""佳人舞点金钗溜"，这些妩媚的红颜，是否还有当初的光彩？

变的是江山的主人，它再也不是李氏的南唐，而是赵宋的天下。曾经的家乡变成了他乡，心灵没有栖息之地，又如何安宁？

"雕栏玉砌应犹在"与"只是朱颜改"，又是一次永恒与无常的对比。

永恒的春花秋月，永恒的小楼东风，永恒的雕栏玉砌。如梦的前尘往事，如幻的江山故国，如露的青春红颜。有情的血肉怎敌得过无情的江山，怎经得起无常的挫磨？人太渺小了，活不过日月星辰，活不过山川河流，甚至活不过一株植物。

若问我的愁情多少？请看这滔滔不息、向东奔流的一江春水。

"小楼昨夜又东风，故国不堪回首月明中"，深深刺痛了赵光义。他在想，是时候结束这一切了。

赵光义让人给李煜送来了御酒，酒里下了专门为李煜准备的毒药——牵机药。

御酒呈上来的时候，李煜已然明白了一切。

是时候结束这一切了。如果生命的存在已经失去了意义，已经完成了使命，已经将荣辱经遍，历尽了天上人间，还有什么好眷念呢？如果活着只是一种无意义的循环，死倒是一种圆满的成全。他不畏惧死，在金陵城破的时候，他曾经徘徊过，恐惧过。因为那时他还不知道面对的将是怎样的生。三年的幽囚生活，他已经将生死看透了。

三年里，有小周后的陪伴，让他在冰冷的现实里有丝丝温暖。但灵魂深处的孤独无人能解，也无人能代替。喝酒是为了麻木，回忆是片刻的出走，真正能让他敞开自己的是写词。

写词，是他敞开自己的仪式和路径。那是天地间最自由的一片思绪，让他在有限的时空里呼唤无限，让他有力量去敲碎现实的呆板，给他荒诞的逻辑以冲出这个既定的人间，让他丰富的心魂挣脱固定的肉身。

而他已经在词中触碰到了天机，获得了圆满，这让他感到慰藉。

肉身不过是死亡之更新以前需要超越的牢笼。

他坦然接下了这杯酒，眼神显露出从未有过的平静与从容。

当晚，李煜死了。赵光义以隆重的厚礼葬他于洛阳北邙山。

北邙山，自古风水极佳，东周、东汉、西晋、北魏的帝陵大多在此，周围也陪葬了许多王公权贵。"北邙山上无闲土，尽是洛阳人旧墓。"

"生在苏杭，葬在北邙"，这是古人对生活的设想。

城外的北邙山上，古老的松柏在夜风中如泣如诉，说着那些人世的悲欢离合，起落沉浮。

> 洛阳北门北邙道，丧车辚辚入秋草。
> 车前齐唱薤露歌，高坟新起白峨峨。
> 朝朝暮暮人送葬，洛阳城中人更多。
> 千金立碑高百尺，终作谁家柱下石。
> 山头松柏半无主，地下白骨多于土。
> 寒食家家送纸钱，乌鸢作巢衔上树。
> 人居朝市未解愁，请君暂向北邙游。

人生长恨水长东

桃花谢了春红，太匆匆。无奈朝来寒雨晚来风。

胭脂泪，相留醉，几时重。自是人生长恨水长流。

赵匡胤不知道，这个被他看不起的"好一个翰林学士"日后是怎样影响了整个宋代。

赵光义不知道，自己对李煜的轻慢与侮辱，其实是出自骨子里的一种自卑与艳羡。事实上，从他开始，他已经开始改变晚唐以来重武轻文的倾向。他大兴科举取士，修建弘文院即是明证。

李煜死后，赵光义赠之以太师头衔，又追封吴王，并特诏辍朝三日哀悼，以隆重的王礼厚葬李煜于北邙山。这一切，恐怕并不是出自虚情假意。而是对以李煜为代表的南唐文化的敬重与倾慕。

作为一个政治家，一个帝王，李煜是失败的，但他是文化上的战胜者，是"词中之帝"。这一点，古往今来的帝王中，无一人能及。

他在文学艺术的创造性上，有扭转乾坤的力量。

他的词征服了汴京，整个汴京的文人都开始填词。词在北宋成为文学的主体，成为与唐诗并峙的一座文学高峰。整个宋代，大家还在写诗，可是诗不再是最重要的文学形式，这一切都有李煜的功劳。"词至南唐，二主作于上，正中和于下，诣微造极，得未曾有。宋初诸家，靡不祖述二主。"他让词从原来属于贩夫走卒的歌声，变成了士大夫抒怀的工具，成为他们用来纾解生命的一

种情怀。他在词这种有一点低俗的民间文化中注入了文人气质，使民间创作与文人创作成功连接在一起。

整个南唐的审美品质和文人气质也深深影响了北宋。

蒋勋说："如果说哪个朝代的皇帝有非常强的文人气质，大概也就是宋朝，从真宗、仁宋之后，到神宗、徽宗，其实都像文人。那一年把徽宗的像借到法国去展览的时候，整个香榭丽舍大道两侧挂满了穿红衣服坐在位子上的宋徽宗像。法国人都迷死了，说你们皇帝真是帅哥。宋徽宗相貌之精瞿，文人气质之优雅，的确让我们感觉到他不像一个帝王。如果大家去台北故宫，我希望你比较一下宋太祖跟宋徽宗，那个宋太祖真就是屠夫一样的，脸黑黑的，壮壮的，但是到宋徽宗的时候就非常文人了。当然我们会觉得皇帝应该很霸气或者霸道，可是为什么皇帝就一定要霸气、霸道呢？从皇室教育来讲，宋代的皇帝都写得一手好字，作得一首好诗，画得一幅好画。"

宋徽宗每天都在写词，越来越多，几乎忘掉了他皇帝的身份。这点，对于一个身在皇帝职位上的人来说，真是一种麻烦。这点与李煜是何其神似。

如果宋太祖宋太宗知道了这一点，会不会感觉命运的吊诡，历史在某种程度上就是一种循环，而宋徽宗是不是就是当年的李煜附体？

冬天过后是春天，世界上一切都在循环，只是方式不同而已。

或许某些人的转世，自然是为了赎罪，还清前世所欠。贪怒杀伐都是罪，爱恨痴缠必有相欠。有情，就会相欠。

当李煜辞庙之时，他感觉是在替先祖杀伐僭越赎罪。

多年之后，宋代的子孙又该以何种形式赎罪呢？

一样的亡国，一样的被俘，一样客死异乡，做异乡的鬼。

蒋勋说："有时候，你会感觉到一种宿命，好像是注定了要让一个诗人亡一次国，然后他才会写出分量那么重的几个句子出来。就是如果不是遭遇这么大的一个事件，李后主的生命情调不会从早期有点轻浮、有点淫乐的东西转到那么深沉。真是就是一个大的亡国，忽然让这个聪明绝顶的人领悟到繁华到幻灭。所以我们读到《虞美人》，读到《浪淘沙》，读到他后期的作品的时候，

忽然带动了一个很不同的生命经验。有时非常矛盾的一件事情是说，这个所谓的宿命这个事情，是不是一个亡国在等着李后主，是不是一个亡国在等着宋徽宗，为什么宋徽宗的书法写出这么华丽而感伤的瘦金体出来，是不是里面有一种不可逃避的命运的赎罪感，这些都是非常难以解释的现象。我们就不能了解，宋徽宗为什么会写出这样的书法，因为在整个历史上，没有人写出这种锋芒毕露的书法，可是他真的是用这样的字面对了亡国的命运。"

北宋亡国的细节与北宋灭南唐也有着惊人相似。

靖康元年（公元1126年）八月，金太宗大举南下，临城之时，宋徽宗妄图以佛道二教之法术御敌，结果神兵大败。正如南唐亡国前夕，李煜还在与小长老坐论佛理，妄想借佛法以退敌。

公元1127年3月底，金帝将徽、钦二帝，连同后妃、宗室，百官数千人，以及教坊乐工、技艺工匠、法驾、仪仗、冠服、礼器、天文仪器、珍宝玩物、皇家藏书、天下州府地图等押送北方，汴京中公私积蓄被掳掠一空，北宋灭亡。

宋徽宗听到财宝等被掳掠毫不在乎，等听到皇家藏书也被抢去，禁不住仰天长叹几声。宋徽宗在被押送的途中，受尽了凌辱。先是爱妃王婉容等被金将强行索去。接着，到金国都城后，被命令与赵桓一起穿着丧服，去谒见金太祖完颜阿骨打的庙宇，意为金帝向太祖献俘。尔后，宋徽宗被金帝辱封为昏德公，如李煜被封为违命侯一般。

囚禁期间，宋徽宗受尽精神折磨，也写下了许多悔恨、哀怨、凄凉的诗句。只是他诗词上的敏悟不及李煜，在书画方面却对元明以下产生不可磨灭的影响。

一切的一切只是因为在注定的时间注定要发生注定的事，历史的轴轮不管发生什么都会按照它既定的轨道运行下去。

历史之轴实为历史之咒。

宛如厄运般的诅咒无人能逃脱。

在历史中被命运捉弄的人只能对着这个巨大的宿命与神秘长叹一声：人生长恨水长东。

果真如此吗?

不。人,总是在千方百计地改变历史,书写历史,影响历史。

他们不想被历史淹没,他们想在滚滚东去的历史长河中激起千层浪,如果不行,哪怕只是一朵浪花。

他们如此害怕身死魂灭,他们企望在历史中留下点什么。所以,先人很早就立下了"立德、立功、立言"的三不朽标杆。

《左传·襄公二十四年》谓:"豹闻之,'太上有立德,其次有立功,其次有立言',虽久不废,此之谓三不朽。"

唐人孔颖达在《春秋左传正义》中对德、功、言三者分别做了界定:"立德谓创制垂法,博施济众",重在道德操守;"立功谓拯厄除难,功济于时",重在事功;"立言谓言得其要,理足可传",重在著书立说,传于后世。

这种"身后之名""不朽之名"正是古圣先贤超越个体生命而追求永生不朽、超越物质欲求而追求精神满足的独特形式。孔子说:"君子疾没世而名不称焉。"屈原的《离骚》讲:"老冉冉其将至兮,恐修名之不立。"司马迁在《报任安书》中云:"立名者,行之极也。"

在"三不朽"中,立言,是列入最后的,是立德不成,立功不成之后,退而求其次的选择。而曹丕却不这样认为。他在《典论·论文》中说:"盖文章经国之大业,不朽之盛事。年寿有时而尽,荣乐止乎其身,二者必至之常期,未若文章之无穷。是以古之作者,寄身于翰墨,见意于篇籍,不假良史之辞,不托飞驰之势,而声自传于后。"

李煜立不了德,也立不了功,天生的文人气质注定了他只能立言。而当初他写出这些"眼界始大,感慨遂深,以血书者"的文字时,他未必有这样的野心和抱负。

他在自道身世,如宋道君一样,结果他的真诚与颖悟,他从繁华至幻灭,却让他的词"俨有释迦、基督担荷人类罪恶之意",具有穿透时空,窥宇宙人生之奥秘的境界。

李煜应该感到欣慰,当一切的苦难升华之后,势必会变成一种救赎。

而肉身的毁灭永远不会影响他精神的不朽。史铁生说：

> 如果意义只是对一己之肉身的关怀，它当然就会随着肉身之死而烟消云散。但如果，意义一向牵系着无限之在和绝对价值，它就不会随着肉身的死亡而熄灭。事实上，自古至今已经有多少生命死去了呀，但人间的爱愿却不曾有丝毫的减损，终极关怀亦不曾有片刻的放弃。当然困苦也是这样，自古绵绵无绝期。可正因如此，爱愿才看见一条永恒的道路，终极关怀才不至于终极地结束，这样的意义世代相传，并不因任何肉身的毁灭而停止。

> 也许你会说，但那已经不是我了呀。我死了，不管那意义怎样永恒又与我何干？可是，世世代代的生命，哪一个不是"我"呢？哪一个不是以"我"而在？哪一个不是以"我"而问？哪一个不是以"我"而思，从而建立起意义呢？肉身终是要毁坏的，而这样的灵魂一直都在人间飘荡，"秦时明月汉时关"，这样的消息自古而今，既不消逝，也不衰减。

如果李煜地下有知，隔着遥远的时空，他当向这一知音浮一大白。

经典从此诞生。

无论时空怎么变迁，无论世界怎么转变，我们的心灵，始终向往经典的恒定、纯粹与隽永，向往经典中那熟悉而又亲切的故园之思。经典，它是物质之外的性灵，是流俗之上的精华，是驳杂之中的至纯，是重压之下的逸放。是人文的温暖，是乡愁的慰藉，是无可替代的贴心，是无尽流浪途中那一抹希望和爱的灯火！

虽然，李煜留给我们的经典只有短短的四十多首。

李后主·纳兰容若·仓央嘉措

李后主·纳兰容若·仓央嘉措

错位

他们有着共同的错位的人生宿命。一个感叹着"待月池边空逝水，天教心愿与身违"，一个说自己是"冷处偏佳，别有根芽，不是人间富贵花"，一个在执着地追问着"世间安得双全法，不负如来不负卿"。

李煜、纳兰容若、仓央嘉措，一个是公元十世纪的南唐国主，一个是公元十七世纪的相国公子，一个是公元十七世纪藏传佛教的六世达赖。他们在时空上隔得那么远，在心灵和命运上却那么近。

他们有着共同的错位的人生宿命。一个感叹着"待月池边空逝水，天教心愿与身违"，一个说自己是"冷处偏佳，别有根芽，不是人间富贵花"，一个在执着地追问着"世间安得双全法，不负如来不负卿"。

他们都有着不可抗拒的宿命。一个人无法选择自己的出身，而他们的出身在某种程度上都成了某种桎梏与藩篱。李煜是南唐帝国的六皇子，纳兰容若是大清炙手可热的相国纳兰明珠的次子。仓央嘉措虽出生在平民之家，却从出生的那一刻便被目为五世达赖的转世灵童。上天给了他们世人艳羡的一切，权力、地位、富贵、功名，那是别人穷尽一生也无法得到的。

而这一切，对于他们来说，皆是藩篱。他们都有着追求自由的心性。名和利于他们而言，是缰和锁，是以失去本真为代价的。他们都有自己的精神家园、理想生活，只有在那里，他们才感觉自己是自己的主人，是自己的王。可他们无一例外地在现实的规则下就范，做着自己不愿做的事，扮演着自己不愿扮演的角色。一次次违背自己内心真正的索求，一次次奔向茫然未知的天地。

他们的生活总是在别处。人渴望的，往往是自己得不到的。正因为得不

到，它才显得异常的美，异常的有诗意。他们做着一个个关于幸福的梦，而当一个个选择来临时，他们却因为恐惧，因为世俗，因为某些不得已的缘由，不敢遵从内心的选择，不敢抗争到底，最终丢掉了自己的初心，任它在世俗的浸染下蒙尘，流血，千疮百孔。

错位的人生。

于是，当某天梦醒，才发现，幸福如一梦，依然遥不可及。

他们的人生注定以悲剧来收场。因为悲剧是将有价值的东西撕开给人看。

他们都怀抱着理想，不愿自欺欺人，在人生里面便会遇到不可解救的矛盾。理想与现实永久冲突，生命的境界在这个矛盾冲突中越显丰满浓郁，越是有深度。人性的复杂和丰富也就此彰显。

所以，他们的悲剧都带着一种让人战栗的美。

李煜，自幼"生于深宫之侧，长于妇人之手"，天生一副奇表，天资聪颖、敏慧，懂音律，善书画，工诗词，好读书，有浓浓的艺术文人气质。他适合做一个诗酒寄情的文人雅士，悠游山水的隐者逸士。他向往做一个樵者，做一个渔父，"一棹春风一叶舟，一纶茧缕一轻钩。花满渚，酒盈瓯，万顷波中得自由"。他期待着"被父兄之荫育，乐日月之优游"，和有情人做快乐事。他不想争那个皇位，避之唯恐不及，当长兄和三叔为皇位争得不可开交时，他躲在自己的忧愁柔美的世界里，顾影自怜，像一朵清莲般出尘。

奈何造化弄人，天意难违。那个最想当皇帝的哥哥还没有来得及享受几天当太子的滋味，便在19岁英年早逝。最不想当皇帝的自己还没有来得及作准备，却不得不茫然地坐上皇位。命运将他置身于风口浪尖，他做了他不想做的人。从迈出这一步开始，他已经无法回头。

在那个铁血乱世，善于权谋机变的政客，有着嗜血野心的投机者才能如鱼得水。而他偏偏没有一点政治家的样子，也不愿向着一个帝王应有的标本去修行。坐在高高的皇位上，他一方面沉醉于权势带来的优越感，醉生梦死，恣肆挥霍着青春和快乐，一方面却在酒阑人散的时候体会着深深的孤独和荒谬。一方面沉醉在激情中，任性疯狂沉沦，一方面又在经声佛火中寻求一点清凉出尘的超脱。

独独没有想到他该如何经营好他的国家与子民。他尊崇着儒的仁善，却丧失了原则，反而错杀忠臣。他面临着赵宋的咄咄逼人，从没有直起腰来，一味地委曲求全，天真地以为自己的退让和示弱一定会换来别人的成全和宽容。他深知佛的空性，诸行无常，诸法无我，却执着在色的世界里，翻腾不息。甚至将佛作为一种世俗的力量，妄想以它来退赵宋的虎狼大军。

　　赵宋的大军临境时，他才恍然失色，大叫"几曾识干戈"；国破家亡时，他没有哭他的国，他的宗庙和社稷，却"垂泪对宫娥"；幽囚在别人的眼皮底下，他不知收敛，却悲哀地唱着"雕栏玉砌应犹在，只是朱颜改""小楼昨夜又东风，故国不堪回首月明中"。他是如此真诚，如此率性，如此不知道伪装自己。

　　一个拥有赤子之心的人，偏偏要植根于功利世俗的土壤中。一个深具文人气质理想色彩的人，却偏偏要坐在以泯灭人伦常情为前提的龙椅上，这种无奈与错位，到底是上天的惩罚还是命运的轮回？

　　纳兰容若，他生于鲜花着锦、烈火烹油的权贵之家，可是他厌弃这个含着金钥匙的富贵出身，他唯愿自己是林中泉、篱边菊。他做着万人艳羡的御前侍卫，在天子脚下沐浴着龙威皇恩，而这一切并没有令他热血沸腾、欲上青云，他向往的是抱影于林泉、忘情于轩冕。他在诸公衮衮向风尘的康庄大道上，独辟蹊径，与江南的落拓文人构筑着一个世外桃源，冷冷看着那些新朝新贵在世俗的泥泞中打滚。命运赐给他的对他而言，不是希望，是毒药。父母期望于他的对他而言，不是光明，是歧途。可他没有那么大的力量，大得足可以反抗自己的命运。也没有那么大的决心，大得足可以让自己脱胎换骨，重新做人。他至情，情在不能醒，却不能至性，只好违心地做着另一个自己。这种不堪，这种错位，让这位冷处偏佳的贵公子，在京华软红尘中消磨尽了他慧男子的心性，过早离开了这个不属于他的富贵人间。

　　容若的理想是什么？是无上自由，是自给自足，是修身齐家治国平天下。然而，作为侍卫，须得处处体察皇帝的意图，一言一行必须惟皇帝意旨是从，即使这样，稍有闪失就被降黜，重者流放充军，甚至头颅落地。御前侍卫，表面风光，其实也不过是一介美丽的应声虫。故容若曾有词云："倚柳题签，当

花侧帽，赏心应比驱驰好。"在他的内心"金殿寒鸦，玉阶春草"始终只是人云亦云的生命。

容若之"故园"何在？年少时，当他游于碑林，在起承转合之间尤其被赵孟頫吸引；当他徘徊画卷，在浓墨淡写中独独钟情倪云林；当他深涉文海，在南腔北调中偏偏热爱李煜，他心中的江南情结便已悄然生发。

它是采莲女玉纤过处，莲塘底的惊慌；它是船桨行处，微波中的窈窕夕阳；他是兰舟中的春光少年，于暖风中醉卧船头，听红衫绿裙的渔女低声哼唱；当黄昏来临，他化身远方的游子，听鹧鸪哀啼，顿时乡思如潮，在烟水中湿了眼眶。在容若无法苏醒的梦里，江南是于刺桐花下看采莲女相携归去的怅惘，是暗里回眸、若有若无的深情；在容若始终不能释怀的心情中，江南是微雨碧波间的扣弦而歌。最后，容若去了南唐，他走着，满怀心事，走在李后主的江南四季心境里：看春日飞絮，于秋日芦花深处想念。

仓央嘉措，本来是一个牧民的普通的儿子，自小与善良坚强的母亲相依为命，草原的风雨、草原的无垠与宽广，赋予了他自由而真淳的天性。命运在他10岁的那年，转了一个弯。他被告知是五世达赖的转世灵童。这意味着他从此要告别他的故园和母亲，到一个神秘的地方去修行。从此以后，母亲在身后，故园在身后，抛得远远的，一个孩子伴着青灯黄卷，在木鱼声声的沉闷中，钻研着佛法的奥义。身体的自由被束缚。

15岁的时候，他在拉萨行了坐床礼，成为六世达赖。却不料只是西藏实际掌权者桑杰嘉措手中的一枚棋子，一个政治傀儡。意志的自由被剥夺。失去了双重自由的活佛，在遥远的梦中回想着他的儿时，他的阿母，他的自由，却依然无法断然舍弃他的子民，他的信众。哪怕是一个傀儡，在无数藏民的心中，他的存在如日月，是他们的启明灯，是他们信仰的光，是他们追寻的意义所在。

他走不出他们的信仰，也违背不了自己内心的指导。他陷入迷失之中，性迷菩提，在佛与尘，僧与俗的两极游荡徘徊着。在观想的时候，望着"在那东山顶上，升起皎洁的月亮"，他想的是"母亲般情人的面容，时时浮现在心上"。观想的上师面孔，很难出现在心上，不想的情人容颜，心头却明明亮

亮。欲望在交战。

"如果顺了情人的心意，今生就和佛法绝缘。如果到深山幽谷修行，又违了那姑娘心愿。"情迷菩提的他，在佛与尘中苦苦挣扎着，问"世上安得双全法，不负如来不负卿"。

他不想做一个高高在上的佛，他想体会人世间的情，而这也许是他修行的必经之路，以情证佛，未尝不是一种修行。他"夜里去会情人，清晨落满了雪，脚印在雪上，保不保密一样"。他说自己"住在布达拉宫时，叫持明仓央嘉措，流浪在拉萨街头，叫浪子宕桑汪波"。他辩解着"不要说持明仓央嘉措去找情人去啦。其实他想要的，和凡人没有两样"。

他的行为给政敌以口实，他被诬为假达赖，被押往北京。途中莫名失踪，生死成了一个千年难解的谜。

在强大纷纭的现实之间，理想不过是一种浪漫的信仰，是对现实生活最光怪陆离却又无能为力的反叛。现实是鱼困守在小小的天地里，当某天泉水干涸，鱼并没有化为鸟，却为了苟延残喘，卑微地相互以唾沫来湿润对方，"相濡以沫，不如相忘于江湖"；桃花源也是缥缈的梦境，"寻向所志，遂迷，不复得路"，普天之下目力所及则是"千里无鸡鸣，白骨露于野"，"窃钩者诛，窃国者侯"；而一干热血贲张者，纵有不世之才，终落得"抽刀断水水更流，举杯消愁愁更愁。人生在世不称意，明朝散发弄扁舟"，在放浪形骸中眼睁睁看理想成空。如何选择，所有人皆无法回避。

我们每个人来到这个世界上，都有一条属于自己的路，只是世事烦扰迷乱了我们的心，让我们无法找到这条路。迷乱的原因，要么是过分注重别人对自己的看法，要么是背负了太重的成规世俗，外在的关注与内心真正的需求之间产生错位。

只是有的人顺应了，习惯了，与生活握手言欢，与命运和解，虽波澜不惊，却未尝不是一种幸福的人生。

有的人，矛盾着，挣扎着，无法顺应自己的内心，也无法摆脱现实的沉枷，终其一生，在一种错位中郁郁寡欢，生命不息，悲剧不止。

真诚

李煜、纳兰容若、仓央嘉措，三者都有一颗赤子之心，都怀抱着真诚，行走在冷暖人间，欲望丛林。

任何虚伪，强装，虚荣，在时间面前，终究落败。而能经得起考验成为历史的，一定是真诚。

孟子和庄子一样，认为我们已经失掉了一些东西，这便是"赤子之心"。具有赤子之心的人，有着儿童般的"天真与崇高的单纯"。

李煜、纳兰容若、仓央嘉措，三者都有一颗赤子之心，都怀抱着真诚，行走在冷暖人间，欲望丛林。

王国维说李煜："尼采谓一切文字，余爱以血书者，后主之词，真所谓以血书者也。"

王国维评价纳兰性德："以自然之眼观物，以自然之舌言情，此由初入中原，未染汉人风气，故能真切如此。北宋以来，一人而已。"

一位高僧说："六世达赖以用最真诚的慈悲让俗人感受到了佛法并不是高不可及，他的特立独行让我们领受到了真正的教义。"

李煜，一个坐在皇位之上侧身张望的旁观者。

生于深宫之中，长于妇人之手，因而对世事人情不甚了解，他没有政治家的权谋机变，不懂人世的机诈、凶险，因而作为人君他是不够格、无所作为的。也正因此，他才沦为阶下囚。但同样是因为生于深宫之中，长于妇人之

手，成就了他作为词人之长。因为生于深宫，长于妇人，他没有浸染世俗，不计较功利得失，用一颗纯正的心面对宇宙、社会、人生，并能摆脱世俗束缚，没有半点虚饰。

他对爱是真诚的。

与大周后婚后情感极度缠绵时，他爱她的美，"向人微露丁香颗，一曲清歌，暂引樱桃破"；爱她的韵，"绣床斜凭娇无那"；爱她的娇，"烂嚼红茸，笑向檀郎唾"。夫妻间的极隐秘的情思被他不遮不掩地袒露人前，虽艳却不淫，虽放却不荡。反倒是那点真诚让人解颐。当大周后因病去世时，他作了数千言的诔词，他悔恨着，痛苦着，"爱而不见，我心悔如"的伤痛，让他几欲赴死。她不在，他的世界就不在。她是阴间无主的魂，他却是阳间孤独的人，他称自己是"鳏夫煜"。这份感情，早已超越为人君者与妃子的关系，是一份高山流水的得遇知音的珍贵与欣喜。

他对小周后的疯狂激情也是真诚的。当情感来临时，他不顾一切燃烧自己，一阵疯、一阵傻、一阵席卷一切的狂滔。像殉春光而去的蝴蝶，像扑火的飞蛾，流言蜚语，现实人伦，曾经的深情，懒管它。只顺着内心指引的方向，一如既往地走下去。他写他们偷情的恣放与沉溺，"画堂南畔见，一向偎人颤。奴为出来难，教君恣意怜"。他写他意醉神迷的勾引，"眼光暗相钩，秋波横欲流"，极其挑逗。他写他的钟情与迷恋，惆怅与欲念，"脸慢笑盈盈，相看无限情"。哪怕前面是悬崖、是火海，他无怨无悔，"知我意，感君怜，此情须问天"。水来，我在水中等你。火来，我在火中等你，只为和你续写一个传奇。

他的欢乐是真欢乐，酣畅淋漓。哪怕它"红日已高三丈透"，他依旧要"金炉次第添香兽"，看"佳人舞点金钗溜"，听"别殿遥闻箫鼓奏"，没有节制，没有收敛，像一个任性的孩子，享受着随心所欲的感觉。听完歌，看完舞，还不够，他还要"醉拍阑干情味切"，手之舞之足之蹈之。酒阑人散后，他依旧沉醉在迷梦当中，如果这是梦，我愿长醉不愿醒，他说"归时休放烛光红，待踏马蹄清夜月"，要做就做到极致，也不枉了这一个"真"。

他的痛苦是真痛苦。国破之时，他很无辜，惊叹"几曾识干戈"。他很自恋，叹惜着自己"沈腰潘鬓消磨"。他很难过，难过的是"教坊犹奏别离声，

垂泪对宫娥"。江山社稷对他来说，是抽象的，此时此刻，他心里眼里只有这些个平日里给他无尽欢乐的活生生的宫女。

叫人说什么好呢？这样一个多情的君主。国破之后，他一遍遍唱着自己的故国之思，人生之悲，无常之痛。一首首词作，是以血书之，以泪写之，俨有基督担荷全人类之痛。他"起坐不能平"，他"无言独上西楼"，他泪流满面，"往事已成空，还如一梦中"，他"梦里不知身是客，一晌贪欢"。最终以一曲"小楼昨夜又东风"触怒了赵宋，沉默于地底，却响彻了几千年的时空。

纳兰性德，一个钟鸣鼎食之家的边缘人。

他悔"人到情多情转薄"，他叹"人间何处问多情"。他多情是因为他的真诚，他对身边每个值得认真对待的人，用尽了全力，容不得半点虚与委蛇。无论是亲情、友情还是爱情。

他刻有一方闲章，名为"自伤多情"，此真为容若揽镜自照之语。容若之名世，源于其词。其词之名于世，源于其情。人类有别于动物，除了会制造工具，还因拥有更丰富复杂的感情。如同禀赋的差异，人类对于情感的体验也千差万别。人心如井，有一眼即见底者，也有的深切而难以穿透。浅者自不必说，不过老吾老，幼吾幼。而深者，不单老吾老，而能及人之老，不单幼吾幼，而能及人之幼。更有甚者，不但深情于人，更深情于物。天地之苍茫，万物之荣枯，无不入于眼而动于心。当感情生发之时，以物喜，以己悲。而当摆布世情，又一切都以情为纲，用情量入，也用情为出，不以物喜，不以己悲。故往往被誉为"至情"，譬如容若。

无论亲情、爱情、友情，一般诚挚。在他多情而脆弱的心里，留有太多空隙来承载这些情感。梁佩兰评价他"黄金如土，惟义是赴。见才必怜，见贤必慕。生平至性，固结于君亲，举以待人，无事不真"。故而，每有亲人、朋友、爱侣离开他的生命中，他的心便无一例外犹如被生生割舍了一块，心中空虚的他，常常因此悲愁顿生。这些愁绪堆积在他的内心深处，亦流露于他的词作中。

因为多情，故而多愁。容若一生都陷入一种矛盾之中，即"情"与"性"的矛盾。容若生于富贵之家，深受与生俱来的恩情，他只能"至情"，不能

164

"至性"。容若十九岁时，因病与殿试失之交臂。此在普通人不过目为"遗憾"之事，但在容若心中则留下了挥之不去的阴影。这并非由于不能一酬壮志的遗憾，而是来自难以酬谢恩师期望的惭愧。身为一个至情者，容若一生，总不肯辜负任何情意。他背负起每个他遇见的师、友、亲人的厚望，用尽全身气力去回报，即使那将是千万倍的回报，他也无所畏惧。当他的恩师徐乾学遣人送来樱桃，他写下了"留将颜色慰多情。分明千点泪，贮作玉壶冰"之诗句，表达因恩师安慰而一扫胸中块垒、从消沉的阴影中振作起来的心情。

他以他的率性与真诚，吸引了大批落拓不羁的江南名士，梁绳孙、顾贞观、姜宸英等等齐聚渌水亭。初见比他大许多的顾贞观，他们难以按捺心中的欣喜与真诚，当面许下"一日心期千劫在，后身缘，恐结他生里。然诺重，君须记"的誓言。芸芸众生，能相逢相遇，已是不易。相知相惜，更是难得。不但相惜，还要一辈子，真是难上加难。不但这辈子，还相约来生，真是一片至诚。比起情人间的海誓山盟来，他简直是剖开了自己的心，捧上前来。他应了他的然诺，当顾贞观求他营救陷入科场弊案中的吴兆骞时，他说"绝塞生还吴季子，算眼前，此外皆闲事。"经年辗转托告，他兑现了自己的诺言。当姜宸英欲还归故乡时，他作词相送，慨叹"廿载江南犹落拓，叹一人知己终难觅"。

对亡妻卢氏怀着深长的怀念，沉溺在往日的深情中，情在不能醒。她的生日，她的忌日，她生前与他在一起的点点滴滴，她们共同拥有的一呼一吸，一颦一笑，无时无刻不在他的生活中重现。他一遍遍地唱着哀感顽艳的调子。诉说着，斯人已去，而我，却在回忆里等你。

他说，你在疼惜落花红销香断有谁怜的时候，也要替我好好地爱着你自己。他说，还记得么？刻残红烛曾相待，往事历历。可烛光透影，再也映不出你的颜容。仍只留我，独自活在回忆和遗恨中。他说，红药阑边携素手，暖语浓于酒。在一个春时节，在种满红药的栏杆边，我曾执着你的素手，两情缱绻，岁月静好。他说，料得绮窗孤睡觉，一倍关情。想想此刻的你，孤眠中醒来，也一定和我一样辗转终宵。叫人怎么不心疼呢？因为懂得，所以慈悲。

他说，红笺向壁字模糊，忆共灯前呵手为伊书。字已经模糊，而你我灯前呵手为伊书的情形却历历在目。他说，"当时领略，而今断送，总负多情。忽

疑君到，漆灯风飐，痴数春星。"他悔恨自己在拥有时没好好珍惜，空留余恨，一番痴情竟恍然如见伊人，共他一起度过时光的阻隔，在一起痴数春星。

风雨消磨生死别，似曾相识只孤檠，没有了她，他心如死灰，只是一个"有发未全僧"。

对续弦官氏他一样感激敬爱。"东风卷地飘榆荚，才过了、连天雪。料得香闺香正彻，那知此夜，乌龙江上，独对初三月。多情不是偏多别，别为多情设。蝶梦百花花梦蝶。几时相见，西窗剪烛，细把而今说。"康熙二十一年春夏，容若扈从东巡，于乌龙江畔写下了对官氏的想念。词中对独在空闺的官氏的描摹，是容若对官氏孤寂生活的揣想，多情的他深觉自己辜负这女子，因而潸然泪下。远驰塞外的辛苦与扈从的无奈，使容若对官氏的存在定格为一种家的存在。她不曾给过他刻骨的痛苦，然而却在秋风与冬雪中，给了他坚持的意义。

仓央嘉措，一个情迷菩提的修行人。

他是住在布达拉宫的雪域之王，他承载着视信仰为生命的整个藏地人民的巨大信仰。这是天赐的光环，是命运的安排。但命运之手却又播弄了他的人生轨迹，他之所以活在无数后来人的心中，并不是因了他高贵的身份，而是因为他的诗。

他一反对经典的因循与仿制，一反文人写作的匠心与雕琢，用一种贴近天然的手法奏出一种接近天籁的声音。用一颗向着此生悲欢、纯任自然的赤子之心倾诉着他的至情与真诚。这种一以贯之的"天真"，注入了他的情感和呼吸，一字一句，砰然落地。让每个触碰到他诗句的后人，身不由己地沉沦。

真正的诗人从来不是在玩文字游戏，而是在像他的诗一样生活。正是这种从灵魂当中雀跃而出的文字，才有力量戳穿这滚滚红尘，放射出熠熠的生命之光，点亮每个追求美好、向往美好的敏感心灵。

他的情歌，用了最贴近人心的民歌体。那些情歌都是从灵魂的湖泊起飞，去拥抱烟火的人间。作为一个格鲁派的领袖，他的诗中没有作为一个王或至尊所应有的尊贵与高高在上的面孔与气势，没有作为一个法王不食人间烟火的神圣，有的却只是面朝俗世人生敞开胸怀的爱的投射，是无时无刻不向往自由、向往此生欢喜的天真！

当凡夫俗子以艳羡的姿态仰望着他，渴望着他所拥有的一切时，他却在渴

望着凡夫俗子的幸福。他是格鲁派的法王，戒律清规让他不得拥有人间的情爱。但欲望之花还是从人性当中自然而然地开放出来了，僧与俗、佛与尘、枷锁与人性，矛盾纠结与缠绕，让他的灵魂承受了多少煎熬与洗礼？

他拥有普通人所没有的幸福，所以他拥有的也不是普通人所拥有的痛苦。理想当中的幸福有多耀眼，现实当中痛苦就有多辉煌。对普通人而言，正常的生死爱欲的纠缠，对一个修行的人来说，是一次又一次的燃尽心灰的劫。

他问：世间安得双全法，不负如来不负卿？

他说：观修的喇嘛面容，没在心中显现。不想的情人容颜，却在心中映见。

他怨：第一最好不见，免得彼此相恋；第二最好不识，免得彼此相思。

矛盾撕扯。欲望交战。

这一朵盛放在人间当中的绚丽烟火啊，这一颗饱含着七情六欲的真诚灵魂！这一个迷失在修行之途中的赤子！

不够真诚是危险的，太真诚则会致命。

一个人如果活得太真诚，就一定是活在一个遥远的国度里。

因为这是一个规则化了的社会，一个戴着假面的社会，每个人都在规则的前提下，扮演着自己。而你却像一个不谙世事的孩子，指出了那个皇帝原来是没有穿衣的。这需要勇气，更需要呵护。

人世冷暖，如同盲人摸象，永远无法得知其全貌，我只得用所有的真诚和勇气来探究它的虚实。

向这样的真诚和勇气致敬。就算你不能成为其中的一分子，也不要加入到游戏者的行列。对这个活在遥远国度的真诚保持一定敬畏。有一天，你会发现，这个世界上什么也不会留下，唯独他们的真城，永不磨灭。

从此我是人的赤子
裸呈一切，
成为堪忍世间
最柔软的坚强。

色
空

李煜，纵情于色，历经荣辱，在生命结束的那一刻，自我超拔。

纳兰容若，看透了名利皆空，却执着于「情」劫，情在不能醒。

仓央嘉措，以情证佛，在爱中修行，最终穿越了「色」的迷障，穿越了生死爱欲，在信仰中获得重生。

佛教认为，色是指由一切物质构成的有情世界，空是指万般有情世界的无定性、无自性。世间万物皆非实有，一切事物的本质是虚空的，暂时的。大千世界，看似有形有色，有体有相，其本质只是一个"空"。只是"空"看不见，也摸不着，必须假借外物，假借"色"方能呈现。

所以，《心经》云："空不异色，色不异空。空即是色，色即是空。"

大千世界，无始无终，无边无际，却无不是在成、住、坏、空中迁流变幻，循环不息。

知道空即是色，就可以彻悟于空而仍能自娱。知道色即是空，就可以纵情于色而仍能自拔。

李煜，纳兰容若，仓央嘉措，三者都有着深深的佛缘和慧根。一个自号莲峰居士，一个自号楞伽山人，一个本来就是佛门弟子。

李煜，纵情于色，历经荣辱，在生命结束的那一刻，自我超拔。

纳兰容若，看透了名利皆空，却执着于"情"劫，情在不能醒。

仓央嘉措，以情证佛，在爱中修行，最终穿越了"色"的迷障，穿越了生死爱欲，在信仰中获得重生。

李煜，清醒地纵情于"色"，也清醒地知道一切皆"空"。

他纵情于感官的享受与沉溺中，只是比起西蜀那一帮君臣来，他的纵享不只是欲望的狂欢，江南的"水"赋于他天生的温婉与柔媚，还有烟水迷离的忧愁笼罩其间。所以，哪怕他在纵情享受着，我们会在叹息时用一种怜悯的眼神看着他，就像是纵容一个孩子。无法咬牙切齿，无法痛心疾首。

他纵情于宫廷的享乐。这些在前面我们早已经见识过。他喜欢被"晓妆初了明肌雪，春殿嫔娥鱼贯列"的宫娥们花团锦簇般地围绕着，因为这让他忘了国事与干戈。他喜欢在天黑时也不归家，让狂欢永不落幕，"归时休入烛光红，待踏马蹄清夜月"。他喜欢懒懒地任性地和心爱的人腻在一起，哪怕"红日已高三丈透"，他还是要享受精细富丽优雅的生活，享受"金炉次第添香兽"的飘然出尘的忘我。

他纵情于儿女情长当中。他与他的大周后，共研音律，共舞《霓裳》，直追当初的杨贵妃与唐明皇。这个不知道收敛与节制的君王，在红尘中翻滚着他的情欲与欲望。可一切因为他"执子之手""俯仰同心"的爱的誓言，被世人原谅。他与他的小周后，偷情、私会，像所有处于热恋中的人一样，不疯魔不成活。"情不知所起，一往而情深"，虽不至于"生而可以死，死而可以生"，却也是好事多磨。彼此站在对方的面前，却不能名正言顺地牵手。三年的等待，磨煞了愁肠。

她精心炮制的"帐中香""天水碧"，是为了搏君王一顾，其私心私情何异于周幽王倾尽心力只为搏美人一笑。

所有的"色"，皆为虚妄，也终将成为虚妄。

他的国破了，家亡了，只短短的十几年的光阴。"落花流水春去也，天上人间"，从天上跌落于人间，不，是地狱，他要遍尝人间屈辱和生不如死的绝望。

他的爱人，大周后没能逃开"情深不寿"的魔咒，只陪了他短短十年的时光，早早离世。小周后陪他经历了人世间最大的耻辱，恨不当日死，留作今日羞。"执子之手"时如此情切，"与子偕老"却如此虚妄。

在越来越深的孤独与绝望中，他回忆着故国，借助于诗与酒，一次次地穿过了"色"的表相，看到了"空"的本相，看到了无常。

他总是用梦来表达他的空幻感。"一切有为法，如梦如幻，如泡影"。他

知道，"往事已成空，还如一梦中"，一切热烈与繁华，都只是梦幻一场，都消散在无形中，变成空空。他恍然间"梦里不知身是客，一晌贪欢"。人，谁不是寄居在这个世间，不知道哪天会离去，不知道哪天会失去，只能在拥有的时候，用尽力气，紧握在手中。他在梦里回到他的江南，"还似旧时游上苑，车如流水马如龙。花月正春风。"梦醒后，耳边只有潺潺雨、飒飒风，还有无边无际，无始无终的空幻与孤独。

世事漫随流水，算来一梦浮生啊。

他知道，他什么都知道，一切美好都再也回不去，一切"色"相背后都紧随着"空"。一切"法"的本质皆是无常。"想得玉楼瑶殿影，空照秦淮"，是无常。"林花谢了春红，太匆匆"，是无常。"流水落花春去也，天上人间"是无常。

永恒的宇宙，映照着人世的无常，人的渺小与卑微。春花秋月无休无止，小楼东风吹了又吹，雕栏玉砌风雨长存，一江春水永远向东流着。可是，往事已经面目全非，故国已经不堪回首，朱颜已在暗中消歇，人生之长恨永远以你难测的诡异变幻着形态。

这个不圆满的人生，这个不堪的婆娑大千世界。

纳兰容若，侧身在华屋高堂之下，冷冷旁观着。

虽是一双冷眼看透了人世的虚无，到底是情不能醒，热肠挂住。

容若的家在什刹后海附近，周围原有不少琳宫梵宇，香火鼎盛。容若的母亲笃信佛教，容若小时候常跟随母亲出入这些寺庙，拈香拜佛，聆听梵音。这些经声佛火在容若幼小的心灵中留下了类似宗教的情结，也使他成年之后始终保持着对佛教的浓厚兴趣。这些庄严而神秘的寺庙，撩动了容若心底的凤慧，少年容若曾在海潮同梵音的交替声中，遍访京城的寺庙，甚至远至京郊的佛寺，都曾留下他探寻的心。

从祖上与大清开国之君努尔哈赤的一段恩怨纠结、血泪交加的历史层幕中走来，纳兰容若有种更深的兴亡无常之叹。

他知道功名无常，"莫更着，浮名相累"。他知道命运无常，"怪人间厚福，天公尽付，痴儿呆女"。他知道人生如梦，"枉碌碌乾坤，问汝何事，浮

名总如水"。他知道深情无常，"人生若只如初见，何事秋风悲画扇"。和李煜比起来，他更深深知道，兴亡之无常，历史之虚幻。他在词中毫不掩饰地咀嚼着这种无常的滋味。

"败叶填溪水已冰，夕阳犹照短长亭。何年废寺失题名。驻马客临碑上字，斗鸡人拨佛前灯，劳劳尘世几时醒。"羁旅途中偶遇一座废寺，引发了纳兰的人生虚无之思。寺边一条溪，枯败的落叶拥塞了小溪，一种触目惊心的荒芜和衰朽。不远处还有一座亭。夕阳犹在，长亭犹在，只是送别的人早已不知在何处。一座古寺，风吹雨打，墙上的题名早已模糊。

曾经的兴盛，现在已了无遗踪。曾经的繁华，见证着当下的萧瑟。这就是人世的无常。

有几多打马而过的路人，曾经临过这断碑残碣上的文字？人们来了又去，去了又留，文字留在了时光的深处，而人，只是光阴的过客。在佛前拨着灯火的早已不是原来的善男信女，而是没有信仰游戏人间的斗鸡客。这真是莫大的讽刺。

"马首望青山，零落繁华如此。再向断烟衰草，认藓碑题字。休寻折戟话当年，只洒悲秋泪。斜日十三陵下，过新丰猎骑。"他立马苍穹，看到的是繁华零落如斯，是断烟衰草之中，长了苔藓的断碑，碑上的题字，早已模糊得难以辨认。文字在风雨的打磨下淡了痕迹，历史在时光的深处只留下背影。苍茫的是天地，永恒的是时光。历史一页页散落在风中，无处寻觅。

你看斜日十三陵下，过新丰猎骑。夕阳西照下的十三陵，明代天子的皇陵，记下了多少辉煌，多少荣光，到而今，依旧沉没在蔓草夕阳之下，供后来的人践踏。不知那打马而过的喧嚣，是否惊醒了沉睡在那里曾经骄傲得不可一世的灵魂？那些被惊醒的灵魂是否会如现在的我一样洒下一掬悲秋的泪？是非成败转头空，古今多少事，尽付笑谈中。

他看得透，忍不过，偏偏走不出一个"情"字。

爱情是人类感情中最兴风作浪的一幕。它是无解的，可令春风化雨，也令盛夏冰凉，几乎无人能逃脱。对善感的心灵而言，爱情的每一次出现都如履薄冰，这灼热情感带来的慰藉等同于它所带来的危险。对少数极敏锐的灵魂而

言，激情的消退是不可原谅的，他们自始至终以全部的意志和想念去爱，生活中的一切都将为这爱情让路，也将为爱情燃烧。这样的激烈总使爱情变得过于沉重深情，极美而极易受挫。情深不寿——这并非一种叹息，而是情理之中的逻辑，因为，世间万物，自有它生发、成熟，而后消亡的规律，"积聚皆消散，崇高必堕落，合会终别离，有命咸归死"。天地的生生不息，情感的春生夏灭，都是自然。什么都能违抗，唯独自然是难以违抗的。

深于情者的心是一张薄薄的纸片，情感世界里每颗划过天际的流星，都在他的内心留下难以磨灭的印记。那些应当遗忘的伤痛将永远不能遗忘，那些内心的波澜将一次次重复出现在不可思议的时刻。当这些记忆最终无法承受，一切情感终必成空，如灰如烬，如同纳兰容若的心。

　　心灰尽，有发未全僧。风雨消磨生死别，似曾相识只孤檠，情在不能醒。
　　摇落后，清吹那堪听。淅沥暗飘金井叶，乍闻风定又钟声，薄福荐倾城。

他和表妹青梅竹马，却只能看着她宫门一入深似海，从此萧郎是路人。

他和卢氏结为夫妻，却在拥有的时候，不懂得珍惜，当时只道是寻常。在懂得珍惜的时候，又天涯孤旅，离多聚少。终于在一起了，天妒红颜，情深不寿，到而今，伊人独伴梨花影，冷冥冥、尽意凄凉。天人自此永隔。

他视沈宛为红颜知己，却穿不透世俗的网，无法相濡以沫，只能相忘于江湖。

曾因酒醉鞭名马，生怕情多累美人。多情，终是累了佳人，累了自己。到头来，只剩下自己，回头试想真无趣。

所有的牵手，都不能白头。所有的相逢，都成了陌路。

当纳兰手写兰台金字经，了悟这个劳劳尘世有如梦幻泡影后，他依然抱持着他的情与爱，他的信仰，不肯醒来，不愿醒来，郁郁终生。

一个醒客的悲剧。

仓央嘉措，以色证空，以情证佛，在爱中修行，在爱中重生。

谁说爱不是另一种信仰，另一种修行？

对仓央嘉措而言，爱是修行，穿越了情爱的迷障，他在孤独重生了。

"太上忘情，最下不及情。情之所中，正在我辈。"我辈之中的人，可以用生命去践行对情爱的执着。仓央嘉措是佛法中人，没有什么是执着得放不下的，高贵的终将衰微，积累的终将消散。勘破了，也就自在了。自在了，也就放下了。

每一个进入红尘的菩萨都要经受人生的各种痛苦。当你经历了，你才能了解，才更加爱世人，慈悲世人，这是菩萨的成佛之路。尽管这条路充满坎坷和荆棘，尽管他们一时会性迷菩提。比如爱一个人，这本身就是一种修行。如果没有爱，我们怎么可能了解人世最深刻的感情呢？深挚的感情让我们心怀感恩，痛苦悲伤让我们彻悟爱的真谛。因为爱过，所以宽容；因为懂得，所以慈悲。身历之后，以心换心，才更懂得慈悲之道，才更会体恤苍生。仓央嘉措所历经的爱欲种种，让他懂得执着不舍世间任何一件人事是多么愚蠢啊。

佛是慈悲的，就像莲花生大士说的："我从未离弃信仰我的人，或甚至不信我的人，虽然他们看不见我。我的孩子，我将永远用我慈悲的心护卫着你。"真正的佛教的慈悲，不会舍弃任何人，对那些红尘滚滚中执着于某种欲念误入歧途、经历煎熬的芸芸众生，他恨不能自己能代替他们。

当你怀着对佛的深深的信仰，当你知道佛是不会舍弃你的——一个在痛苦和欲望的泥沼里苦苦挣扎，走尽弯路的灵魂，你就会在信仰获得中重生。

经历了爱的修行的仓央嘉措，参透了生死爱欲，呈现出的是一种清静相。

于是，迦叶拈花，世尊微笑。

对残缺的欣赏，是人类的一种无奈。月亮不曾长圆，生命从来都不得圆满。于是，无计可施的人类只得做出让步，换一种心境来面对这不能强求完美的人生。

在这人力不能改变的缺憾世界里，懂得欣赏遗憾，欣赏人生必然发生的"缺失"，便成了一种难得的境界。那种境界，也如佛家的"空"。一切都没有，却是全部。失去，便是得到。遗憾，反而是完整。

所有从生命中匆匆经过的刹那，都是心底不朽的永恒。

只要懂得欣赏，那些过错与错过，都将是我们心中最好的圆满与成全。

孤独

孤独是人的宿命，它基于这样一个事实：我们每个人都是这世界上一个旋生旋灭的偶然存在，从无中来，又回到无中去，没有任何人任何事能够改变我们的这个命运。

孤独是人的宿命，它基于这样一个事实：我们每个人都是这世界上一个旋生旋灭的偶然存在，从无中来，又回到无中去，没有任何人任何事能够改变我们的这个命运。

人类思想史和艺术史上那些伟大的灵魂，都有着深不可测的孤独。

他们的孤独是由于他们的敏感丰富。敏感让他们的心灵无限开敞，丰富让他们的灵魂无比躁动。他们总是走在世人的前列，跑在光阴的前头，甚至远远地将他所处的时代抛在身后。他们走得太远，以至于同时代的人无人能够回应，无人能够参与。茫然四顾，前不见古人，后不见来者，念天地之悠悠，独怆然而涕下。他们的灵魂只能沉睡着，等待几百年、几千年甚至几万年以后，被唤醒，被检阅，被参与。

他们的孤独是由于他们都面临着人生的困境。特殊的遭际，让他们直面人生的生与死，荣与辱，悲与欢，爱与恨，让他们直面人性的种种纯粹与深刻，丑陋与鄙俗，精致与脆弱。他们目睹了太多，感受了太多，凭自己一己之力，无力消解也无法承受。他们在内心的泥沼中挣扎着，摸索着。一方面品味着孤独，一方面像希腊神话中永远也无法把石头推上山去的西绪弗斯，在宿命中轮回着。

孤独的形态是多姿多彩的。因人而异，随物赋形。

李煜有李煜的孤独。

纳兰容若有纳兰容若的孤独。

仓央嘉措有仓央嘉措的孤独。

他们的孤独就像天空中漂浮的城，仿佛是一个秘密，却无从诉说。

秘密永远具有神奇的魔力，召唤着无数后来人投身其中。而他们安静地待在历史的深处，光阴的幕后，在我们的重读中涅槃重生。

李煜的孤独，不是没人陪伴。

他是皇子，是九五之尊者的儿子，身边自然不会缺人。年少时，有宫娥，有老师，有兄弟，在他的生命中扮演着各自不同的角色。年长了，有精于算计之人，有别有用心之徒，有阿谀逢迎之属，他的一言一行，一举一动，都会吸引着他们的视线。然后，他有了自己的爱人，有大周后和小周后，还有为求君王一顾各逞其妍的妃嫔与宫娥。他有了自己的国家，有了自己的子民，普天之下，莫非王土，率土之滨，莫非王臣。他的生命里挤满了形形色色的人，可是，他仍然孤独。

他的孤独源于他生逢乱世，在那个靠铁血与强权、阴谋与手段、野心与欲望争得一席之地的末世，他却偏偏生了一颗七巧玲珑、敏感多愁的赤子之心。那样的土壤供养不了他的清绝与格格不入。在父皇和皇兄忙于征逐的日子里，他却像一个闲人一样，手足无措。他感觉自己像个异类，一阵阵忧愁和孤独向他袭来。他知道自己适合过一种什么生活，他知道在什么样的天地里，他能获得快乐。可他没有足够的勇气，对抗他的宿命，只能在孤独中苟且着。

在成为南唐的国君后，他游离在一个人君的角色之外，一边享受，一边泪流。一边在感官世界里醉生梦死，一边在佛法的清凉界里寻求解脱。徘徊在两个世界里，那些臣子，那些宫女，那些高僧，那些大德，在他的生命里来的来，走的走，闹哄哄，你方唱罢我登场。可他依然孤独。他在漫长的夜里，听着断续寒砧断续风。他在别人的秋千影里，一片芳心千万绪，人间没个安排处。

失去了他人，他惶惑不安。拥有了那么多人，却没有谁真正在自己的生命里参与。

175

孤独的人都有他们自己的泥沼。

他的孤独，是面对宿命的无助无力。

一枝青莲，却生于污泥之中，是他的宿命，这是命运给他铺设的大背景。一个素心人，却偏要被染指，是他的宿命，他不得不接受那个命运抛给他的皇冠，以及随之而来的屈辱与忏悔。他无计可施，他一心逃避，眼睁睁地看着自己的江山家国被颠覆。他知道这是命定的结局，只是在结局到来的那一刻，他还是有些错愕。他选择忍辱偷生，却被命运置于一个更加诡异的境地。

在降宋后，他不知道自己在哪里，也不知道要到哪里去。浪在这个浮世，他像一个流浪者，一次次无言独上西楼，他无话可说了，他只能孤独。他一次次凭栏，看着无限江山，别时容易见时难，他回不去了，他只能孤独。他一遍遍地问着春花秋月，无常之手为何将他捉弄。他一年年地目睹着林花谢了春红，任人生长恨如一江春水向东流。

参不透的无常，躲不掉的命运。在它们面前，自己无助得像一个迷路的孩子，伸出手来，抓到的却只是空空。那指引着他走出困境与宿命的微光，始终没有点亮。一个人，置身于命运的悬崖上，声嘶力竭地呐喊，无人回应，天与地都一样沉默。

家家争唱饮水词，纳兰心事几人知。

纳兰性德，在骄人的富贵中展示着出人意料的忧伤与孤独。

纵是鲜衣怒马，人在天涯。他们热闹着他们的热闹，他却一个人置身事外，独自品尝着内心繁华的寂寞。

也许侍卫之职，只是给他戴上了一副华丽的金枷玉锁。就像一只闲云野鹤，被关进了世俗的笼中。显赫高贵的身世，惊人眼目的才气，令人艳羡的天子近臣，在他都是不值一提，这些都填补不了他心中的空白，满足不了他内心真正的需索。

他总是愁心满溢。总是暗暗地委屈着，心思蜷曲。既无法安于现实，享受当下，也无法挣脱，追求自己想要的生活。放不开，放不下，白白地委屈了自己，憋屈着自己。在心中结着茧，缚住了自己。

也许他误落凡尘，不是人间富贵花，别有根芽，世俗的泥土只会让他更加

淡漠与疏离，直至一寸寸枯萎。他像一片雪花，不属于绚烂的金粉世界，而适应于清净雅洁的寒冷世界。一片雪花，丢在百花丛中，无法存活。一个清逸出尘的多情公子，让他生长在富贵之家，奔走于红尘阡陌，拴在仪銮之侧，他一定不会幸福。

纵是烈火烹油，鲜花着锦，他只是将自己关在春之外，门之内，用书一卷，对抗着。"便教春好不开门，枇杷花底校书人。"

是经历了千千劫，让他心灰燃尽？是看破了红尘情恨，让他自此云淡风轻？是无法冲破的阻隔，让他只能独自在忘记中祭奠自己的青春？无论何种选择，这条路漫漫，只能他独自一个人去走。

没有人对话，他自问自答，自说自话，自哀自怜。如鱼饮水，冷暖自知。

该怎么告慰，这个在人间失了爱的精灵？

纵是置身于最热闹的夜，他一个人死死抱守着孤独。"绣屏浑不遮愁断，忽忽年华空冷暖，玉骨几随花骨换。"

桑树禁不住东风的诱惑，已悄悄吐露出新芽。青一缕，不堪剪。伊人绿鬓如云，金衣玉胜，试图应了人日的景，加入欢庆者的行列。只可惜，瞬间一丝忧伤的情绪击中了他。忧心如水，不可断绝，绣屏遮断了光阴，遮断了外界的繁华，却始终遮不断不绝如缕的忧愁。红颜三春树，流年一掷梭。流年如梭，忽忽而过，冷冷暖暖，如鱼饮水，唯有自己知道。

有人说，人的寂寞可分两种。有一种寂寞，身边添一个可谈的人，一条知心的狗，或许可以消减。有一种寂寞，茫茫天地间余舟一介的无边无际无着落，人只能各自孤独面对，素颜修行。

伊人的寂寞，或许只需要身边有个他。

而纳兰的寂寞，却是无边无际无着落，只能孤独面对，独自修行。

仓央嘉措，这一个在矛盾与痛苦中纠结的灵魂，又是何其孤独。

故乡不可眷恋。

那让灵魂可以自由飞翔的故乡的草原，在哪里呢？那像格桑花一样宁静安详的阿妈的笑，在哪里呢？"山上的草坝黄了，山下的树叶落了。杜鹃若是燕子，飞向门隅多好！"门隅，他的故乡，也许这浓浓的孤独和相思，只有故乡

的山和水才能消磨得尽，才能抚慰得平。

爱人不可眷恋。

"默想的上师面容，未在心中出现，不想的情人容颜，却在心中明明朗朗的映现。"夜晚的月光洒在地上，像极了情人的温柔。他伸出手去，想捧住它，握在手心里的，只是一个冰凉的梦，还有空空的孤独！

青灯黄卷，经声佛火。这就是一个生命力正旺盛的十五岁的仓央嘉措，从今以后，要过的生活。自迎往拉萨接受坐床仪式之后，学习几乎是他生命的全部。布达拉宫，也是他真正唯一的处所。

金碧辉煌的布达拉宫，巍峨而宏伟。作为雪域之王，他的寝宫，也尽现奢华。即使这样，那又怎样？他所有的也不过是一日三餐，夜卧一床而已。他每天的任务就是学经、辩经。世人哪里知道这金碧辉煌的布达拉宫也贮满了他金碧辉煌的忧伤。

那无处不在的孤独，总是在不经意间袭来。这也是我们每个人一生中都逃不掉的一种感觉。它是人的宿命，爱和友谊不能把它根除，只能将它抚慰。

"这么静，比诵经声还静。我骑上我的白鹿，白鹿踏着，尚未落地的雪花，轻如幻影。本来是去远山拾梦，却惊醒了，梦中的你。"这是一种真正的寂寞，是一种深入骨髓的空虚，一种令你发狂的空虚。

真正的孤寂是精神上的。

如果只是单调枯燥的生活，戒律严明的清规，还不足以让人不堪，只要他内心中有一盏希望的明灯。仓央嘉措不知道他的希望，他精神的明灯在哪里。因为，他只是被供奉在高高法位之上的一个傀儡，是一个处在权势之争棋盘当中的棋子，进退全不由自己。

权力不可眷恋。

他付出了所有，自由、爱情、亲情，却换来了一个不能自主、徒有其华美外表的傀儡身份。他多想逃出去，走出布达拉宫，去寻找他心爱的情人。然而，他连选择逃避的自由也没有！他走得出这宫殿，走得出无数信徒的心么？走得出这巨大的敬仰么？在一个视信仰为生命的民族里，他能够打破这寄托着无数子民莫大信仰的象征，选择放弃么？

他没有选择的自由，连决定自己去留的自由也没有。

这无人能解，无人能共的孤独啊！将灵魂挤压得无法喘息，逃无可逃！能够帮助他的，唯有手中的那一支笔，唯有诗歌。还有那浓浓的烈酒，以及放浪的形骸。

如是有了关于他行为放荡的种种传言，如是有了他与玛吉阿米的旖旎爱情传说。

"别怪活佛仓央嘉措风流浪荡，他想要的和凡人没什么两样"，他想要的和凡人是没有什么两样，但他所承受的孤独和痛苦，却是凡人无法领会得到的。也许，红尘、情爱、与烈酒，只是他麻醉自己的一种方式而已。

也许放荡是其形骸，孤独才是其内质。在浩歌狂热之中寂，这种寂，是真正的孤独。

这是一个还没有清醒的迷失的灵魂。以情证佛，以真证诗，这是他修行之途上的劫。

孤独是一种成全。

孤独的人是闭锁的，而孤独的心必是充盈的。充盈得要流溢出来要冲涌出去，便渴望有人呼应他、收留他、理解他。心灵间的呼唤与呼应、投奔与收留、袒露与理解，那便是心灵解放的号音，是和平的盛典，是爱的狂欢。那才是孤独的摆脱，是心灵享有自由的时刻。

它最后导向的是心灵的自由。

附录　李煜词集

附录 李煜词集

捣练子令（二首）

深院静，小庭空，断续寒砧断续风。无奈夜长人不寐，数声和月到帘栊。

云鬟乱，晚妆残，带恨眉儿远岫攒。斜托香腮春笋嫩，为谁和泪倚阑干？

这两首《捣练子令》放在一起，我感觉不像一人所作。

第二首远远没有第一首意境圆融，笔法老道。第二首写闺中女子的相思春愁。以"云鬟乱，晚妆残"点明女子因相思成疾而无心妆容，粗服乱头。中间两句刻画女子倚阑远望的情态，双眉不展，斜托香腮，一副弱不禁风的样子。以"远岫"喻眉，不足为奇，以"春笋"喻香腮，有些艳俗。最后一句终于点明，含泪倚栏，如此这般，原来是为了思念心中的情人。

这首词，无论是比喻的手法，还是叙写方式，都没脱窠臼，像是李煜试手之初所作。

第一首《捣练子》则手法圆融，意境简淡而悠远，颇似六朝时的乐府民歌《子夜吴歌》。吴越文化的流风余韵，想必生长在南唐、濡染在其中的李煜，定心有所往，也有所借鉴的吧？

词写了一个夜中难寐之人的幽幽情思。

你可以将此人想象成思念远人的思妇、闺中寂寞的少女或是远在异乡的游子，甚至，是没有特定身份和所指，只是突然间被忧愁幽思击中的某个人，说不清具体的缘由，也不知这种情绪会到哪里去，整个人被一种莫名的忧愁包裹着，想动弹，却绵软无力。

此生中，此情此景，想必人人都遇到过。

我知道，捣练是古代女子的事情，与之相关，诗词表达的应该是女子的相思。但我不愿意把李煜的这首词用这一个框架固定。一首好词，在一千个人心中会生出一千张面孔，其丰富与经典性也由此而呈现。

"深院静，小庭空，断续寒砧断续风。"院是深院，很幽静。庭是小庭，很空落。清旷而绵远的幽静，渗透在人的每一寸肌肤，任何一点声响，都是入侵，都会激起无穷回响。"断续寒砧断续风"，就是这幽静的入侵者。

断断续续的飒飒风声，断断续续的捣衣声，相伴相和，在清寂的夜空里吹送。一声声，敲击着人敏感的神经。

这句是以动写静，更见其静。

静，不是死寂得没有任何声息，这样的静会让人麻木。真正能触动人心的静，是流动的静，是有声响的静，带着不可抗拒的侵略感，让人敏感异常、无法逃避。

日本松尾芭蕉写古井的幽寂，他说"青蛙一跃，入井中"。青蛙跃入古井，没有破坏古井的静，反而让古井透出一种森森的阴寒之气，让人不敢逼视。

王维写山林之静，他说"蝉噪林愈静，鸟鸣山更幽"，蝉噪与鸟鸣，带给人的是更深的静。"竹喧归浣女，莲动下渔舟"亦是用"喧"与"动"反衬竹林与河面之静。

断续寒砧断续风，反向成全了"深院静，小庭空"。

"无奈夜长人不寐，数声和月到帘栊。"寂静永夜里，断续寒砧断续风，传入了人的耳朵，敲打着人脆弱的神经，让人无寐。这声音就像一条河，左岸是我无法忘却的回忆，右岸是我紧握的璀璨年华，心中流淌的，是我年年岁岁莫名的感伤。

无奈夜长人不寐，或许人不寐不是因为断续寒砧断续风赶走了她（他）的睡意。寂寞的永夜里，沉溺在莫名感伤忧愁中的他（她），本来是清醒着的，这断续寒砧断续风，在一个无眠者听来显得异常清晰。

月之清辉，洒向了深院，洒进了小庭。甚至，带着数声寒砧数声风爬上了帘栊，像一个魅影，在夜长难寐之人的心中穿梭。

"数声和月到帘栊"，依然是在写声响，用这个声响衬出夜之静幽。身处其中的人，被莫名的忧愁和感伤纠缠着，无法呼喊，无法倾诉，因为他穿不透这无边的夜，无边的静，无边的幽寂和空虚。

那种感觉，像午夜梦回时抓不住她轻颦浅笑的巨大空洞，像曲终人散后随之而来的更多寂寞。

这首词，要渲染的是静，却充满着无处不在的动。

境静，却有无处不在的声响。有断续寒砧断续风，数声和月到帘栊。

心幽，却充满着莫名的情绪，忧愁而感伤，让人夜不成眠，心如乱麻。

早年的李煜，并不是一个心如明镜的玻璃人。感伤的种子，早已埋在了心中。一旦条件成熟，便疯长起来。所以，要把他的词作化成截然不同的前期与后期，并不是那么合理。忧郁的气质，还有真挚的情感，是并行的两条线，一直贯穿着他的词作始终。

谢新恩

冉冉秋光留不住，满阶红叶暮。又是过重阳，台榭登临处，茱萸香坠。

紫菊气，飘庭户，晚烟笼细雨。雝雝新雁咽寒声，愁恨年年长相似。

这首词写重九登高之际，心中涌现无端的愁恨。

"愁恨年年长相似"，只是读完这首词，此愁此恨，没有具体的所指。

是思念远方的亲人吗？"每逢佳节倍思亲，遍插茱萸少一人。"

是思念远方的情人吗？"一种相思，两处闲愁。"

还是，在惊物华，叹时序，在年华如水流面前感到了人之渺小和无力？

无法知道，姑且命名为"闲愁"。我们不知道，其愁自何起，愁向何处。只觉全词氤氲着一种闲愁，充满了整个空间，你见它不着，摸它不得，但它却无处不在，左右着你的情绪。

这种"闲愁闲恨"几乎是李煜早期所有词作的一大特色。

秋光冉冉，不觉间慢慢溜走，等你惊觉，只能抓住它的尾巴了。时光如流水，不舍昼夜，逝者如斯，想留也留不住。满阶堆积着飘坠的红叶，在暮色苍茫中，红得格外刺目。要知道，在离人的眼中——"晓来谁染霜林醉，都是离人泪"——它是离人滴血的眼泪染成的。

浓浓秋意中，又是重阳。

"台榭登临处，茱萸香坠。"重阳，有登高赏菊的习俗，于是便有了登临台榭之举。茱萸是辟邪之物，登临时佩戴着装满茱萸叶子的香坠，是少不了的。

什么季节观什么景，什么时令赏什么花，这才完整和自然。

在自然时序面前，我们只能做它的孩子，才能体味自然丰厚的馈赠及顺"四时而生"的天人合一。

只是，这首词是沿着这种思路下来的么？

词之下片，写的便是登临所见所思了。

这个时令，适宜出场的除了茱萸，还是秋菊。

紫菊香气馥郁，飞庭入户，送来它的问候。多好的景致，我们几乎沉醉在了词人描述的景致中，享受着秋光之中的这个重阳佳节，哪怕是思亲，那想念里一定也带着菊的香和秋的爽。可是，事情并不是这个样子的。

登高者眼里所见，是"晚烟笼细雨"。晚烟并不突然，照应着前面的"暮"字。日暮黄昏，一个极具感伤意味的时分，笼罩着自《诗经》开始的中国古诗词。黄昏的天空，飘着丝丝细雨，如烟如织，"无边丝雨细如愁"，这分明是在编织着一张愁的网么？

所见还有"雕雕新雁咽寒声"。秋天，是大雁南飞的迁徙时节，年年如此，没有什么能阻止它们执着地向南方而去。所以，在人们的心中，它们是守时守信之象征。雁有时而归，人却无踪无凭，两相比较，让人不由得悲从中来。声声雁鸣，在秋天的暮色中，在如烟如织的雨雾中，显得分外惊心，那简直是在哽咽，透着些许寒意。

结句"愁恨年年长相似"，是由所见所听自然触发出的情绪。

岁岁重阳，今又重阳。岁岁雁来，岁岁雁往。一切恒定不变，正如我一年又一年轮回的愁恨一样。

原来，愁恨不只是在今日今时，它年年不变，岁岁如今朝！

只是这愁恨虽长，虽恒久，我们仍然不知其所起。

无着落的闲愁，无主的心情。

时光不会因他的闲愁而驻足，日子不会因他的闲愁而停步。

灰色的闲愁。

他什么也不能做，只能用青春和流年喂养着闲愁。

这大概是年少或青春时分的李煜的生命状态吧？有种为赋新词强说愁的味道。

确实有点"强说愁"，这首词在手法上并不是自然流转，而有刻意雕琢之嫌。

为了写秋日闲愁闲恨，他几乎将古典诗词中所有与秋天有关的愁怨惆怅情怀的意象都搬了出来。有红叶、日暮、登高、秋雨、雁鸣，虽然不是杂乱无章的堆叠，但挤得太满，流于形式，显出其内在情感的单薄与空虚。

只要翻一翻他后期所作，便会知道此词的匠气。

这首词从意境上看也不是太协调。茱萸香坠，紫菊气，飘庭户，本来是渲染着欢乐的情绪的，偏偏又杂着红叶、日暮、雁鸣之类的，尤其是"晚烟笼

细雨"一句来得十分突兀。以乐写哀未尝不可，但有主次轻重之别，像这样平分秋色的堆积穿插，让人如何体味他的"愁恨年年长相似"之真之诚呢？

不过和西蜀《花间集》比起来，他的词中我们虽然看到了那么一点不诚恳没来由的闲愁，但这毕竟是一种自我化的情感。这首词中我们依然看出一个真正的"我"在，有血有肉，有生命有情感。在《花间集》，你几乎看不到真正的自我存在。

那些词总是在刻意经营一个美艳而绮丽的世界。满目琳琅，红男绿女，珠光宝光，还有相互思念、相互调情、热烈而又寂寞的灵魂。他们刻意将内心隐藏了起来，让你在流连无边光景的同时，忘记了人的内心，读起来像一种幻觉，太不真实。

采桑子

> 亭前春逐红英尽，舞态徘徊。细雨霏微，不放双眉时暂开。
> 绿窗冷静芳音断，香印成灰。可奈情怀，欲睡朦胧入梦来。

李煜早期的词作，非伤春即悲秋。

以伤春者居多，这首便是其中之一，伤春的主题或是相思离愁或叹红颜易老。这首词是在伤春怀人。

词的上半片写白天，下半片写黑夜。无论是白天还是黑夜，她的内心总是无法安息。她能做的事情仿佛只有一件：想念。

上片前三句写景，后一句描写女子之情态，当然，也是间接抒写她的愁怀，只是这愁怀盈盈地堆积在眉尖，需要有心人去猜。

"亭前春逐红英尽，舞态徘徊。"首句点明春已将尽，春光消歇。而且，消歇得甚是热烈而决绝，没有半点眷恋的意味。小亭前，片片落红，在风中飞舞徘徊，她们贪恋着人间最后一点芳华，去意徘徊，依依不舍。可又有什么用呢？"春逐红英尽"，一个"逐"字写出时序之无情，像是追着赶着逼迫着红

英归入尘土，早早谢幕。属于它的好时光已经完结了，是时候，把舞台交给别人了。尽管红英不甘不愿的。

最是人间留不住，朱颜辞镜花辞树。

落红逝去已够让人情难自禁了，还有"细雨霏微"。雨是另一个摧花狂手，一夜的雨，会让所有红英零落成泥。不但失了色、香，连归去也带着污泥和泪水，显得十分狼狈。好在，不是狂风暴雨，而是霏微的细雨。不过，细雨织成的愁网，束缚在人心上，应该更像是钝刀子割肉，无剧痛，却持续得长久。

所以，这一春也没有个好心境。斯情斯景，怀春的女子见后怎么能不顾影自怜呢？

红英，就是她。

看着红销香断，她只能不放双眉。展不开的眉头，是遮不断的春愁隐隐，春心悠悠。

下片，写女子的春心春愁。

时间已经从白昼到夜晚了。

也许白日的伤感犹存，无情无绪的她，肯定是无法入睡的。她独坐在冷窗前，想着她的心思。室内很静，静得只有她的呼吸和一两声叹息。那个要等的人，为何全无一点音讯？今夜他是"香车系在别家树"，还是"独上高楼，望断天涯路"？他是否与她一样，当海上明月生时，他们在天涯共着此时。他是否期盼着与她共剪着西窗烛？

不知道，都不知道。袅袅篆烟在灯光中摇，他的面孔也越来越模糊。

夜越来越深，香即将燃尽，只有一堆灰落在香炉里，没有一丝余温。这香一定是心字形的。心字已成灰，诉说着她此时无奈无助寂寞又凄凉的心境。

她想了很多很多，很久很久，最后只剩下一片混沌。想无法变得分明的时候，想本身也并没有什么所指和意义，只是一种消磨时光的行为定式和心灵寄托。

"可奈情怀，欲睡朦胧入梦来。"如此情怀，怎么能消解？蒙眬入睡，神思恍惚。她忽然看见了那越来越模糊的面影，就在她的眼前。梦耶？真耶？此

刻也让人难以分清。

我倒希望这梦是真的。白天黑夜，上天入地，遍寻不着。梦，是她唯一的寄托。入梦来，给了绝望寂寞之人一点希望，为整首词抹上了一点亮色。

一个缺少被爱的人是一个孤独的人，一个没有爱心的人则是一个冷漠的人。爱是心灵的自然满溢，因为她爱着，她将这个爱溢出去，传递出去，给了对方，希望对方也能感同身受。哪怕是在梦中。

给我一滴眼泪，我就看到了你心中全部的海洋。

给我一句问候，我就拥有整个春天。

给我一个梦，我就能一直做下去。

谢新恩

樱花落尽阶前月，象床愁倚熏笼。远似去年今日，恨还同。

双鬟不整云憔悴，泪沾红抹胸。何处相思苦？纱窗醉梦中。

这首早期词作依旧在写相思春愁。

上片写了女子的愁，年年岁岁愁相似，岁岁年年人不同。

"樱花落尽阶前月，象床愁倚熏笼。"这是境之营造。外景是樱花落尽，阶前明月。樱花落尽，意味着春已将暮。阶前明月，意味着时间是在夜晚，也意味着千里相思。亘古不变的明月高挂在天幕，冷眼看着人世间的悲欢离合。

内境是"象床愁倚熏笼"。一个女子，怏怏地斜倚着熏笼。从象床、熏笼来看，此非一般的女子，如此精致富丽的香闺，像她的愁恨，精致得有些不真实，让人不敢随意触撞。

一个有花有月的夜晚，一个在象床上独倚着熏笼的女子，可以入画了。

这样的情境，最适宜相思。

接下来两句"远似去年今日，恨还同"，果然在说相思离愁了。

此情此景，让她有似曾相识的感觉。哦，去年今日，也是这样的夜，也是这轮月，还有庭前在灿烂极致中凋谢的樱花，她也是一个人品尝着相思离恨。日子，在无尽的相思和等待中仿佛已经停滞了，今年的新愁延续着去年的旧

恨，层层堆叠着。

想必这恨，不只是去年有过，也不只是今日重温，它还要向无尽的明天蔓延过去。他不在，恨就在。而人，就在时光的逝去和无尽的等待中，慢慢老去。

下片写女子为愁所困的情态。

因为离恨相思，她"双鬟不整云憔悴，泪沾红抹胸"。双鬟不整，凌乱憔悴，是说女子因玉颜寂寞无主而无心妆容，女为悦己者容，从《诗经》开始，女子生存的意义，不在于悦己，而在于悦人。千载以下，踵事增华，我们已经看得太多太多了。"自伯之东，首如飞蓬。岂无膏沐？谁适为容？"

个人以为，"双鬟不整云憔悴"已经写足了女子的憔悴，后面偏偏又来一句"泪沾红抹胸"，有画蛇添足之嫌。泪沾红抹胸，显得粗率直白，全无半点女子的柔婉，倒像一个风尘中人。虽然直白真率是李煜一以贯之的特色，但此处率得有些野，有些俗。此时的李煜，还没有形成自己的风格，尚有模仿之嫌。

一个相思中的女人，除了衣冠不整，无心妆容，哭哭啼啼还能做些什么呢？

她不能像男子，吟赏风月、寄情山水，那对足不出户的她们来说，太过奢侈，即便有风有月也有水，也是院中一隅。最不济，男子还可以找一处"温柔乡"，在欢场中流连。只有一样，是她们与男子可以共有的——醉。

何处相思苦，纱窗醉梦中。万般愁恨无法消解，她不得但求一醉，在醉梦中忘却烦忧。

醉，是另一种哭泣。

酒入愁肠，化作相思泪。

唱不完的相思，说不完的离愁。不知年少的李煜，在借别人的口，说着离愁的时候，可否想过，这些离愁在他即将铺展开来的人生画卷里，浓墨重彩，抒写不尽。那种隔岸观火的云淡风轻，怕是再也找不到了。

这首《谢新恩》是变体，它与李煜所做的其他几首《谢新恩》在形式上

稍有不同。

谢新恩

　　秦楼不见吹箫女，空余上苑风光。粉英金蕊自低昂。东风恼我，才发一襟香。

　　琼窗梦留残日，当年得恨何长！碧阑干外映垂杨。暂时相见，如梦懒思量。

　　在这首词中，李煜终于撇开"男子作闺音"的幌子，不用借着女子的口，而是自己说着自己的心思。

　　这是他早期的词作无疑。

　　谁的青春不曾轻狂或是青涩过？

　　贵为皇室公子，有儒雅的外表，更难得的是还有一颗温柔多情的玲珑心，这样的李煜，怎么会没有故事？

　　因此，这首词是他在追忆一段青涩朦胧的爱恋，爱恋的对象或是某位宫女，也未可知。

　　词的上片，写了一个充满懊恼之人的眼中的春光，这当是他此时此刻的心境。

　　关于秦楼不见吹箫女，有一个浪漫的传说。

　　秦楼是秦穆公为其女弄玉所建之楼，亦名凤楼。相传秦穆公有女弄玉，好乐。萧史善吹箫作凤鸣。秦穆公以弄玉妻之，并为之作凤楼。一时二人吹箫，凤凰来集。感于天意，二人乘凤飞升而去，做了一对地地道道的神仙眷侣。

　　弄玉和萧史去做他们的神仙眷侣去了，却惆怅了无数烟仙人间里的人。凤去楼空，留给他们的是更大的寂寞。李煜在这里用此典故，传递的不只是人去楼空的惆怅寂寞。萧史非凡品，弄玉也胜似仙姝，他们有的不只是浪漫的爱情，还有惊人的才气和韵致，还有高山流水遇知音的情怀。

　　如此佳人，如此际遇，再难寻觅。上苑风光再美，在他眼里也是空空而

已。这是他的第一重懊恼。

粉英金蕊自低昂，意思是上苑内春光无限，争奇斗艳。红的黄的，高的低的，竞相吐春芳。但他用了一个"自"字，她们热烈着她们的，在一个充满懊恼的人眼中，这些凡花俗品，怎及离去的秦楼吹箫女半分？又或是，他在责怪这些花不解语，明知他心中懊恼，还各自低昂，尽情卖弄着？这是他的第二重懊恼。

东风恼我，才发一襟香，是第三重懊恼。东风也有偏私，才发一襟香。一襟香，有人说堂前叫襟，意思是只堂前一面有香。其实，"一襟"很美，是个可意会而不可言传的东西。香不在乎多少，在乎是否识香、品香。李煜在这里无端恼东风才发一襟香，却反过来说是东风恼了他。这不是无理取闹么？

如果你知道了他的故事，就会原谅他的懊恼。

琼窗前残留着当日的绮梦，当年情，今日恨，何其漫长。

相爱太短，而恨和遗忘是如此久长。一瞬间的电光火石，可能要用一辈子去忘记。一时的爱意涟漪，可能会在日后波澜你我的整个世界。

想当日，在碧阑干外，垂杨深处，你我短暂相见。

碧阑干映着垂杨，诗情画意般的景中拥着诗情画意般的人，说着比春光还柔媚旖旎的话，也算是不辜负好春光了。可惜，太短暂了。还没有来得及猜透你眼底春光的颜色，离歌已经奏响。

恍如一梦。

梦醒后，人去楼空，唯余惆怅。

算了算了吧，还是懒得去思量。

有些事只适合收藏。不能说，也不能想，却又不能忘。它们不能变成语言，它们无法变成语言，一旦变成语言就不再是它们了。它们是一片朦胧的温馨与寂寥，是一片成熟的希望与绝望，它们的领地只有两处：心与坟墓。

蝶恋花

遥夜亭皋闲信步，乍过清明，渐觉伤春暮。数点雨声风约住，朦胧澹

月云来去。

桃李依依春暗度，谁在秋千，笑里轻轻语。一片芳心千万绪，人间没个安排处。

这是李煜早期词作中写得圆润流转的一首，疏而不散，淡而有致。

他早期有些词中，总有一些不和谐的败笔，这首词却是浑然一体。

他借女子之口，写其"一片芳心千万绪"。但我觉得，这不只是一个女子的芳心。

人之一生，千头万绪，恨事那么多，不知道在哪个时间里，就会被它纠缠住。有时候，不得不停下，打理这些千头万绪的杂念，像词中这个女子一样。

上片写主人公遥夜信步所见。

遥夜。亭皋。闲信步。时间、地点、人物都有了，开头交代得简洁而清晰。

值得一提的是"闲信步"。信步，本来是无目的地随意走走，带有闲散的意味，是一种安静的自由，一种心灵弥满没有拘束的状态。

这也许是散步者的初衷。只是人生中有许多不期而遇的东西，有温暖，也有忧愁。不知道这位散步者，会遭遇到哪一种，岂耐着性子，跟着她走。

信步中，她感觉到了时序的变迁，不觉间清明已过。一个"乍"字有种恍然之态。清明已过，春将暮。三春好景，竟这样溜走了，还没有来得及领略就已经错过，一种淡淡的惆怅。

还有，数点雨声风约住。刚刚过了一阵雨，残留的点点滴滴已被"风约住"。风约残雨，以"约住"二字挽住，妙极。

沈谦《填词杂说》认为"红杏枝头春意闹""云破月来花弄影"，俱不及"数点雨声风约住，朦胧淡月云来去"。王国维却认为前句着一"闹"字，后一句着一"弄"字，是极有境界的句子。李煜的这两句，风约残雨，月映淡云，风和雨，云和月，彼此之间，脉脉而有情致，境界疏淡而写意，确实也称得上"有境界"。不知这么欣赏李后主的王国维，何以慧眼遗珠呢？

下片承上片，写信步所闻。

桃李依依，春已暗度。依依，不知是桃李留恋春、不舍春之离别的情态，

194

还是人不舍得春，有着无限眷恋。或许是两者兼而有之吧。

一片桃李之中，飞出一阵阵浅笑，一阵阵私语。还有，飞过乱墙的秋千影。信步的人很羡慕，羡慕在如此春夜中有人荡着秋千。好春光，不如尽兴一场。

偏是这秋千，让信步者更是苦恼。本来叹春暮红尽，自己白白虚度。见别人尽享春光，自己却无缘，百感交集，涌上心头。这里面有羡慕，有嫉妒，有惆怅，有无奈，也许还有隐隐的希望……

这感觉，有点像苏东坡所写的："墙里秋千墙外道。墙外行人，墙里佳人笑。笑渐不闻声渐悄，多情却被无情恼。"

多情是自己的事，与春光何干，与秋千何干，与秋千上纵享春光的人又何干？如今，却偏偏为着别人的欢欣恼了自己。

一场信步，最后竟是"一片芳心千万绪，人间没个安排处"的结局！

寸心之愁，人间之大，竟无容处。可见愁之无边无际，弥于六合。

和李清照"舴艋舟"载不动的许多愁比较来，李煜之愁，竟是人间天上也装不下了。这个言愁好手，以一江春水向东流写愁，以渐行渐远还生的春草写愁，又以天上人间安放他的愁。

年纪轻轻的李煜，愁不知所起，也不知所终。谁说他是一个只懂享乐、不知愁的轻浮浪子？弥漫在他词中的愁，我想，不都是矫情的为赋新词。

装一时易，装一辈子难。

莫名的愁恨和忧郁，流淌在他的血脉中，早期如此，后期更如此。没有截然的分水岭。

谢新恩

庭空客散人归后，画堂半掩珠帘。林风淅淅夜厌厌。小楼新月，回首自纤纤。

春光镇在人空老，新愁往恨何穷！金窗力困起还慵。一声羌笛，惊起醉怡容。

《全唐诗》云："李后主《临江仙》前后两调，各逸其半。"所以这首词大概是在收集整理时由两个半片词合成的，也可以视为两首不完整的词。

前半首写曲终人散后的寂寞。

首句点明时间：庭空客散人归后。

人散后，繁华落幕，喧嚣归于寂静。这个时候，人最容易泛起感伤情绪。宇宙之道，盈虚有数，物极必反。极度的繁喧之后，必然是兴尽悲来、乐极生悲种种不堪的情绪。

画堂半掩珠帘。果然，她无法安然入睡。珠帘半开半掩着。若是全掩，表明她也彻底死心，若是全开，表明她还有所期待。这种半掩半开，恰好映照着她闪烁不定的心思。有所期待，又无把握和信心，又带着几分不甘心。

难眠的她，听着夜风在林中穿梭，渐渐走远。而夜，也像犯了困似的，越来越疲倦，没精打采。经历了一场繁喧，它们也累了。厌厌地，提不起精神来。

百无聊赖，抬头但见一轮新月，在小楼一角，洒着寂静的清光。寂寞越来越深。

回头的一瞬间，她看见自己的孤身只影，在月光下，被拉得很瘦很长。

静，太静，静得让人发慌。

其实，人只有在静中，才能体味到心灵的自由，或是澄澈，才能让生命达到一种弥满的状态。你看，太阳是安静的，它不言不语，却在生生不息地孕育万物。露珠是安静的，它总是在夜半时分，悄悄地落在某朵花或某片叶上，给它们以滋润。

静故了群动，空故纳万境。

可，人偏偏受不了这静。在古典诗词中，所有置于静中的女子，体味不到充实，而是空虚，不是欢欣，而是寂寞。李煜词中的女子也不例外。或许，他说的也是他自己。

下半首写无聊寂寞长恨的状态中，人受到了侵扰。

词一开始，就写了一种无穷无尽的厌离状态。春光在，一直都在，人却渐

渐老去了。人之易老，对比春光恒在，让人产生了一种厌倦的情绪。年年岁岁一样的春光，岁岁年年无尽的愁恨，天长地久有尽时，此恨绵绵无绝期。身处其中的人不得不感慨，这新愁旧恨，何日才有个头啊？

不知道她的新愁旧恨具体是什么。

人长期处于某种状态，比如这首词中的人处于新愁旧恨之状态，会陷入疲累麻木。循环往复的生活，让人丧失了锐感，身陷其中，越来越迟钝，甚至是无法动弹。这感觉，就像是温水煮青蛙。只有当水温剧变，恒常的状态或节奏被打乱，人才会变得敏感。

词中的主人公，长期困于新愁旧恨，生活如一潭死水，没有任何波澜。她当然只能是金窗力困起还慵了。在慵倦中浑浑然睡去，在慵倦中浑浑然醒来，日子就像轮回。此时，不知何处传来的一声羌笛，打破了让人麻木的慵倦，惊起醉怡容！

因宿醉而微红的脸上，现出一种受到惊吓后的恐惧。像是一只受了伤的小兽，目光哀怨，让人怜惜。

词在"惊起醉怡容"这极富动态和张力感的瞬间，结束了。

接下来，会发生什么？

谁愿置身于一池死水之中，永无波澜？

我宁愿长时间站在窗前，等待命运带给我惊喜，哪怕是一份惊吓也好。

我不知道，李煜写这两个半首词时，是一种什么样的心情，以至于只留下断简残章。或许他要写的仅仅只是闺情，又或许，他要写的是自己的一种生命状态。

虽然是两个残章，连起来看却又极有意思。上半首写曲终人散后的寂寞和空虚，由动之静。下半首写一潭死水当中，受到了惊扰，由静入动。这两种生命状态，在李煜的前期生活中都曾有过。

他比谁都了解曲终人散后的寂寞，因为他比谁都沉溺于声色之娱中。我在想，他害怕面对自己，他总是在逃避着什么，当着不想当的君主，不求闻达只求守成，内心的忧惧，他用沉溺于外物在掩饰着。

享受过后，是更深的空虚和寂寞。

生命陷入这种躲避又追逐的轮回中，置身于其中的他，已经无力摆脱，却又想着摆脱。多想偶然间有一种神秘的力量，能够惊醒他麻木的灵魂，让他振起，让他离开轮回的漩涡，做一个真正的自我。

　　言为心声。有时你不得不相信。

望江南

闲梦远，南国正芳春。船上管弦江面渌，满城飞絮滚轻尘。忙杀看花人！

闲梦远，南国正清秋。千里江山寒色远，芦花深处泊孤舟，笛在月明楼。

李煜一共写了四首《望江南》。

很多人习惯将这四首词作为一个整体，看成是他降宋之后，在幽囚生活中因思念故国而作。我更倾向于将这四首词分为两个阶段，二首写于偏安南唐时，二首写于国破家亡后。

这两首以"闲梦远"起笔的《望江南》，透着承平闲适的恬静气象，不知写此词时的李煜，是一个白衣飘飘雍容闲雅的王室公子，还是一位流连风月诗酒遣兴的南唐国君。

两首词，一首写芳春，一首写清秋。

中国古典诗词中，历来有"伤春""悲秋"的传统，写盛夏、残冬的就少得多了。

大抵春是万物萌生之时，一切都是新的，富有生气的，蛰伏了一冬的热情和生命，在春光中跃跃欲试。

越是绚烂的东西，其逝去越是让人伤感。世间一切的美，都会让人与哀愁连在一起。春光固然好，可人们在沉醉东风之时，目睹着繁华易逝落红成阵，忍不住为生命之脆弱世事之无常而深深战栗。

而秋，是万物肃杀之时。一切都萧瑟了，沉寂了，驳落了色彩，呈现出简洁而冷峻的特质来。

郁达夫说："有情趣的人类，对于秋，总是一样的能特别引起深沉，幽远，严厉，萧索的感触来。不单是诗人，就是被关闭在牢狱里的囚犯，到了秋天，我想也一定会感到一种不能自已的深情；秋之于人，何尝有国别，更何尝有人种阶级的区别呢？不过在中国，文字里有一个'秋士'的成语，读本里又有着很普遍的欧阳子的《秋声》与苏东坡的《赤壁赋》等，就觉得中国的文人，与秋的关系特别深了。"

李煜眼中的江南春，没有悲哀，没有伤感，有的是春风骀荡的心旷神怡和不负春光啜饮春光的载欣载奔。

他跳出历来文士伤春的传统了。

闲梦远，南国正芳春。船上管弦江面渌，满城飞絮滚轻尘。忙杀看花人！

"闲梦远，南国正芳春。"他说这是他梦中的江南春景。梦是闲梦，一个富贵闲人的闲适之梦，起笔已经为这首词定了调子。

"船上管弦江面渌，"写的是江南春水之美，江上管弦之盛。

"满城飞絮滚轻尘，"写的是城中花絮之繁，还有奔走在红尘紫陌之上的香车宝马的喧嚣。如此繁喧，所为何来？"忙杀看花人"，原来倾城出动的都是看花人。

画舫笙歌，紫陌红尘。水上的，陆地上的，满城的人都在江南春光中沉醉

嬉戏。

此词抓了两个典型情境：船上管弦，城中观花。

丁当的小锣，伊哑的胡琴，沉填的大鼓，弦吹声沸腾了秦淮河。柔媚的眼波，清扬的歌喉，薄媚的脂粉，穿梭往来，乱花迷眼。喳喳嚷嚷的一片，分不出谁是谁，分不出哪是哪，整个繁喧把人来包填。

白衣卿相、风流雅士、绮筵佳人，一个个你方离去我登场，翠华紫盖，车如流水马如龙，花月正春风。

好个热闹喧嚣的春。

饱满、欢实，又带着俗世的烟火气息。

当李煜静静注视着这个热闹的人世时，他是由衷地欢欣，还是感到一种莫可名状的寂寞？

太热闹的生活始终有一个危险，就是被热闹所占有，渐渐误以为热闹就是生活，热闹之外别无生活，最后真的只剩下了热闹，余下的什么也没有。

或者，对热闹的拥抱，只是他逃避孤独的一种遮盖而已。

走过了热闹繁喧的春，来到了沉静内敛的秋。

前面适宜泼墨，否则显不出它的饱满馥郁。后面适宜点染，否则显不出它的简淡高远。

秋，在李煜的笔下确实充满了写意特色。有悲，但这悲不那么浓郁，淡淡的。不着痕迹地躲在了芦花深处，躲在了孤舟里，躲在了清风朗月下某个小楼里传出来的笛声中。

陈廷焯说这首词："寥寥数语，括多少景物在内。"

有哪些景物？

有千里江山。配上"寒色远"三个字，江山之寥廓，四野之萧条，尽在其中。这是为整个清秋铺设了一个大的意境，定了一个基调。

有芦花，有孤舟。芦花深处泊孤舟，芦花是代表秋天的典型。"蒹葭苍苍，白露为霜。"蒹葭就是芦花。远岸芦花之盛，映着近处孤零零的舟子。两相映照，凄凉的意味就有了。

有月明楼和笛声。月下笛声，渗透了孤独。"不知何处吹芦管，一夜征人尽望乡"，前人不早已说过了么？

孤舟，见行客之悲秋；笛声，见居人之悲秋。后两句兼写了行客与居人两面。张若虚的"谁家今夜扁舟子，何处相思明月楼"，不知道李煜有没有读过？

以"千里江山"总起笼括全篇，以"芦花深处泊孤舟，笛在月明楼"几种典型意象淡笔点染，一幅透着悲伤和凄清意味的江南清秋图就呼之欲出了。

是的，这是江南的清秋图，不是大漠，也不是塞北或是其他什么地方的秋。江南的秋，有江南的意味。江南的秋，有芦花，有孤舟，有箫笛，有小楼，处处带着玲珑婉约的韵致，连悲，也是清清的，淡淡的，柔和的。如果是铁马、秋风、大漠，就不是江南的秋，它们有着苍凉、辽阔、坚硬的气质。

江南离不开水，所以李煜不写别的，单单写了芦花孤舟。江南离不开丝竹，所以李煜拈取了"笛在月明楼"。

一切看似漫不经心，却漫不经心得让人不得不叹服他的鬼斧神工。

李煜生在江南，长在江南，喝着江南的水，流着江南的血，骨子里都透着那么种江南味。

江南，它不只是一个地理名词，而是一种赋予了内涵神韵的意境。

在某种程度上，它是无数人心中的桃花源。

多少文人墨客曾吟咏过它，梦想着它，走进了它。这江南柔软了多少男儿心，慰藉了多少游子情。江南，是他们手中圣洁的白莲，是他们心中的一颗朱砂痣。是他们享受生命的温柔乡，也是他们心灵的栖息地。

现实生活中有太多的不如意，不能一一抚平心里的伤口。最好的去处，便是江南了。梦里江南。渴望把一切都忘掉，背一个行囊穿行在江南的大街小巷，感受着那一份带着淡淡忧愁的诗意。青石板上的马蹄声不知能否撩起梦中人的闺愁？能否遇着一个像丁香一样结着愁怨的姑娘？她的浅笑，绽放成一把油纸伞，陪你看日出日落？

渔父（二首）

浪花有意千里雪，桃李无言一队春。一壶酒，一竿身，快活如侬有

几人。

> 一棹春风一叶舟，一纶茧缕一轻钩。花满渚，酒盈瓯，万顷波中得自由。

这二首词，可谓李煜词中旁逸斜出的异类。

也有人说，这二首词的作者实不可考，未必是李煜。

宋刘道醇《五代名画补遗》记载，有人曾在《盘车水磨图》和《春江钓叟图》中见到了二首题画诗，正是这二首《渔父》。

无论是不是李煜，这二首词给我们透露了一个消息：滚滚红尘中的人，都或多或少地受种种束缚，或是功名，或是权势，或是利禄，或是感情，甚至也可能是生与死。同时，每个人心中或多或少地都想挣脱这种桎梏。有的只是一种念头，有的付出了行动。有的坚持到底，有的中途妥协。

对李煜而言，这种挣脱，还有他期待拥抱的快乐与自由，永远只停留在他的心中，是他心中的桃花源。

既是题画词，少不了应景之嫌。何况，心画心声总失真，文章宁复见为人？

虽然如此，我还是把这二首词看作李煜真实内心世界的一角。

两首词直白轻快，读着它，仿佛能感受到写此词时，李煜愉悦的心境。

"浪花有意千里雪，桃李无言一队春"，一个有意，一个无言，姿态不同，实质却是相同的。浪花有意卷起千堆雪，是做了自己喜欢做的事，也不失本性。桃李无言列成一队春，各适其宜，顺应自然、顺应天性罢了。有意也好，无言也罢，它们都由着自己的本性，做它们自己。是浪花，就卷起千堆雪，而不是其他的什么。是桃李，就列成一队春，而不是列成一队秋。多好啊。

"一壶酒，一竿身"，从自然转到了对人的抒写上。淡淡六个字，勾勒出了渔父逍遥任性、委运随缘的闲适。他没有过多的行装，只一壶酒，兴致来了就喝上几口，用微醺的醉眼打量这个世界。只一根钓竿，饿了，就寻一处溪，投下鱼竿，等着鱼儿上钩就行了。他不是姜子牙，钓的不是名和利，也不是一个知音。就是鱼，如此而已。

简简单单的生活，不役物，也不役于物。

属于他的只有一壶酒，一竿身。

没有过多的欲望，但求饱腹，多么快活！

这让我想起了那个现代版的渔夫的故事。富人穷尽一生，碌碌奔波，最终的目的不过是坐在海边吹吹风，优哉游哉地享受生活。渔夫每天简单从容地在海边打着鱼，晒晒太阳，吹吹风。原来富人一生所求的正是一无所求的渔夫所拥有的。

虽然荒谬，却是真相。

后一首渔夫词与第一首一样，前四句都是名词意象的排列，结句点明主旨。

首句是一个流水对，交代了渔夫的标准装配。一叶舟，一钓钩，足矣。这个渔夫不简单，他是一个懂生活的人。他携"一棹春风"，来到了一个开满鲜花的洲渚之上。摆好了鱼钩，他给自己斟了满满一瓯酒，边喝边从容地等着鱼儿上钩。

简单的工具，从容的态度，诗意的眼光，这不是人世间最得"自由"至味的人吗？

万顷波涛或是更大的惊涛骇浪于我何妨哉？一颗真正自由的心，什么也不能将它束缚。

万顷波涛中，我才是我的主人。

想想这渔父所拥有的实在简单，在这二首词中是一致的。它们是：一壶酒，一叶舟，一钓钩。

欧阳修晚年，向往的也是这种自由快乐的退隐生活，他的要求可比这渔父多。他自号"六一居士"，和渔父的三个"一"相比，他有六个"一"。还是看看他的自述吧：

客有问曰："六一，何谓也？"居士曰："吾家藏书一万卷，集录三代以来金石遗文一千卷，有琴一张，有棋一局，而常置酒一壶。"客曰："是为五一尔，奈何？"居士曰："以吾一翁，老于此五物之间，是岂不为六一乎？"

李煜简单的要求并未得到满足，倒是这个"一饮千钟"的"文章太守"做到了，虽然是在晚年。

渔父这个形象，代表隐逸和自由。

它是中国的士大夫在"达则兼天下"的理想无法实现或已经实现之后的一种选择。要么是"独善其身"，要么是功成身退。是儒道之间的一种平衡法则。

其肇始，应该是屈原。屈原借渔父之口，表达了他心中的另一种理想，他的另一种选择。只是，忠贞如他，哪怕内心里动摇了千百遍，还是没有作一个"渔父"，最终举身投汨罗。

屈原笔下的渔夫，倾向与世推移，随波逐流。

李煜笔下的渔父，倾向随缘任性，追求简单的快乐和心灵的自由。

柳宗元笔下的那个独钓寒江雪的渔父，虽然是隐者，但内心并不平静，充满了苍茫的孤独感和郁勃的愤懑感，云空未必空。

倒是苏东坡心中的那个"小舟从此逝，江海寄余生"的渔父，追求的是真正的快乐和自由。和李煜笔下的渔父很相似。

李煜贵为皇子（那时他也许还不是国君），万人艳羡着想拥有的权位富贵他都有，可他没有心灵的自由。他心甘情愿做一个渔父。

在元朝尤其是元杂剧中，渔父的形象简直泛滥了。

"月底花间酒壶，水边林下茅庐。避虎狼，盟鸥鹭，是个识字渔父。蓑笠纶竿钓今古，一任他斜风细雨。"

这个渔父逃避现世，冷眼看世界。

众多的渔夫形象中，李煜笔下的那一个，最本真自然，也真正拥有心灵自由。

人，总向往着做另一个自己。总以为生活在别处。

李煜是，纳兰性德也是。

他在长安的红尘中，怀想着江南的小桥流水。他在京城的繁嚣中，渴慕着山林的宁静。他在吟咏着忍把浮名，换了浅斟低唱，却又因为自己的虚荣，被

那利禄树上终将散去的浮华所左右，身不由己地做着一枚光鲜的棋子。

所以，我们渴望的，常常是自己得不到的。正因为得不到，它才显得异常的美，异常的诗意。

我们做着一个个关于幸福的梦，而当一个又一个选择来临时，我们却因为恐惧，因为世俗，不敢遵从自己内心的选择。

我们迷恋此界的安稳，却又遥想着远方的奇异风景。彷徨不定，渴望拥有，却又害怕因此而生出的忧惧，不愿为之付出代价。

于是，当某天梦醒，才发现，幸福如一梦，依然遥不可及。

一斛珠

晓妆初过，沈檀轻注些儿个。向人微露丁香颗，一曲清歌，暂引樱桃破。

罗袖裛残殷色可，杯深旋被香醪涴。绣床斜凭娇无那，烂嚼红茸，笑向檀郎唾。

18 岁时，李煜娶了大周后娥皇。

虽然没有由着自己的意志去挑选自己喜爱的女人，却在精心的安排中收获了两情缱绻、伉俪情感。所以在李煜的词中，鲜有记录两人相恋的心境和场景，倒是婚后的相谐屡屡呈现于笔端。这首《一斛珠》便是其旖旎情感浪花之一朵。

有人说，这首词写美人之口。全词表面上看米，如断线的珍珠，零零碎碎，散了一地。实则不然，它有一个一以贯之的线——美人之口。

207

沈檀轻注，是红唇一点。丁香颗，是美人口齿噙香。樱桃破，是美人朱唇轻启。

"罗袖裛残殷色可，杯深旋被香醪涴"，没有比这更媚惑的了。衣袖上沾着或深或浅的红色，那是意兴沉酣时被酒渍了。杯壁上酒痕杂唇痕，那是满满的诱惑与风情。

这个镜头，让我想起了种种魅惑的场景。一位绝色的美女，优雅地端着一杯红酒，有霓虹闪烁，有暧昧的音乐，还有似醉非醉、似醒非醒的迷离眼神。然后一个特写：杯壁上，印着一个深深的唇痕。

虽无言无语，却是一场惊心动魄的诉说。

词写至此，仍然意犹未尽。"绣床斜凭娇无那，烂嚼红茸，笑向檀郎唾。"烂嚼红茸，笑向檀郎唾，嚼与唾，哪一个不是在写"美人之口"？相比前面的沈檀轻注、微露丁香颗、暂引樱桃破的柔与媚，这一嚼一唾，则显得野性而恣肆！

美人之口，不单是用来柔媚的，还是用来狂野的，用来撒娇的，用来诱惑的。

如果从"美人之口"这个小小的局限里跳出来，我们看到的是李煜笔下娥皇的美和韵。

是的，娥皇是一个美而韵的女子。

晓妆初过，沈檀轻注些儿个。她的美，不是浓妆艳抹的美，而是清新中渗着艳的美。红唇上只一点，这一点便生动了整个面部，有飞跃灵动之致。

向人微露丁香颗。口齿噙香，若含丁香，也只是"微露"。一个"微"字，写的是大家闺秀的贵气与淑静。试想，若非"微露"而是"尽露"或什么其他的语词，那与村妇伧夫又何异呢？

一曲清歌，暂引樱桃破。朱唇轻启，唱的是一曲"清"歌。清歌，不是靡靡之音或衰飒之音。当然，"清歌"也可能是在没有乐器伴奏的情形下的清唱。娥皇擅音律、歌舞，她有这份自信。

词之上半阕，展示了娥皇的美。这种美，是清丽的、明净的，透着一种安安静静却优雅从容的气质。

词之下半阕，展示了娥皇的韵。这种韵，是飞扬的、活泼的，透着一种吹皱一池春水的魅惑。

一个总是端着架子，处处贤淑贞静的女子，哪个男子会受得了？

贞静贤淑是给臣民看的，是内在的核。

妩媚恣肆是给爱人看的，是一种情趣，一种调剂，是让庄重的生活充满柔情，让枯乏的情感呈现异彩。

罗袖裛残殷色可，杯深旋被香醪涴。该饮酒时饮酒，该尽兴时尽兴。烈酒与红唇，醉态与媚态，如此秀色，亦不只是可餐，而是解颐又提神了。

绣床斜凭娇无那，烂嚼红茸，笑向檀郎唾。带着几分醉意，斜倚在绣床边，一副慵懒无力的模样，本也叫人招架不住。偏偏她更有情致，烂嚼红茸，轻轻一唾，只向檀郎而去。

这分明是在撒娇。

刻意的隐藏间杂着刻意的妩媚，躲避又挑逗，拒绝又应允，欲说还休，欲迎还拒，种种心思，只注入这"一唾"之中去了。

清代的李渔曾说："尤物足以移人。尤物维何？媚态是已。世人不知，以为美色。乌知颜色虽美，是一物也，乌足移人？加之以态，则物而尤矣。……媚态之在人身，犹火之有焰，灯之有光，珠贝金银之有宝色，是无形之物，非有形之物也。唯其是物而非物，无形似有形，是以名为尤物。"

颜色虽美，也只是一物，不足移人之情。加之以态，则物而尤。

娥皇不只是有颜色之美的"物"，她更有韵，有态，固可以移人之情。

当然，一切如果要搭配出风情的效果，就要出之自然，要有一颗真心在后面撑着。如果仅仅只作为一种技巧，那就招人厌恶了，弄不好，会成为第二个东施效颦。

这首词有三处特别值得一提。

沈檀轻注，即红唇一点。写活一个女人，它是少不了的。三寸金莲走起路来婀娜多姿，会产生柳腰款摆的媚态，那小足会撩起男人的遐想。而一点红唇，亦如女人的小脚一样，同样奇绝。

《点绛唇》的词牌是怎么来的呢？引人遐想。

绣床斜倚。会衬托出女子的娇弱慵倦之态，更是男子的心中好。宝玉曾因黛玉的绣床斜倚而陷入惝恍迷离之境。且看那段精彩的描写：

> 宝玉便将脸贴在纱窗上，往里看时，耳内忽听得细细的长叹了一声道："每日家情思睡昏昏。"宝玉听了，不觉心内痒将起来，再看时，只见黛玉在床上伸懒腰。宝玉在窗外笑道："为甚么'每日家情思睡昏昏?'"一面说，一面掀帘子进来了。
>
> 黛玉坐在床上，一面抬手整理鬓发，一面笑向宝玉道："人家睡觉，你进来作什么?"宝玉见他星眼微饧，香腮带赤，不觉神魂早荡，一歪身坐在椅子上，笑道："你才说什么?"

笑向檀郎唾。此檀郎，可不是娥皇对李煜的专称独享。她是女子对丈夫或情郎的爱称。叫一声檀郎，如捧着一个熟透了的水蜜桃，轻轻一触，即刻便涌出浓情蜜意，整个人都融化了。

其来历，与晋时的美男子潘岳有关。据《世说新语·容止》载：晋潘岳美姿容，尝乘车出洛阳道，路上妇女慕其丰仪，手挽手围之，掷果盈车。岳小字檀奴，后因以"檀郎"为妇女对夫婿或所爱慕的男子的美称。

叫一声檀郎，那其中的意蕴，你懂的。

与檀郎一样暧昧而香艳的，还有一个词：谢娘，这个词是用来称呼有风情的女子的。

檀郎与谢娘，惊艳了无数人心中妩媚的春光。

长相思（二首）

云一绹，玉一梭，淡淡衫儿薄薄罗。轻颦双黛螺。

秋风多，雨相和，帘外芭蕉三两窠。夜长人奈何！

一重山，两重山，山远天高烟水寒，相思枫叶丹。

菊花开，菊花残，塞雁高飞人未还。一帘风月闲。

相思，当我写下这两个字时，不知道说什么好。

不是无话可说，而是不知从何说起。

它如影随形，无时无处不在。

自原始人穿上草裙自感妖娆，相思便在人间发生了。从《诗经》"一日不见，如隔三秋"，到《楚辞》"悲莫悲兮生离别，乐莫乐兮新相知"，从乐府"山有木兮木有枝，心悦君兮君不知"到唐诗"相思相见知何日，此时此夜难为情"，从宋词"衣带渐宽人不悔，为伊消得人憔悴"到清诗"似此星辰非昨夜，为谁风露立中宵"……相思，如山呼海啸般，一路扑面而来，将人裹挟在其中，无法呼吸。

春秋的桑中，战国的溱洧，秦汉的宫廷，盛唐的洛水之滨，五代的秦淮河畔，两宋的中原大地，大清的皇城根下，普天之下，莫非相思之土。

某个春日的早晨，某个秋日的黄昏；某朵花开的圆满，某片叶落的残缺；某一处清风明月，某一声雁断西风。某一丛丹枫金菊，某一点雨打芭蕉。春秋代序，莫非相思之时。

无论你是怀春的女子，还是多情的男子；无论你是征夫思妇，还是游子走卒；无论你是红颜青春，还是白发暮年；无论你是贵为天子，还是贱为庶民。有感情的地方，便有相思触动心扉。无关身份，无关性别，无关年龄。

只为贪图那一点温暖、一点陪伴，一点不知道什么时候会消散的死心塌地。相思是一杯有毒的美酒，入喉甘美，销魂蚀骨，直到入心入肺，便再也无药可解，毒发时撕心裂肺，只有心上人的笑容可解，陪伴可解，若是不得，便只余刻骨相思，至死不休。

站在前人的相思篇章之前，李煜有些踌躇了。

一座座高峰巅立在前面，想要越过，需要的不只是勇气，还有实力。

远的不说，单是花间词之种种，父王词之种种，也是他心存敬畏的。他日夕苦思，不得其门。直到，他亲历了相思。

与娥皇，没有轰轰烈烈的恋爱，却收获了不可多得的情深。两情缱绻固然

好，可生命不只是一场华丽的相遇相守，还有别离与相思。

这两首写给娥皇的相思词，没有错彩缕金的华丽，只有云淡风轻的澄明。

爱，本来是一颗心对另一颗心，而不只是一张脸对另一张脸。

第一首《长相思》，是从对面写起。夜凉如水，远在千里之外的你，此时此刻在做着什么呢？是否如我一样，在我想着你的时候，你也恰好想着我？

我能够想象出你的样子。云一绲，玉一梭，淡淡衫儿薄薄罗。青丝如黛，用一根丝带随意挽起，再插上一支玉簪。"自伯之东，首发飞蓬。岂无膏沐，谁适为容？"虽无心精雕细琢，简淡随意中倒另有一种自然的美。色泽清简的衫儿，搭配着薄薄的罗裙，倒也与你的柔软玲珑十分相称。

静静伫立在窗前的你，一定是轻颦双黛螺。

哪怕忧愁，寂寞，你也只是轻颦着眉头，而不是失了态。因为，真正的相思，不在眉间，而在心上。

你站在夜色里，与黑暗对峙，与时间拔河。

窗外，秋风肆意地吹，秋雨淋漓地下。何处合成愁，离人心上秋。雨中那两三株芭蕉，卷起了叶叶心心。一任雨点，一滴滴，一声声，敲打着，点滴到天明。

唉，这漫长的夜，这恼人的雨，没有了我，你怎能奈何？

你的轻颦我看得见，你的叹息我听得见。你的愁，不需说，我也懂得。此刻的我，正如你一样，换我心，为你心，始知相忆深。

第二首《长相思》，是花开两朵，各表一枝。

这边是一重山，两重山，山远天高烟水寒，相思枫叶丹。

一重山，两重山，是远在天涯巡边的李煜，飞渡关山。只是这飞渡的方向，不是家，不是你，而是他乡。山远天高烟水寒，时光如水般流逝，转眼又是秋天了，丝丝寒意，虽不强烈，却在不经意间袭来，让人禁不住颤抖了一下。放眼四望，远处山岚间，一丛丛枫叶红了，像是醉了。

这枫叶，怕也是离人的泪染红的吧？

那边呢？是菊花开，菊花残，塞雁高飞人未还。一帘风月闲。

菊花开，菊花残，一开一残之间，是时序的变迁，是女子等待的漫长。眼见着它开了，眼见着它残了，眼见着塞雁高飞远走了。一切一切，都井然有序，各安天命，各守其时，从容得让人心惊。那么，远在天边的人呢？为何不像守信的南飞雁一样，飞回到我的身边呢？

菊有时，雁有信，人无凭无音。

我又能如何呢？无人陪我数遍生命里的花开花残，雁来雁还。只能一个人，放下水晶帘，独倚玻璃枕，恹恹地。哪管它春风秋月，岁月轮回。

　　"你娘叫你什么？"他忽然问。

　　"阿妩。"我脱口而出，又立时后悔。

　　他笑了，长眉微挑，眼底阴霾顿时化作潋滟春水。

　　"阿妩……"他低低唤我，语声温柔如春夜暖风。

等着我，亲爱的。等着菊开再开的时候，我来唤醒你，一起看菊花。

两首词，没有滂沱的泪，没有撕心的呼告。只是用轻颦、轻叹，秋风、秋雨，芭蕉、菊花、塞雁这几个意象，轻轻一点染，愁与相思，便洇开来，渐至于无穷无尽。

这世上，不是只有烈酒才能醉人，不是只有热恋才会刻骨。有时候，一份清淡，更能历久弥香；一种无意，更能魂牵梦萦；一段简约，更可以维系一生。

最是无情帝王家。

李煜在词中流露出的多情，对大周后的多情，颇不符合一个做帝王者的特质。

无情未必真豪杰，怜子如何不丈夫。虽然真豪杰未必都是无情的，但做一个帝王，必须无情。这个无情，不是纯然的没心没肝，没情没欲，而是要有一种有别于常人的天下之心。

"你可以说这种天下之心是冷酷，是权欲，是视平民如草芥的食人品性；但你仍然必须承认，领袖天下的帝王之心真的是不能有常人之仁；或者说，帝

王仁善不能以常人之仁善表现出来。毕竟，帝王必须兼具天下利害，不能有常人的恩怨之心。若如常人仁善，那确定无疑的是，他连一个将军都不能做好，遑论帝王哉！"

所以，李煜注定是做不好帝王的。

历史上，还真少有哪个帝王将自己缠绵悱恻的情公然写下来，晒在阳光下。尤其用被世人目为"艳科小道"的载体——词来写。

隋炀帝的艳诗写得好，他是昏君。李煜的父亲的词写得好，他浓浓的词人气质，让南唐"输了东风一半"，尚未传位给李煜时，便已然向宋纳贡称臣。

这，就是命运的吊诡之处。

永远以绝美的姿态出现在我们最没能提防的时刻的是那不能接受也不能拒绝的命运。

临江仙

> 樱桃落尽春归去，蝶翻金粉双飞。子规啼月小楼西，玉钩罗幕，惆怅暮烟垂。
>
> 别巷寂寥人散后，望残烟草低迷。炉香闲袅凤凰儿，空持罗带，回首恨依依。

普通男人尚有妻妾，帝王自然有嫔妃。女人、财富、权位是男人的奖励，也是他们用来炫耀的资本。

和所有帝王都一样：李煜也有嫔妃，只是这些嫔妃不足以对大周后构成威胁，所以历史中，我们鲜能见到这方面的记载。

和所有帝王不一样：女人对李煜来说，不是奖励，不是资本，更多的是一种安慰，抑或，是他精神上的知己。

不记载，不等于没有。因为历史的真实，是幽暗，是秘藏的奢侈，是穷尽一生也无法索解的谜。除了时间、地点、人名是真实的，其他的多半真真假假。

娥皇是李煜的皇后。古往今来的皇后，有几个不可怜呢？那表面的荣光之下掩藏着无所不在、防不胜防的危机和长夜孤灯、夜夜难眠的心酸。

在《一斛珠》里我们看到了李煜与娥皇的情深，在《长相思》里我们看到了彼此蚀骨的相思。可你不要天真地以为，王子和公主，从此以后过着幸福快乐的生活，那只是童话，也只有童话的土壤，才能供养如此珍稀的爱之魂。

在生命之初，李煜需要一个身世显赫、贤良大度的女人作为他的助力，他的精神支柱和乐土。娥皇正是这样的人，不止如此，她还是集美惠雅韵于一身之人。当一切都步入正轨，在惯性的驱使下前行时，他的世界里需要注入新鲜的血液，以唤醒他沉睡的心。

他需要温柔体贴且不失聪慧有情趣的小女人，作为心理补偿。

而这个补偿，不是别人，正是娥皇的妹妹，女英。

我无法揣测大周后在得知真相的那一刻，是怎样在人前强作镇定、在人后打落门牙和血吞的。只有一点，她在奄奄一息之际，始终面朝里边，始终不肯转过脸来看看那个日夜侍奉在身边，那个曾给过她最美的青春与最好的梦境的檀郎。

她留给李煜的是一个背影，一个永远也猜不透是释怀还是怨憎的眼神。

也许活着的时候，她撑得太累了，站在死亡的面前，她任性了一回。

没有答案，是最好的答案。

它让活着的人，一生都走不出忏悔的城。

所以，我固执地以为，这首《临江仙》是李煜的忏悔之词，或是悼亡之词。

尽管，很多评家认为这首词是"后主围城中作长短句，未就而城破"。即使它是悼亡，悼的是国破家亡，而不是娥皇。

有人曾指出南唐城破国亡是在十一月，而这首词所咏之景分明是暮春，说是悼国之亡未免牵强。只是后来的评家陈陈相因，皆持"悼亡国"之说，实在是让人匪夷所思。

词的上下阕结构相似，皆是先景后情，景中含情，情以景出。上阕是写眼前，下阕是回忆。

"樱桃落尽春归去，蝶翻金粉双飞。"樱桃已落尽，一起落进尘埃中的还有繁华的三春盛景。来不及祭奠，眼前翻着金粉、双双对对、上下翻飞的蝴蝶深深刺痛了李煜的心。它们不知道春已尽，犹自享受着生命的狂欢，全然不理会眼前这个伤春又伤心的人。

你在，世界就在，春天就在。你不在，我的世界里充满了残缺。原来，这世界里每段情感，可以重来，无法替代。

"子规啼月小楼西，玉钩罗幕，惆怅暮烟垂。"暮烟四合，惆怅得抬不起头来呼吸。小楼西，还记得吗？那个留下了我们的记忆的地方，在夜月清辉的笼罩下，有种蚀人的清冷。时时有一二声子规鸣啼，似打破了夜的岑寂，过后，是更深的寂，更清的冷。

独抱一天岑寂，我分明看见，那玉钩罗幕，因为你的离去，再也没有人卷起，低垂在暮烟中，唤不起一点生意。

"别巷寂寥人散后，望残烟草低迷。"我害怕，曲终人散后的那种寂寥，一种浩歌狂热之后的寂。而此时，陷入回忆中的我，偏一遍遍地咀嚼着曲终人散的感觉。《霓裳羽衣曲》是你续残章，终成完璧，金碧辉煌的皇宫里，我们演了多少次？你是再也无法听见了，回望四野，不见你的身影，不见你的回应，只有烟草低迷。

"炉香闲袅凤凰儿，空持罗带，回首恨依依。"凤凰形的香炉，袅着青烟。庭院深深几处凄凉，栏外熟睡着月光。室内轻烟摇晃，散落了一地的忧伤。

空持着罗带，那上面分明还沾染着你的气息。

在这堆感情废墟上，只有我孑然而立 。悼念着过往，悼念着曾经。

人生错过就不会再得到，也许我们会忏悔，会救赎，但这些似乎都已经晚了，每当天空放飞起风筝的那一刻，我们是不是应该问问自己是否真的珍惜所拥有的一切。

唯失去，才能映照出拥有的珍贵。

只是在拥有的时候，我们只道它是寻常，我们渐渐忘记了自己的初心。

人生若只如初见，何事秋风悲画扇。等闲变却故人心，却道故人心易变。

也许，娥皇至死不转过脸来面对李煜，她不是不原谅，不是不理解。真正

让她绝望的，是那颗遗落在时光里的初心，是这个世界上始终没有神话，而她也无法成为神话的主人。

也许，走进回忆里的李煜，用忏悔的姿态去面对娥皇时，他真正要忏悔的，不是移情别恋，不是轻诺寡信，而是他自以为可以做得了自己的主、自以为可以书写一段永恒、自以为可以抗衡一切俗世力量，却终于失败，终于堕入世间轮回。

要保持一颗初心是多么难！对一段情、一个人、一件事，无不如是。

不忘初心，方得始终。

芸芸众生，又有几人得了始终呢？而他，李煜，也不过是众生中的一个。

想到这里，他的眼神涣散了，甚至无法穿透这眼前的黑。

菩萨蛮

铜簧韵脆锵寒竹，新声慢奏移纤玉。眼色暗相钩，秋波横欲流。

雨云深绣户，来便谐衷素。宴罢又成空，魂迷春梦中。

这首词，李煜忠诚地叙写了他的钟情与迷恋，惆怅与欲念。对象是小周后。

铜簧韵脆锵寒竹，乐声动听极了，既脆且锵。"脆"字下得极好，像咬着春天刚出土的水灵灵的小萝卜，一口下去，那种声音，就叫"脆"。锵寒竹，则是在清脆之中夹杂些许慷慨悲凉。

醉翁之意不在乐，而在人。所以，沉醉在乐声中的李煜，并没有遗世独立飘飘欲仙，他目光游移着，寻找着，他在寻找演奏这乐声的那双手。新声慢奏移纤玉。她的纤纤素手，光润莹滑，在光的映衬下，仿佛是透明的，轻捻、慢挑、徐拨、急抹，那双手性感得仿佛有了生命，在深情地诉说。

女人的玉手与纤足，都是令男人意荡神迷的，它们不是赤裸裸的挑逗，却

勾起了男人隐秘的欲望。

媚眼，则是公开地挑逗了。眼色暗相勾，秋波横欲流。他的寻找她感觉到了，这就是所谓的心有灵犀吧。众目睽睽之下，她只能看似无意地微抬了一下头，丢下一个只有他能懂的眼波。眼色与眼色相勾，秋波盈盈，溢出来，流动着。我无法想象，眼神是只可意会而不可言传的无形之物，它们是怎样相勾，又是怎样流动的？

这真是暧昧而又奇异的场景。谁知道，大庭广众之下，李煜与女英，正在上演一场惊心动魄的缠绵呢。有人说彼此有意而不说出来是爱情的最高境界，因为这个时候两人都在尽情享受媚眼，尽情享受目光相对时的火热心理，一旦说出来，味道就淡了。

是不是所有不一样的恋情，都会有心许目成这一环节呢？"满堂兮美人，忽独与余兮目成"，这是屈原笔下的人神之恋。"眼波流转之处，是那少年脸庞"，这是仓央嘉措笔下佛与尘的纠缠。

后半阕，侧艳之极。而末句以"春梦"绾住，尚未失贞刚。

他告诉人们，这只是色授魂与、心许目成之后的一场春梦，还没有成为既成事实。

雨云深绣户，来便谐衷素。宴罢又成空，魂迷春梦中。

无论男人女人。你觉得自己无法完全拥有时，便患得患失，这样的感情既让人焦虑，又让你乐此不疲，止不住地想要得到全部。

现实中的种种阻碍尚在，他无法在大周后尚在病中的时候，无所顾忌地扑向她的妹妹。欲望在心中堆积，总要找到一个突破口。

只有在梦中实现了。

"雨云深绣户，来便谐衷素。"梦里他与她，朝云暮雨，旦复旦，夕复夕，极尽欢会缠绵，互诉一腔衷素。雨云，谁都知道这是一个极暧昧香艳的词，李煜毫不避讳地用了这个词，他直视着自己内心深处的欲望。衷素，又给这种欲望罩上了纯情的光环，发自内心的真与爱，难道有罪吗？

真爱无罪，它本来就是灵与肉、情与欲的统一。用不着遮遮掩掩，"你们当中如果有谁不是这样做的，你便有权站出来，向他吐一口唾沫"，就像耶稣对跃跃欲试想惩罚那个犯了通奸罪的女人所说的。

结拍"宴罢又成空，魂迷春梦中"，点明了上述的欢会只是一场春梦，在曲终人散的刹那，他忽然意识到了。魂魄尚停留在春梦中，没有走出来。人却要面对着宴罢成空的场景，只有惆怅了。

"成空"是欢会后的内心空虚，是不忍离别偏要离别的怅惘。

没有激情的日常生活是冗长无味的。一旦有了激情，生活中却又充满了苦痛。

想见不能见的煎熬，欲得不能得的辗转，人在其中，备受折磨。求不得、爱别离，人生之苦，此刻李煜是尝尽了的。想必与他一样的，还有女英。

冷静的激情，最能够让人心力交瘁。因为要控制得那么小心。

菩萨蛮

花明月暗笼轻雾，今宵好向郎边去。刬袜步香阶，手提金缕鞋。
画堂南畔见，一向偎人颤。奴为出来难，教君恣意怜。

和上一首《菩萨蛮》对照着看，我们会发现，它就像连续剧一样。

在上一首词中，李煜与小周后，是心许目成，是魂授色与，相思难耐，却尚未越雷池一步。他们像一对走钢丝的人，焚心似火，心力交瘁，却还是小心翼翼地控制着。

唯一能做的，只有在梦中一解相思情。

在这首词里，他们两人终于突破了底线。蛮悍而又任性。

最难见的都是最想念的，得不到最让人上瘾。一面在饱受着种种折磨，一面却千方百计地寻找着机会。

于是便有了偷情。

张生"待月西厢下"等着崔莺莺，杜丽娘化作了魂魄也要追随着柳梦梅，仓央嘉措在雪夜私会玛吉阿米一不小心在雪地上留下了脚印。还有，莎士比亚笔下热恋中的少女与少男，望着窗外，"天越来越明，而恋人心却越来越黑"。

这首《菩萨蛮》，李煜记录了他与小周后的私会。

上阕写私会途中，下阕写私会时。

"花明月暗笼轻雾，今宵好向郎边去。"交代得平平常常，波澜不惊。殊不知在这平静之前，她的内心经历了怎样的惊涛骇浪，怎样的心灵挣扎。也许接到私会约定的那一刻，她的一颗心，早已是七上八下，忐忑忑了。数着点，熬着更，从天明到黄昏，去还是不去，这样的念头占据了她整个心。

天越来越暗了，月色朦胧，已是二更。小径上影影绰绰地走着一个人，踯躅徘徊，犹疑不定。平日里喜好明月，今夜里偏躲着月色走，平日里惧怕昏黑，此际最喜欢树影扶疏。幸好，花明月暗笼轻雾。

是什么声音？夜风的声音，虫儿的鸣叫声。不，还有，还有她缠在金缕鞋上的金铃铛。一步一响，步步惊心。那金铃铛是她白日里跳《步步莲》时系上的，是姐姐亲手所赠。慌乱间，她竟然忘了把它摘下来。还是摘了它吧，偏又摘不掉！只得脱下金缕鞋，穿着袜子，走在香阶上了。

要是让人看见了，掬尽西江水，也难涤今日羞啊。

你这个怨家，让人又爱又恨。心里在恨着，脚下还是义无反顾地朝着他所在的方向奔去。

"画堂南畔见，一向偎人颤。"

且惊且疑，且怨且怜，且恨且盼，跌跌撞撞的步子，跌跌撞撞的心情。

终于到了画堂南畔了，看到了那个朝思暮想的身影，她不顾一切地奔了过去。偎在他怀里，不知是激动、兴奋，还是恐惧、羞怯，她像一只迷了途的小羊羔，战栗着。

李煜说了，他与小周后私会的地点是画堂南畔，我把它理解为后花园。

自来后花园便是是非之地，多少才子就是在这里被佳人迷了魂魄，多少佳人就是在这里欲死欲生。

偎在后花园里的两个人，带着未定的惊魂，恣意缠绵。

"奴为出来难，教君恣意怜。"多么赤裸裸的表白，多么赤裸裸的欲望。银汉迢递暗渡，金风玉露一相逢，便胜却人间无数。此一逢，定然不负相思，恣意沉酣，天与地，都隐藏起来了，风与鸟都屏住了呼吸，唯天上明月一轮，静静地注视着这对贪欢的恋人。

此时此刻，只有一个我，只有一个你。

如此风流狎妮的词，李煜写得率真质朴，真不愧他曾自封的"鸳鸯寺主"之名。

当这个"鸳鸯寺主"迷恋在小周后的青春与娇艳当中时，可曾想到大周后？

王国维敏感地意识到纳兰词与李后主词的相通之处，他说纳兰容若直追李后主。一样顽艳，但在纳兰词中，我从未见过如此直白如此坦荡如此没有遮掩的表白。

纳兰词中写得最香艳的，应该是《清平乐》吧：

> 青陵蝶梦，倒挂怜么凤。退粉收香情一种，栖傍玉钗偷共。
> 惝惝镜阁飞蛾，谁传锦字秋河？莲子依然隐雾，菱花暗惜横波。

最艳的一句不过是"退粉收香情一种，栖傍玉钗偷共"。鸳鸯枕上，红罗帐内，退粉收香，一种深情？散落在枕旁的那一枝钗，偷偷共着这份欢悦。它写偷欢的刺激紧张，却写得隐隐约约，只可意会，不可言传。

"莲子依然隐雾，菱花暗惜横波。"则更是欲说还休了。对你的爱怜，就像是隐在雾中，见不得阳光，不能分明。身不由己的我，还不如那一枚镜子，镜子还可以偷偷欣赏你的妩媚。

缠绵相顾，情脉脉兮，说于朝暮。

缠绵相顾，颠倒思兮，难于倾诉。

一种缠绵，十分心苦。

菩萨蛮

蓬莱院闭天台女，画堂昼寝人无语。抛枕翠云光，绣衣闻异香。

潜来珠锁动，惊觉银屏梦。脸慢笑盈盈，相看无限情。

万事开头难。

有了开头，有了第一次，便会有接下去，有第二次，第三次……

人都是这样的，对任何美好的东西，希望它来，希望它再来。

"划袜步香阶，手提金缕鞋。"是李煜与小周后第一次突破底线。这次私会，是小周后去见李煜。

这首词中，是李煜来见小周后。

有人说，这是小周后在"禁中"时，李煜忍不住相思之苦，偷偷跑来看她。"脸慢笑盈盈，相看无限情"，一种相互之间理解甚深的默契，想来也是相处日久，没有初会时的紧张与羞怯。

当小周后手提金缕鞋去私会情郎时，大周后尚在人世，他们之间隔的不只是礼教，还有一种无法逾越的东西。这东西，对小周后来说，是姐妹情；对李煜来说，是背叛，是忘却自己的初心。

当李煜"潜来珠锁动，惊觉银屏梦"时，大周后已经去世了。也许是老天对这对有情人要来点小小的惩罚，惩罚他们的贪欲，大周后去世之后，李煜并没有直接娶了小周后。不是不愿，而是不能。大周后去世不久，李煜的母亲即圣尊皇后去世，按国例，他在三年内不得有喜事。

本来一对在桎梏中挣扎的人，偏偏还要等三年。

相恋中的人，一日便长如一季，漫似一秋，何况是三年呢？

按捺不住的李煜，终于要找小周后了。

抛开这个背景，看看词的本身，写得仍是美。

词的上片写了画堂中昼寝的小周后的睡态。

蓬莱院闭天台女，可不要小瞧了这一句。在李煜心中，小周后不是凡品，

是仙姝。所以，她居住的地方，也不是尘世，而是仙境。

蓬莱，是古代传说中的三座仙山之一。据《史记·封禅书》中记载："蓬莱、方丈、瀛洲，此三神山者其传在勃海中，去人不远，患且至，则船风引而去。盖尝有至者，诸仙人及不死之药皆在焉。"

天台，山名，在浙江省天台县北。相传东汉时期刘晨、阮肇二人曾上天台山采药，遇见二位女子，留住半年回家，归家时发现已过了七世，乃知二女子为仙女。后人用"天台女"代指仙女。

仙女，从天国而来，不染世俗的尘埃，纯洁得像释迦牟尼脚下的优昙花。

"画堂昼寝人无语。"画堂里静得出奇，一抹斜晖透过窗棂，闪烁明暗的光斑，有种恍惚迷离的错觉。她在睡。

静静立在窗外，看着她的睡态，睡态也极美，美得像一个梦境，让人不忍侵扰，不忍走进去。她睡得如此沉酣，头已经偏离了枕边。青丝如黛，慵懒而散漫地散在枕边、颈边，闪着光泽。平时里绾住的发髻，唯见整饬。此时不经意的凌乱，反添了几分韵致。

凌乱的发丝，凌乱了他的心。

如水的双眸爱抚着沉睡中的她，薄薄的衣衫裹出玲珑的曲线，他忍不住想唤她醒来。

与他共享，心中的柔情。

一股香气迎面而来，与他撞了个满怀。

刹那间，空气中氤氲着她独有的香气，芬芳而迷离。我只记得你在我的心底，我想找到你。

也顾不得这许多了。

词的下片自然转到了醒来的情形。

"潜来珠锁动，惊觉银屏梦。"原谅我，你是那么美，美得像一个诱惑。我无法冷静，无法克制，小心翼翼地走了进去，卷珠帘，金锁动，惊觉了梦中的你。

醒来的你，脸慢笑盈盈，相爱无限情。温润的笑意慢开来，没有言语，没有挪动步子。如梦如幻，如醉如痴，就这样，傻傻地看着。

像是等待已久的样子。

"知否知否？我正在梦中与你相见，你就这样不早不晚地站在了我的眼前。告诉我，是真的吗，你的人是真的吗？你的脸是真的吗？还有你的手，你的眼？"心中万语千言，她没有说出口。

皆因为，一切都刚刚好，一切都太美好。好得真的像一个梦。

她不忍打破这个梦境，唯有看着他。

彼此间心有灵犀的默契，语言也是多余了。此时无声胜有声。

最好的爱情，是默契，是你不说，我也能懂。

情路多艰，等待他们的还有漫漫三年。

更漏子

> 金雀钗，红粉面，花里暂时相见。知我意，感君怜，此情须问天。
> 香作穗，蜡成泪，还似两人心意。山枕腻，锦衾寒，觉来更漏残。

初见后，李煜与小周后有"眼色暗相钩，秋波横欲流"的色授魂与。

大周后尚在病中时，李煜与小周后有"奴为出来难，教君恣意怜"的偷欢。

圣尊后病逝守制期间，李煜与小周后有"慢脸笑盈盈，相看无限情"的私会。

他们的所作所为，定然会引来种种非议。

小周后是不幸的，他们的真情因为开始的名不正、言不顺，一直在幽暗的角落生长着，见不得光，也得不到众人的祝福。

小周后又是幸运的，帝王有后宫三千，寻欢猎艳后被始乱终弃者多的是，而她一直是他心口的朱砂痣，最终两人修成正果，小周后亦被立为继任国后。

这首《更漏子》想必是在那漫长的三年等待中，李煜对妻不妻妾不妾的小周后的真情告白。只是在手法上，是男子作闺音。这又何尝不是小周后对李

煜的告白呢？

词的上片，开笔色泽浓艳。"金雀钗，红粉面"，浓妆华服，精心装扮，只为与你相见。接下来"花里暂时相见"一下子用淡笔宕开了，如此煞费苦心，只为一次"暂时"相见。相见既然是暂时，必有不得已之苦衷，或是私会，或是迫于某种阻力。这一浓一淡之间，形成了巨大反差。

说没有失望，那是假的。

只是，"两情若在久长时，又岂在朝朝暮暮？"有的是时日，等着你我共同书写传奇。"知我意，感君怜，此情须问天"，我对你的心，你懂的。

尽管有重重阻碍在前，一波三折在后，只要有了你，一切坚守都变得有意义。此情此义，可问苍天。

苍天，是人在万般无奈之际，唯一的庇护，唯一的见证。

我们只需将"信"的种子种下，静静等待，等待它开花结果的那一天。

词的下片，想必是短暂相见之后，小周后独自回房后的心境，有不渝的坚贞，坚贞背后还有难掩的寂寥。

毕竟，一年三百六十日，风霜刀剑严相逼。信念不可能让你越过今天、明天、每一天，不可能将等待的苦闷、忧愁、寂寞、猜疑轻轻抹去。一切，都是实实在在地存在着，也得实实在在地去面对。

闺房内，香已燃成灰烬，红烛只剩下蜡泪一摊。春蚕到死丝方尽，蜡炬成灰泪始干。此种情境，恰似你我的心意。

"珊枕腻，锦衾寒，觉来更漏残。"夜未央，枕上清泪涟涟，锦衾冰冷似铁，一阵阵寒意袭来，这漫长的夜啊，如何才能熬得过去？偏是那恼人的更漏，一声声，一更更，敲打着脆弱而寂寞的心。原谅我，说好的坚强呢？

这是李煜代小周后作闺音，但是这份体贴入微，感同身受，也足以见其心思之细腻，用情何其深。

爱与怜，就是感同身受。没有走进对方的心，你永远无法真正体会，只能是隔靴搔痒。

实在难以理解，那时的李煜，已经不是一个懵懂少年，他有曾经的爱人，

他已经是两个孩子的父亲。然而，这又何妨呢？这一切，都挡不住他燃烧自己，拾起初恋般的情怀，与小周后在重重阻碍下相恋。

生命中浓烈的感情往往是超越于理智与常情之外的。莎士比亚说："爱情不过是一种疯。"

宫廷卷

浣溪沙

红日已高三丈透，金炉次第添香兽。红锦地衣随步皱。

佳人舞点金钗溜，酒恶时拈花蕊嗅。别殿遥闻箫鼓奏。

周作人说："我们于日用必需的东西以外，必须还有一点无用的游戏与享乐，生活才觉得有意思。我们看夕阳，看秋河，看花，听雨，闻香，喝不求解渴的酒，吃不求饱的点心，都是生活上必要的——虽然是无用的装点，而且是愈精炼愈好。"

身为南唐国主的李煜，不要说日用必需，就是世人心中的奢侈品，比如至尊、比如权位、比如财富，也是应有尽有了。

这些还不够，还不是有意思的生活。所以，需要一点无用的游戏和享受，这些无用的装点，是愈精致愈好。

对，是"有意思"的生活，而非"有意义"的生活。因为意义关乎精神层面，比如信仰，比如求真、求善、求美。

228

"生于深宫之内，长于妇人之手"的李煜，他的"有意思"的生活是怎样的呢？

帝王文章，自有富贵气象。

这首词一开篇，一股宫廷富贵之气扑面而来。

"红日已高三丈透"，写宫外。他说，太阳已经爬得老高老高了。一个勤政的帝王，或许早已批了一堆的折子、听了一干臣子的奏议，揉揉发酸的眼睛，准备结束早朝了。

"金炉次第添香兽。红锦地衣随步皱"，宫内，这位帝王才刚刚起床。晏起也就罢了，起来后的他，第一件事不是穿上朝服，而是吩咐宫女们将兽炭次第添进金炉，他要继续昨夜的宴游。宫女趋步，鱼贯而入，红锦铺就的地衣也被踏皱了。

金炉、香兽、红锦，色泽明艳异常，迷了人的眼。炉是金铸的，香想必也是极品，龙涎香、伽南香还是檀香？就连地衣亦是华丽的锦缎铺设的。

不动声色的几句描写，包藏着一个帝王的任性与奢华。

前戏已经做足，只等好戏开场。

在众人期盼的目光中，一场艳异的奢华终于拉开了序幕。

李煜很聪明，他懂得点染和取舍。他没有将整个豪奢华丽的宴乐图搬出来，那样会让人抓不住重点，有种醺醺然的麻木与疲劳，他只抓了两个细节。

万绿丛中，一点红才是最引人注目的；群响毕集，一点静默才会敲动人的神经。

他的两个细节是：佳人舞点金钗溜，酒恶时拈花蕊嗅。

金钗溜，可见舞之盛。一个"溜"字，总让人想到将坠未坠、将留未留之态，像极了佳人"犹抱琵琶""欲说还休"的样子，这样才有勾魂摄魄的效果，引人遐想。设若金钗真是"溜"掉了，也有一种凌乱的美，整饬中一点凌乱，更显女子的媚态。

拈花嗅，可见其醉之甚。我在想，这酒中嗅花的人到底是观者还是舞者呢？是观者可以理解为观者，他一定是边赏舞边品酒，秀色佐酒，别有一番滋

味在心头！

也可以想象为舞者。此时"酒恶时拈花蕊嗅"不是实指，而是虚写。他写的是舞者之态。舞步妖娆、柔若无骨、似醉似痴，时而做出拈花一嗅的样子，令人销魂。关于杨贵妃的风情传说，我们记得住的是她的出浴与醉酒。

太清醒了，你看到的永远是正襟危坐。偶尔一醉，那点感性与真性情，也是枯乏生活中的一点异彩，一潭死水中的涟漪。

这首词的歇拍，更是神来之笔。"别殿遥闻箫鼓奏。"此宫酣嬉如是而犹未足，箫鼓之声，又从别殿隐隐传了过来。

整个南唐宫廷，都是乐未央！处处奢享，处处行乐。

这首词六句六个场景，没有一句直接写情。我们看到了李煜歌舞升平、流光溢彩的宫廷生活，感受了真正的富贵帝王之气。但是，藏在这场景之后的李煜的心境，我们无法得知。也许他是真的享受这样的生活，也许他在用醉生梦死掩盖内心的空虚。

我想起了那幅名画《韩熙载夜宴图》。这幅画像一个连贯的故事，叙述了韩熙载夜宴群臣的全过程。悉听琵琶、击鼓观舞、更衣暂歇、清吹合奏、曲终人散，一一展现。想必这首词中的宴饮情形大致也和这个差不多。

据说，韩熙载为避后主李煜的猜疑，以声色为韬晦之所，每每夜宴宏开，与宾客纵情嬉游。夜宴图的五个片断中，韩熙载始终没有展颜一笑，表情凝重和忧郁。在击鼓观舞这个场景中，他亲自击鼓，仍然没有露出丝毫激情。

韩熙载以声色之娱掩饰他的郁郁不得志，以纵情嬉游逃避入仕，那李煜呢？

是沉酣其中，还是别有怀抱？

在这暴烈的享乐欲望中，李煜和他的臣子，像是被一阵狂风撺着仓促向前。

也许他不知道为什么，也不知道要去往何方。命运此刻正凌驾在他的头顶上，冷眼瞧着他。

看着他们跳啊跳，舞啊舞，乐啊乐。仿佛永恒的黑暗已经踩到了他的脚底下。

曲终人散后，一切外在刺激都已停止，一种更深更沉的空虚与寂寥，悄悄爬上心头。

他禁不住打了个寒战。

明天呢？明天的生活还要继续。

玉楼春

晓妆初了明肌雪，春殿嫔娥鱼贯列。笙箫吹断水云间，重按霓裳歌遍彻。

临春谁更飘香屑？醉拍阑干情味切。归时休放烛光红，待踏马蹄清夜月。

生活还要继续，还在继续。

和上一首《浣溪沙》一样，这首词李煜仍然在展示奢纵至极的宫廷生活。

上片从视角和听觉两个角度，写春殿歌舞之盛况。

"晓妆初了明肌雪，春殿嫔娥鱼贯列。"明媚鲜艳的宫娥们，如同这春日的清晨，一大早整好了装束，鱼贯而入，列于春殿，一场歌舞盛筵即将开始。

"晓妆初了"有版本作"晚妆初了"，窃以为"晓"字更好。一则显出李煜及群臣只争朝夕的享乐之状，二则和结拍处的"清夜月"相呼应，点明了宴游从清晨到夜半，持续了一整天。这比起"夜宴"来，更显豪奢。

"明肌雪"，足见嫔娥之美，肌肤胜雪，自无尘俗之气。"鱼贯列"，足见场面之盛大，嫔娥之众多。稀稀拉拉几个人，哪撑得起皇家盛宴的排场与架势呢？

仅从视觉上，我们已经被深深震撼住了。

"笙箫吹断水云间，重按霓裳歌遍彻。"是从听觉写歌舞之盛。笙箫齐奏，弦歌阵阵，间关莺语，声闻九天。袅袅余音，只达遥远苍茫的云水之间。这感觉很像小晏的"舞低杨柳楼前月，歌尽桃花扇底风"，字面上很难解，感觉上却很美。美得不符合逻辑。

宫女们演奏的是《霓裳羽衣》。这是大周后亲手创编的舞曲，舞姿婆娑的仙女

演绎虚无缥缈的仙境。"故盛唐时,《霓裳羽衣》最为大曲,乱离之后,绝不复传,后得残谱,以琵琶奏之,于是开元、天宝之遗音复传于世。"演此舞曲除笙箫外,还有磬、筝、笛、箜篌、筚篥等金石丝竹,乐声"跳珠撼玉"般令人陶醉。

此曲只应天上有,人间哪得几回闻?

李煜和娥皇,将这个只应天上有的神曲日日在宫中享用。初创此曲的唐玄宗与他的爱妃杨玉环,亦是如此。

像一个谶言。

下片开笔,李煜又从嗅觉入手继续摹写。"临春谁更飘香屑",意思是整个歌舞是在香烟渺渺、香气氤氲的氛围里进行的。

这香也许不是普通的香,而是后主亲手自制的"帐中香","以丁香、沉香及檀麝等各一两,甲香三两,皆细研成屑,取鹅梨汁蒸干焚之。"一个香,精细考究到了如此程度,无法想象,他们花了多大的气力将这场奢华的游戏进行到底。

还有酒。"醉拍阑干情味切",醉是酒醉,更是心醉。醉翁之意不在酒,而在于声色之间。忘形之际,不由得拍阑干,不由得手之舞之足之蹈之了!

描写至此,仿佛已臻高潮,等待我们的会是"曲终人散"吗?

不。是"归时休放烛光红,待踏马蹄清夜月"!

歌舞结束了,他依然深深沉溺。他吩咐宫人,不要点起红烛,那样会败了兴。古人曾说:"昼长苦夜短,何不秉烛游。"李煜更绝,他不要秉烛,而是和爱妃群臣一起,在月下清辉里打马而游。

他要尽情挥霍自己的时光,燃烧自己的快乐,这架势,分明就像末日前的狂欢,不愿意繁华落幕。

有人说李煜吩咐宫人"休放烛光红",另有所指。据说:"后主宫中未尝点烛,每至夜则悬大宝珠,光照一室如日中。"

打马踏月,本是极闲雅的事,可我分明从李煜的眼中看到了贪婪,看到了繁华落幕时的那种无法掩饰的哀伤与苍凉。

当家国摇落的一瞬间,淮水东边旧时月那泛着寒意的清光岂止是对潮打空城寂寞回的伤逝。

《浣溪沙》和《玉楼春》这两首写宫廷生活的词，让我们窥见了南唐君臣奢纵生活之一斑。

金炉、香兽，笙箫、霓裳，红锦地衣、马踏清月，不但点缀着他们的日常生活，在某种程度上，也泄露了整个南唐的文化氛围、民俗特色，甚至还有经济水平。

与西蜀和《花间集》中所描摹的精致与绮艳比起来，李煜的词展现给我们的已是小巫见大巫了。

《花间集》中有屏风、山枕、添香、熏笼、香兽、香笼、帐中香、金泥衣、金缕衣、口脂、黛眉、宝钿与金粟、结条钗、犀梳与牙梳……日常起居，应有尽有。每一件名物，都成为一个独特的而且深不可测的世界，在时光之河的淘洗下变成一朵朵奇迹般发出巨大喧哗声响的神秘之花。

《花间集》是盛开在西蜀这片土地上的一朵罂粟花，散发着颓败和妖艳。

以李煜和其父李璟为代表的南唐词人，已经比他们健康得多了。

尤其是李煜。

不过，要从根本上扩大词之意境，要等到李煜从一种生活跌入另一种生活之后。

那时将会看到这个耽于宴饮享乐的皇帝，是怎样上承花间，下启北宋，将"伶人之词"变为"士大夫之词"，将它发扬光大的。

有宋一代，词终于成为这一时代之文学，成为与唐诗并峙的另一座高峰。

子夜歌

寻春须是先春早，看花莫待花枝老。缥色玉柔擎，醅浮盏面清。

何妨频笑粲，禁苑春归晚。同醉与闲评，诗随羯鼓成。

这首《子夜歌》，写的依然是行乐，是李煜与臣子诗文燕游行乐。行乐的地点，不是在宫内，而是追随着春的脚步，移步禁苑。

宫廷内的行乐，要么是听琴，要么是观舞，酒宴当然也是少不了的。

禁苑游春，李煜和群臣吟诗联句，似乎是件风雅的事。当然，也少不了酒，更少不了女性。

看来古人的行乐方式，远比我们想象的丰富。李煜的词中所写，只是其中一部分。

雍正帝的《十二月行乐图》告诉我们，他们每个月都可以行乐。正月观灯，二月踏青，三月赏桃，四月流觞，五月赛舟，六月纳凉，七月乞巧，八月赏月，九月赏菊，十月画像，十一月参禅，腊月赏雪。

如果这些都能一一实现，真称得上诗意栖居了。

只是雍正帝所列举的行乐图，满溢着浓浓的民俗特色与遵循时序的和谐，而李煜词中的行乐，更多是流于声色之娱了。

和一般词先景后情不同，这首词开宗明义，表明了李煜的立场。

"寻春须是先春早，看花莫待花枝老。"这意思是：莫负韶华，及时行乐。岂止是及时行乐，简直有种迫不及待、透支快乐的感觉。寻春吗？不要追着春天到来的步子跑，要走在春天的前面，早早地等着。这和"归时休放烛花红，待踏马蹄清夜月"一样，有种贪婪享受的意味。

看花吗，不要等到花枝空老，酒至微醺，花开至半，那才是最美的时候。

李煜用实际行动贯彻了他的主张。携着美人、美酒和一干风雅的臣子，到禁苑寻春游乐来了。

桃花香。李花香。浅白深红，一一斗新妆。美景再配上美人、美酒，真是赏心乐事啊。美人的纤纤玉手托着酒盏，新醅的春酒，有种春天般的色泽，盛在青瓷杯中，一汪莹碧。

上片写了寻春，饮酒。下片则写赋诗、晚归。

"同醉与闲评，诗随羯鼓成。"随行的宫人搬出羯鼓，何不来个击鼓吟诗？

一干臣子，铺锦列秀，掞藻飞声。一干美人，流连穿梭，频频劝酒。

评是闲评，不拘形式，随意点评，兴致所致而已，如果弄得太过认真，就会失去闲游的闲适意味了。

大家你一言，我一语，到最后赢者负者，不分彼此，一齐同饮，都流露出

几分醉意了。

欢乐时，时间总是流得太快。不知不觉间，日已偏西。

携着满苑春光，一路调笑戏谑，至宫内，已是暮色四合，华灯初起了。

一个国君的快乐一日游，到此，也许尚没有完结。等待他的，或许是另一个开始。

私意以为，真正懂游春之雅事的，莫过于沈复和芸娘。虽非大富大贵，也无前呼后拥之随从，甚至连酒菜几不可得，唯几个素心之人，在芸娘的惠心成全下，竟成就了天底下最有丰神情韵的事。

比起李煜和他的一帮臣子，其乐何曾稍减？

苏城有南园、北园二处，菜花黄时，苦无酒家小饮。携盒而往，对花冷饮，殊无意味。或议就近觅饮者，或议看花归饮者，终不如对花热饮为快。众议未定。芸笑曰："明日但各出杖头钱，我自担炉火来。"众笑曰："诺。"众去，余问曰："卿果自往乎？"芸曰："非也。妾见市中卖馄饨者，其担锅灶无不备，盍雇之而往？妾先烹调端整，到彼处再一下锅，茶酒两便。"余曰："酒菜固便矣，茶乏烹具。"芸曰："携一砂罐去，以铁叉串罐柄，去其锅，悬于行灶中，加柴火煎茶，不亦便乎？"余鼓掌称善。街头有鲍姓者，卖馄饨为业，以百钱雇其担，约以明日午后。鲍欣然允议。

明日看花者至，余告以故，众咸叹服。饭后同往，并带席垫，至南园，择柳阴下团坐。先烹茗，饮毕，然后暖酒烹肴。是时风和日丽，遍地黄金，青衫红袖，越阡度陌，蝶蜂乱飞，令人不饮自醉。既而酒肴俱熟，坐地大嚼。担者颇不俗，拉与同饮。游人见之，莫不羡为奇想。杯盘狼藉，各已陶然，或坐或卧，或歌或啸。红日将颓，余思粥，担者即为买米煮之，果腹而归。

柳枝词

风情渐老见春羞，到处芳魂感旧游。

多谢长条似相识，强垂烟穗拂人头。

一个君王，如果有一颗多愁善感的心，注定会和女人有故事。

他把相思和悔恨给了大周后，把激情和痴缠给了小周后。剩下的，能留给众多宫女的，还有什么？是薄情和幽怨。

他不是薄幸人，也不想作"无情游"，但爱博者心劳，情多者多累，纵然他无心伤害，也会累及到许许多多的美人。即使他想做柳下惠，也保不住她们会自荐枕席。后宫，从来都是是非丛集、欲望交织、宠辱共生的神秘之地。

这首《柳枝词》写的正是宫怨。

此词有题作"赐宫人庆奴"。据宋张邦基《墨庄漫录》载："江南李后主尝于黄罗扇上书赐宫人庆奴云：'……风情渐老见春羞，到处芳魂感旧游。多谢长条似相识，强垂烟穗拂人头。'想见其风流也。扇至今传在贵人家。"明顾起云《客座赘语》中亦云："南唐宫人庆奴，后主尝赐以词云：'……风情渐老见春羞，到处芳魂感旧游。多谢长条似相识，强垂烟穗拂人头。'书于黄罗扇上，流落人间，盖柳枝词也。"其他如《西溪丛话》《六砚斋三笔》等本中，也都有类似的记载。

要坐实他赠给何人，并没有意义。

在后宫中，每个宫女都是庆奴，或是正在成为下一个庆奴。

这是她们的宿命。

词只有简单的四句，却浓缩着今与昔、新与旧、情与景、悲与欢、离与合，是一个宫女的一生，也是一个群体的一生，历史的面影隐隐约约地闪烁在其中。

风情渐老见春羞，写今日之悲，悲因"春"而起。禁不住春光的诱惑，一颗尘封已久的心，打开了一丝缝隙。明媚春光中，她没有欢欣雀跃的迷醉，

反有一种说不清道不明的失落与尴尬。无边光景，对她仿佛是一种嘲讽。一个迟暮的美人，憔悴，凋谢，又怎堪承受春光之媚？

到处芳魂感旧游，写昔日之欢。在现实中失意悔恨的人，往往容易陷入回忆中，在那里她可以寻得一丝丝慰藉。怀旧，是一种对抗孤独的手段。往事一幕一幕，我仿佛又走进了你的世界，你的生命。在那里，我将重获我的归属、青春还有尊严。

这夭夭桃花，花丛小径，都曾记取了我的明媚、我的欢欣。站在那盈满繁华的春光里，你曾说："我为你倾尽天下，许你一世繁华。"

如今，桃花依旧，人面不知何处去。小径依旧，唯余昔日旧履痕。

"多谢长条似相识，强垂烟穗拂人头。"依依杨柳，轻拂过她的头顶。陷入回忆中的她，一下子清醒，跌落到现实的情境中。过去的终究过去。回忆是一条没有归途的路，以往的一切春天都无法复制，即使是最狂乱且坚韧的爱情。归根结底也不过是一种瞬息即逝的现实，唯有孤独永恒。

倒是这似曾相识的柳，没曾忘记昔日的点点情意。柔软的柳丝，在春风微拂下，轻轻抚摸着她的头，她的心。"衰兰送客咸阳道，天若有情天亦老"，和本应有情的人比较起来，无情的物反显得多情。烟柳尚知拂人头，衰兰尚知离别意，人，却将过往的一切，毫无留恋地遗落在风尘里。仿佛一切都未曾发生过，不留一丝痕迹。

这半生的坎坷啊，在暮色中只化为一滴眼泪。

以色事君者，色衰而爱弛。

如果美色时时都有用的话，每个美貌的女人都会获得幸福和爱宠。皇宫里也不会有冷宫和弃妃，寻常百姓家也不会有新人和怨妇。

每个宫女，从入宫的那天起，就应该懂得，有"飞上万年枝"的恩宠，就有"宫花寂寞红"的煎熬。有"六宫粉黛无颜色"的得意，就有"卧听南宫清漏长"的凄清。

占上高枝的，也无须得意，一旦秋扇见捐，玉颜会不及寒鸦色——因为这些在冷宫上空的暮色中徘徊的寒鸦，还有机会带上昭阳殿日影的光华。

还有一辈子都无缘得见君王面的。寥落古行宫中，宫花红得热烈而寂寞。

曾经的青丝，变作了白发，她们唯一能打发残生的是说着前朝旧梦中的君王。一声幽怨的叹息，隔着遥远的时空，从大唐的上空传来。

更多的则是，数着金井梧桐黄，看着银烛秋光冷画屏，任天阶夜色凉如水。望天河渺渺，她们只是一芥微尘，遗落在苍茫里，无声，无息，无影，无踪。

最是无情，帝王家。

采桑子

> 辘轳金井梧桐晚，几树惊秋。昼雨新愁，百尺虾须在玉钩。
> 琼窗春断双蛾皱，回首边头。欲寄鳞游，九曲寒波不溯流。

人生一世，亲情、友情、爱情三者不可或缺。缺其一者，已为遗憾；缺其二，实为可怜；三者皆缺，活而无味。

这首词，写了一种恍惚迷离的思情。是亲情还是爱情，暂且不论。

词的上片是悲秋。

古诗三百首，篇篇为情愁。伤春悲秋，笼罩了所有的华丽辞章，它成了一种共感，一种积淀，一种符号，一种接头的暗号。晕染了整个中国的诗词长卷，成为一种坚实的底色，牵动着每一根敏感的神经，每一个善感的灵魂。

"辘轳金井梧桐晚，几树惊秋。"几个意象简单叠加，便渲染出瑟瑟秋意。辘轳、金井、梧桐，无一不是秋之信号。辘轳金井，一般并列出现。"鸡人罢唱晓珑璁，鸦啼金井下疏桐。""夜色凉千顷，携笛簟，依金井，辘轳清冷。"

辘轳金井，已清冷至极。金井旁，还有一树梧桐，早已是删繁就简，一枝枝光秃秃的树干兀自嶙峋着，刺进了秋日的长空。

金井梧桐，不但透着秋意，还透着几分皇家的富贵之气。金井，一般是指井栏上有雕饰的井，多用在宫廷园林。梧桐，凤凰非梧桐树不栖，又岂是凡品？

远处，稀疏萧条的几棵树，像是受了惊吓似的，在秋风中瑟瑟颤动。

一个"惊"字，下得极富神韵。秋意太浓，浓得连树都受到了惊吓，人又如何承受？

接下来，很自然从物过渡到人。人才是漫天秋意的主角，其余的都是陪衬。

室内是"百尺虾须在玉钩"，珠帘轻卷，一副没精打采的样子，寂寂然静默着。别小看了珠帘，它和闺中之人最是贴心，一卷一放之间，隐藏着她们的心思和情绪。有无人与共的孤独，有见此良人的欢欣。有春宵一度的销魂，也有独听更漏的寂寞。

窗外，淫淫秋雨，也不知下了多少天。一点点，一滴滴，敲打着的，不是梧桐，不是金井，是她的心。

已觉秋风秋不尽，哪堪秋雨助凄凉。

词之上片，告诉我们的就是这些。

下片，隐在秋风秋雨中的人，终于正式出场了。窗前的她，定格成了一幅雕像，双眉紧皱。堆叠在眉尖上的，是无法言传的愁绪。

他一走，一春鱼雁无消息。茫茫无尽的等，成了我生命中的一部分，成了一种仪式，每天，我都在虔诚地履行着。

时光的手轻易将一颗心碾碎。无边无际无望的等中，生命一点点地憔悴枯萎。我害怕白日的光，仿佛它们能洞烛我幽微的内心，我掩藏的孤独。我用银蒜形的帘押压住帘儿，不让外来的光阴侵扰，不让别人窥见我的内心。宁愿一个人，躲在时光里，静静地品尝着这份孤寂。

总得做点什么，对抗无边的秋意。写信么？此念一起，她不禁回过头去，看了一眼压在几案上多次提笔又放下的素心笺。它半开半合，像是读懂了她隐

隐约约的心事。

还是罢了吧。写信的念头只是一闪而过，她忽然又觉得索然无味了。以往那些信，都如石沉大海，毫无消息。只怕是写了，这山高水长，万里关山，又能如何？"欲寄鳞游，九曲寒波不溯流。"想寄书信，奈何它九曲寒波，重重阻隔，也是枉然。

从为愁所困，到欲挣破愁城，到最终无奈放下。短短四句，将一段幽微曲折的心绪写得一波三折。

值得一提的是"鳞游"，这里指的是鱼书。鱼雁传书，是中国古代文化的一个美丽符号。

鱼如何能传书？传说古人在剖鲤鱼时，看见鱼肚里有书信，"客从远方来，遗我双鲤鱼。呼儿烹鲤鱼，中有尺素书。"（汉乐府《饮马长城窟行》）自此人们便把书信叫作鱼书。"驿寄梅花，鱼传尺素"，这是古人的诗意与浪漫。现世充满劳绩，或戍边，或服役，或倦游，或求仕，怀乡之情，思人之意，何人没有？他们就靠着这点浪漫的想象纾解自己的一腔无奈与深情了。

能传情者，除了鱼，还有雁。

鸿雁是候鸟，往返有期，故人们想象雁能传递音讯，所以书信又被称作"飞鸿""鸿书"等。《汉书·苏武传》："教使者谓单于，言天子射上林中，得雁，足有系帛书。"大意是：汉武帝时，苏武奉命出使匈奴，被囚胡地 19 年，矢志不变。他后来得以归汉，主要是因为匈奴单于相信汉使所说鸿雁传书上林苑，被天子射获，确知苏武在北海牧羊。匈奴单于无奈，只得放回苏武，"鸿雁传书"一时传为美谈。

鱼传递的更多是思乡之情，而雁传递的更多是相思之情。你看看：

李清照的《一剪梅》："云中谁寄锦书来，雁字回时，月满西楼。"
温庭筠的《瑶瑟怨》："雁声远过潇湘去，十二楼中月自明。"

元好问《摸鱼儿》："问世间，情是何物，直叫生死相许？天南地北双飞雁，老翅几回寒暑。"

当然也有两者合在一起用的。如"关山梦魂长，鱼雁音尘少""鱼书欲寄何由？水远山长处处同""你这里，休要一春鱼雁无消息。"

从这首词本身的意境来看，像是在写爱情。也有人说，此词是李煜想念羁押在北宋的弟弟李从善，有感而发。表达了一种浓浓的手足情。

皇室中，兄弟情稀少得如珍宝，即使有，更多出于利益的考量，不那么纯粹。兄不是兄，弟不是弟，他们都是利益与权力链条上的捕猎者，时时窥伺着，试探着，斗争着，让对方成为自己的猎物。

如此看来，李煜真是千古帝王中特立独行的异类。

他不是一个真正的帝王，而是一个有着真性情的性情中人。

在这个世界上，所有真性情的人，想法总是与众不同。因为真性情者，他看重的是个性和内在自由，看轻的是外在功利。

周国平说："爱是奉献，但爱的奉献不是单纯的支出，同时也必是收获。正是通过亲情、性爱、友爱等等这些具体的爱，我们才不断地建立和丰富了与世界的联系。深深地爱一个人，你藉此所建立的不只是与这个人的联系，而且也是与整个人生的联系。一个从来不曾深爱过的人与人的联系也是十分薄弱的，他在这个世界上生活，但他会感觉到自己只是一个局外人。爱的经历决定了人生内在的广度和深度，一个人的爱的经历越是深刻和丰富，他就越是深入和充分地活了一场。"

李煜活得屈辱失败，也活得深入充分。

阮郎归

东风吹水日衔山，春来长是闲。落花狼藉酒阑珊，笙歌醉梦间。

佩声悄，晚妆残，凭谁整翠鬟？留连光景惜朱颜，黄昏独倚阑。

这也是一首有争议的词，情感所指不明晰。我们权暂将它看作一首闺怨词。

词之上片写"笙歌醉梦间"之境，繁喧而热烈的暖色调。下片则写"黄

昏独倚阑"之情，沉郁而凄清的冷色调。一暖一冷，一烈一寂，对比强烈。

繁华落尽，曲终人散。她在黄昏中独自品尝着狂歌狂热之后的寂。

"东风吹水日衔山，春来长是闲。"春女怨，秋士悲。"东风吹水"点明了时节，是春天。东风乍起，吹皱了一池春水，也吹皱了人心。不再是静若止水，泛起了点点涟漪。"日衔山"点明了时间，是清晨。太阳带着几分睡意，悄悄爬上了远山。

这一春来，心里荒得像长了草，"春来长是闲"。得找点什么事，排遣这"闲"。不然，要白白辜负这良辰春景了。

"落花狼藉酒阑珊，笙歌醉梦间。"一副醉生梦死之态，一场华丽的宫廷宴游，这便是主人公排遣闲愁的方式了。鲜花着锦、觥筹交错，弦歌阵阵，舞影婆娑。人人都在盛筵中燃烧着、狂欢着，尽情酣戏，不醉不归。不知不觉间，已是落花狼藉酒阑珊了。

此句没有正面写宴游情形，也没有写其全过程。而是从落幕时满目狼藉的景象、如梦如醉的感受，侧面烘托宴游之盛。

狼藉与阑珊，自然逗引出下片，暗寓着时间的流动。

"佩声悄，晚妆残，凭谁整翠鬟？"叮叮当当的环佩声，已慢慢沉寂。精致的妆容，早已在狂欢中乱成一片。此时她独坐在镜前，意兴索然。"岂无膏沐，谁适为容？"他已不在，翠鬟整给谁看？看着镜子中渐渐老去的红颜，心里又惊又惧。

最是人间留不住，朱颜辞岁花辞树。

我不能守着镜子，看着红颜一寸寸变老。巨大的空虚压得人无法喘息，能如何？只得在暮色苍茫中，独自一个人，倚着阑干。看夜色渐浓，看千帆过尽，看月满西楼。

月光在斑驳的地上投射出一个完整的影子与我相对无言，我就这么独坐月光，夜凉如水。

寂寞是听见某个熟悉的名字，不小心想起某些故事；孤独是路过我身边的影子，笑着对我说似曾相识。

春日的夜，寂寞在唱歌。

此词有的版本中有副题"呈郑王十二弟"。俞陛云说："此词暮春怀人，倚阑极目，黯然有鸰原之思。煜虽屠主，亦性情中人也。"

所谓鸰原之思，即兄弟之思。史载，"开宝四年，令郑王从善入朝，太祖拘留之。后让疏请放归，不允。每凭高北望，泣下沾襟。"

据此解，这首词上半阕是回忆往昔他们在一起笙歌醉梦间的日子。下半阕，从对面入手，想象从善独在异乡，望故乡渺渺，归思难收。却无人与共，无人可诉。朱颜随着流年逝去，相聚无望，又能奈何？结句"黄昏独倚阑"，是他思弟情切，登高望远。也是对方思乡情切，遥寄衷肠。

闺情也好，亲情也罢。

不一样的对象，一样的孤独寂寞。

有人说，寂寞可分两种。有一种寂寞，身边添一个可谈的人，一条知心的狗，或许可以消减。有一种寂寞，茫茫天地间余舟一介，无边无际无着落，人只能孤独面对，素颜修行。

伊人的寂寞，或许只需要身边有个他。

李煜的寂寞，却是无边无际无着落，只能如鱼饮水，冷暖自知。

这首词中，有两个古典诗词中的重要意象：黄昏、登高。

黄昏，是时间意象。它是夜与昼的分水岭，交接点，易触发人的时序之感。

黄昏，是归来的时刻。日之夕矣，牛羊下括。牛羊都心无旁骛地回家了，人呢？浮云是游子的意，落日是故人的情。

黄昏，是沉醉的时刻。月上柳梢头，人约黄昏后。莫名其妙，难以忍受的对温馨的渴望，适宜在这个时刻泛起。

黄昏，是惆怅的时刻。夕阳无限好，只是近黄昏。当落日熔金的辉煌迷离了你的眼睛时，你可知道接下来的一幕是：华丽黯然离场？

黄昏，是沉默的时刻。深院锁黄昏，阵阵芭蕉雨。人在黄昏里沉默得什么也不想说，然后突然间明白了什么。

帘卷黄昏，心事盛开。

李煜盛开在这个黄昏的心事，我们不需要一一对号入座。体会着，分享着，就已足够。

登高，是空间意象。登临山水、楼台、亭阁，面对苍茫宇宙，人容易感受到自身的渺小。触目兴怀，思绪纷纷。

登高，可抒闲适恬淡之情。"采菊东篱下，悠然见南山"是陶潜的隐逸风流。

登高，可发宏远之志。"东临碣石，以观沧海"是一代枭雄曹操睥睨天下的写照。

登高，可寄去国怀乡之忧思。"日暮乡关何处是，烟波江上使人愁"是"绣口一吐，就是半个盛唐"的才子李白的乡愁。

登高，可排遣一片春情无处托的感伤。"闺中少妇不知愁，春日凝妆上翠楼"是不知愁的少妇忽然遭遇了忧愁，悔教夫婿觅封侯。

登临望远，对李煜而言，是怀乡，是怀人，还是抒一腔浑茫如陈子昂般的"前不见古人，后不见来者，念天地之悠悠，独怆然而涕下"的孤独？

清平乐

别来春半，触目柔肠断。砌下落梅如雪乱，拂了一身还满。

雁来音信无凭，路遥归梦难成。离恨恰如春草，更行更远还生。

这首怀念十二弟的词，李煜抛开了"闺阁女子"的假面，以真面目、真性情示人。一字一句皆从胸中自然流出，丰神秀绝。

它有呼应，有起伏，有转折，如"叶生树梢，草生堤岸"般自然汇入了滚滚东去的情感洪流中。

一块莹润丰满的水晶。

整首词如俞陛云先生所说："上段言愁之欲去仍来，犹雪花之拂了又满；

下段言人之愈离愈远，犹春草之更远还生。"

"别来春半，触目柔肠断。"点明了时间，春天已经过去了一半。如果没有数着时间，怎能如此清晰断言，春过了一半？春已过半，姹紫嫣红斗芳春的繁花，又该辞枝别树归入尘了。尘土埋葬了花，也埋葬了春天。易凋的繁华、易逝的流年啊，叫人触目所见，怎不柔肠寸断？

"砌下落梅如雪乱，拂了一身还满。"这两句绾合了上二句的"触目"与"春半"。触目所见是砌下落梅如雪乱，若不是春天已过半，何至于落梅缤纷，如雪花乱蒙人面？"愁肠断"呢？李煜没有直接写，而是用了一个如画般的意境，将愁形象地画了出来。

花飞满天，落英缤纷，洁白的花瓣飘飘洒洒落在梅树下白衣公子的青丝间、衣襟上。落寞，凄艳。他静静站在树下，微垂头颅，眼睑半敛，只看得见长长睫毛覆在清冷如雪的脸上投射出一片忧郁。他不知道，已经站了多久，只知道，落梅满身，拂了又满……

乱红飞舞，满地落英，他看到的是无从收拾的纷芜，而不是淡然遗世的安静。有时过度的沉醉，会让人觉得凄冷；过度的清醒，又会让人觉得冷漠。完美的人生，是否当留一半清醒，留一半醉？

这样，才不会让离愁淹没了自己。

"雁来音信无凭，路遥归梦难成。"这两句紧承"别来"，更深一层，丝丝入扣。

前句是说家乡音讯全无。雁来有信，人却没寄来只言片语，一点差可告慰愁怀的念想也没有，然现实世界里没什么指望，只有寄企望于梦中了。步步退让，换来的也只是"路遥归梦难成"！路太遥远，远得连梦也无法达到！短语中隐藏了多少幽微与波折。

小晏的"梦魂纵有也成虚，哪堪和梦无"莫不是偷学了李煜？

"离恨恰如春草，更行更远还生。"紧承上两句而来，一无音讯，二无和梦，悠悠离恨，便如满地"春草"，更行，更远，还生。眼前景，心中恨，打并一片。春草遍地，可见愁之多。"野火烧不尽，春风吹又生"，可见愁之蓬勃顽固。它如春草般占据心灵的原野，直到将其吞没、荒芜。

俞平伯先生这样评价此词的结句："于愁则喻春水，于恨则喻春草，颇似重复，而'恰似一江春水向东流'，以长句一气直下，'更行更远还生'，以短语一波三折，句法之变换，直与春水春草之姿态韵味融成一片，外体物情，内抒心象，岂独妙肖，谓之入神也。虽同一无尽，而千里长江，滔滔一往，绵绵芳草，寸接天涯，其所以无尽则不同尽也。词情调情之吻合，词之至者也。"

这首词中有两个典范。

"砌下落梅如雪乱，拂了一身还满。"是诗情兼有画意。它是深情的，有着厚重的质感。它是形象的，有着如画的形式。在李煜之前，唯慧眼独具的苏东坡，读懂了王维的诗。他说："味摩诘之诗，诗中有画；观摩诘之画，画中有诗。"

能将诉诸语言和诉诸形象的两种不同特质的艺术打通者，除了卓绝的造诣，还需要敏感的心。这二点，李煜恰好都具备。

敏感者，总是在寻找新的事物，总是处在一种充满了生命力的不安状态中。

李煜用颤笔书写的"金错刀"体，以锦帛代笔的"撮襟书"，以工笔刻画的"铁钩锁"画，无一不是求新求异的结果。

"离恨恰如春草，更行更远还生。"是将愁量化、物象化的标竿。此后晏几道有"恨如芳草，萋萋刬尽还生"，秦少游有"飞红万点愁如海"，李清照有"只恐双溪舴艋舟，载不动许多愁"，更绝的还有贺铸的"试问闲愁都几许，一川烟草，满城飞絮，梅子黄时雨"，他也因此而得了"贺梅子"的雅号。

其滥觞，是否就是李煜？

巧的是，这些人都有一颗善感的灵魂。

越敏锐越能在每个角落里发现神性。

每一阵纤柔的微风都会触碰他的神经，甚至那在风中摇晃的、一片叶子、一瓣落花，也因他的敏感而有了生命，有了不凡的珍贵，浴着人性的光辉。

生命，也由此变得丰盈。

一个野心勃勃的人是不可能去爱的。爱来自于敏感，爱需要一个细腻而敏

感的心灵，一个充满野心的人几乎把自己全部的注意力都投注到将来，他时时刻刻都处于紧张焦虑的状态，除了自己欲求的目标，他不会真正关注任何事情。他的心灵已经变得很坚硬甚至已经钙化了。

这对身为帝王的李煜来说，是幸还是不幸？

降宋卷

破阵子

　　四十年来家国，三千里地山河。凤阁龙楼连霄汉，玉树琼枝作烟萝，几曾识干戈？

　　一旦归为臣虏，沈腰潘鬓消磨。最是仓皇辞庙日，教坊犹奏别离歌，垂泪对宫娥。

这首词写了国破家亡、仓皇辞庙时的情形。

至于写作时间，颇有争议。若是辞庙时所作，苏东坡对李煜词中所写颇为不屑，他认为此时"举国与人，故当恸哭于九庙之外，谢其民而后行"，而李煜却顾着"挥泪宫娥，听教坊离曲哉"！简直是全无心肝。何况，辞庙之时，后主了无生意，又有何闲暇与心境作词呢？

也有人认为此词就是写于辞庙之时，明人尤侗说，安史之乱时，"明皇将迁幸，当是时，渔阳鼙鼓惊破《霓裳》，天子下殿走矣，犹恋恋于梨园一曲"，何异于李煜之挥泪对宫娥？

249

清人梁绍壬说："若以填词之法绳后主，则此泪对宫娥挥为有情，对宗社挥为乏味也。"

更多人认为此词是事后追赋。作此词时，李煜已经北上汴京，成为囚徒。

词之上片，极写昔日江南之豪华。气势雄浑，有李煜词少见的豪放。

"四十年来家国，三千里地山河。"这两句是实写，用两个数字对举，写南唐御国之久，疆域之阔。与盛唐诗人之"乾坤万里眼，时序百年心"包举宇内的恢宏比起来，李煜的"四十年"和"三千里"确实寒碜。可是整个五代十国，江山易主、拥土自封，像走马灯一样变幻不息，李煜守着的南唐，已经是长命而又辽阔的了。

"凤阁龙楼连霄汉，玉树琼枝作烟萝，几曾识干戈?"南唐不仅长命、辽阔，还繁华富庶。阁是凤阁，楼是龙楼，帝王气象满得都溢了出来。这些金碧辉煌的宫庙殿宇，鳞次栉比，直冲霄汉。庭内玉树琼枝，密密匝匝，连成一片，远远望去，如雾如烟，何似在人间? 玉树琼枝，本不是人间之物，是仙界神品。

江山信美，民阜物丰，耽溺在升平气象中的国君与臣民，又哪里会"识干戈"呢? 没有干戈侵扰，才是眼前这一切繁华的保障。

几曾识干戈，不是不识，而是不想识，不愿识。

守着这一亩三分地，对不想在刀口舔血、不想在风雨里厮杀的李煜来说，便足够了。

他不想改变命运的方向。他只想墨守成规，相安无事，在各自的天地里，做自己的王，便足够了。

他做不了别人眼里的疯子，世人心中的天才。因为，只有疯到以为自己能够改变世界的人，才能真正改变世界。

只是，这个不愿意改变世界的人，并没有如愿以偿。因为，世界要改变他。

于是，大宋的铁蹄踏平了他的江山，闯入了这个曾让他无比自豪的"四十年来家国，三千里地河山"，践踏着他引以为傲的"凤阁龙楼连霄汉，玉树

琼枝作烟萝"。南唐的大地上，充斥着干戈。

词之下片，写了干戈的光影声色中，一个国君的狼狈、憔悴与凄凉。

"一旦归为臣虏，沈腰潘鬓消磨。"从万乘至尊的国主到卑微如蝼蚁的臣虏，从天上跌落到人间，他已是"沈腰潘鬓消磨"。如沈约衣带渐宽，如潘岳早生华发。悔恨、焦虑、抑郁、无奈、无助，种种情绪噬咬着，他只有憔悴。

"最是仓皇辞庙日，教坊犹奏别离歌，垂泪对宫娥。"辞庙，是告别列祖列宗的魂灵，告别江山社稷，告别臣民百姓，告别他无比眷恋的一切。这是一种庄重仪式。借由它，他精神的丝缕会牵系着故土的根，在那里求得一分安定。只是，作为败寇的他，早已经没有从容道别、从容安放自己灵魂的权力了，他只能在"仓皇"中辞别。

风云变幻，江山易主，从来都是诡异急促的，容不得他选择，来不及说再见。

我的狼狈已无所遁形。远远的，自教坊传来的离别之声，正在响起。

在世界要把我遗忘的时候，你们还依然记得我。"教坊犹奏别离歌，垂泪对宫娥"，这不是奏乐的时候，你们却只能用这种方式道别。

感君故意长，唯有泪千行。

再见了，乔氏、庆奴、薛九、秋水、宜爱、小花蕊、窅娘……

如将这首词看作他降宋北上的追忆之作，他有反思，有悔愧，但与后期"俨有基督担荷人类之罪恶"相比，还有一定的差距。

这时的他，还没有完全醒悟。

词的上片，虽然充满了对故国的留恋，但带着自矜与夸耀，摆出一副无辜的样子，说"几曾识干戈"。

词之下片，还沉溺在自怜之中。哪怕是归为臣虏，日益憔悴，他还要用"沈腰潘鬓"这两位美男子的典故自况。哪怕是仓皇辞庙，他念念不忘的是对宫娥抛洒热泪。情虽多而义难容。

活着，就要活到袒胸露背迎接万箭攒头，犹能举头对苍天一笑。美，容不下一点狼狈，不允许掰一块尊严，只为了妥协。

他的柔弱与自怜，让他掰一块自己的尊严，只为了妥协。

251

只是妥协后，他并没有被这个世界完美地驯养。这已经是后话了。

虞美人

春花秋月何时了，往事知多少？小楼昨夜又东风，故国不堪回首月明中！

雕栏玉砌应犹在，只是朱颜改。问君能有几多愁？恰似一江春水向东流。

此词是李煜的后期之作。

是一首千古绝唱，引无数后来者竞折腰。

其绝在于李后主诗情与诗才兼备。诗情是诗人对人事和自然的锐感，这种锐感是天赋异禀，强求不得的。诗才是能够"吾手写吾心"，用极自然纯真的文字将其敏锐的洞察与感触天衣无缝地抒写出来。

这首词自然纯真的文字、自然纯真的感情和心灵妙合无垠，仿若天籁。

其绝在于它极有章法却丝毫见不到半点章法的痕迹。叶嘉莹女士说"全词八句，前六句是两两的对比，同时也是两两的承接，于交错的承应之中有三次永恒与无常的对比"。词曲折动荡如此，读起来却是一气灌注。

循着叶女士的思路，我们来看这首词。

"春花秋月何时了，往事知多少"，此句看似寻常实奇崛。

岁岁花开花谢，年年月盈月缺，是自然得不能再自然的事了，这便是宇宙的永恒。春花与秋月代表着宇宙中最美好的事物。春花明媚鲜艳，寓生之绚烂；秋月沉静皎洁，寓生之静美。何时了，无时了，是说宇宙中的美好生生不息，亘古长存。此句不是"心生厌倦，觉春秋之长"之意。

"往事知多少"，这便是人事的无常。年年岁岁花相似，岁岁年年人不同。春花永恒，秋月永恒，人事在这个永恒中是变动不居的，是无常。看那秋风金谷，夜月乌江。阿房宫冷，铜雀台荒。荣华花上露，富贵草头霜。旧时王谢堂前燕，飞入寻常百姓家。无一不是无常。

"春花秋月何时了，往事知多少"，是将宇宙之永恒与人事之无常鲜明对比，这是宇宙与人生的定律，我们每个人都身处其中，无处遁藏。

"小楼昨夜又东风，故国不堪回首月明中!"这两句直承上二句而来，又暗藏呼应。

"故国不堪"呼应"往事知多少"，"又东风"呼应着"何时了"。"东风"呼应着"春花"，"月明"呼应着"秋月"。严丝合缝又顺势而下，一气灌注。

小楼昨夜又吹起了东风，如春花秋月般，不会因任何人事而有改变，这又是宇宙的永恒了。一轮皓月孤独而永恒的悬在天幕中，可我的故国呢？故国不堪回首!昔日的"四十年家国，三千里河山。凤阁龙楼连霄汉，玉树琼枝作烟萝"早已沦入他人之手，江山易主。昔日的"晚妆初了明肌雪，春殿嫔娥鱼贯列""归时休放烛花红，待踏马蹄清夜月"早漫随流水而逝，恍如一梦。

"故国不堪回首月明中"，不堪回首，又怎能回首？逝去的已经逝去，这便是人事的无常。

永恒与无常再次遭遇。

"雕栏玉砌应犹在，只是朱颜改。"承接上片的"故国不堪回首月明中"，陷入对往事的怀想中。那让他在"笙箫吹断水云间"里"醉拍阑干情未切"的雕栏应该还在吧？那让她"手提金缕鞋"去"划袜步香阶"的玉砌还在吧？是的，它们还在，也许都在。

"只是朱颜改"。

变的是他，形如槁木，心如死灰。随时光老去的，不只是他的容颜，不只是青丝变白发，还有他的心灵，在屈辱与悔恨之中煎熬的心灵，早已没有往日的温度。

变的是她们。"重按霓裳歌遍彻""佳人舞点金钗溜"，这些妩媚的红颜，是否还有当初的光彩？

变的是江山的主人，它再已不是李氏的南唐，而是赵宋的天下。曾经的家乡变成了他乡，心灵没有栖息之地，又如何安宁？

"雕栏玉砌应犹在"与"只是朱颜改"，又是一次永恒与无常的对比。

"问君能有几多愁，恰似一江春水向东流。"忧从中来，不能自已，终于逼出了这个如滔滔江水般一泻而下的千古名句。

若问我的愁情多少？请看这滔滔不息、向东奔流的一江春水。

一问一答，收束全篇。前面六句两两相承又两两对比的渲染与叙写，都被"恰似一江春水向东流"的"愁"兜住了。

纯情词人的一切感受都是纯真的，直接的，敏锐的。所以每当一种感觉来到他心中的时候，他都是没有反省没有节制地直接反射出去，其感情如滔滔滚滚的江水奔流不息。江水随物赋形，遇平原则平缓，逢沟壑则澎湃，一任感情奔流。

奔放不难，直也不难，难的是直而无尽，奔而有余韵。俞平伯先生认为，这点李煜做到了。他说：

> "恰似一江春水向东流"，后主语也，其词品似之。盖诗词之作，曲折似难而不难，唯直为难。直者何？奔放之谓也。直不难，奔放不难，难在于无尽。"恰似一江春水向东流"，无尽奔放，可谓难矣。倾一杯水，杯倾水涸，有尽也；逝者如斯，不舍昼夜，无尽也。意竭于言，则有尽，情深于词则无尽。

相见欢

> 林花谢了春红，太匆匆。无奈朝来寒雨晚来风。
>
> 胭脂泪，相留醉，几时重。自是人生长恨水长东。

清人谭献《词辨》评此词："濡染大笔。"

此词"气度雄肆，虽骨子里笔笔在转换，而行之以浑然元气"。也是李煜以"血泪书之"的经典之作。

"林花谢了春红"，一句浅显明白的大白话，是在说一件无关痛痒的事情。

事实上，字字句句凝着他的血泪。

林花，不是一株一株的花，而是满林的花。是"众芳芜秽"，而非一花独憔悴。

春红，一年之中最美好的季节里最绚丽的色彩。在这个世界上，我们命中碰到的一切美好，都是以秒来计算的，它们消逝得太快。

美好东西的逝去，总会带着悲哀。

谢了，不只是过去完成时态，还饱含着词人深深的怜惜。谢了就是谢了，无人能够挽回，就像时光难倒流，覆水再难收。人只能直面这个残酷的现实，像个伤心的孩子，束手无策。

最美好的季节里最美的林花凋落，怎不让人哀痛？

"太匆匆。"他说。

匆匆本意味短暂，再加上一个"太"字，有种受到惊吓般无可奈何的感觉。

"无奈朝来寒雨晚来风"，像是在追溯因由。让"林花谢了春红，太匆匆"者，是朝来的寒雨，晚来的风。花谢花飞飞满天，红消香断有谁怜。一年三百六十日，风霜刀剑严相逼。风雨摧花，人又能奈何？

我觉得，这句既是在追溯因由，也是情感的渐次递进。林花谢了春红让人哀婉，太匆匆让人沉痛，它们短短有限的光阴里，充满了挫伤打击。朝来寒雨晚来风，轮番来袭，没有停息。尽管这样它们还是要尽情绽放，不辜负春光和生命。

像烟花，在最美的瞬间绽放，将刹那化作永恒。未尝不是一种美。

他只能眼睁睁地看着这些花，在朝来寒雨晚来风的摧残下凋零。他充满怜惜，又无可奈何。

知道结局是悲剧，无法改变，却依然继续，这才是人生的最大悲哀。

看着林花谢了春红，叹着太匆匆，怨着朝来寒雨晚来风，又怎么样呢？一切无法改变，生活仍然在继续。仍然在他人手下忍辱含垢，生不如死，像一个玩偶，这更是人生最大悲哀。

李煜写的是花，更是惜花自伤身世。

"胭脂泪，相留醉，几时重。"此句从林花转入人事，内在仍有呼应。

胭脂泪，相留醉，是带着雨滴的花挽留惜花人，让他别走，让他再一次沉醉。因为他懂得怜惜它，懂得为它的凋谢哀痛。他解花语，花也解他。

留下来吧，再多看一会。因为今天的花虽然谢了，它还在枝头，明天将不知道吹向哪儿去。今年这花开在这枝子上，明年开在这枝子上不知道会是哪一朵。一切都是偶然，无法重来。人，能做的，就是在拥有的时候，懂得珍惜。

胭脂泪，相留醉，是梨花带雨般的女子邀他再饮一杯，与她同醉。落花伤雨又伤春，不如怜取眼前人。生命短暂，充满了偶然，谁也不知道今天分离还能不能有明日的重逢，谁也不知道再相逢会在何年何日，就算是相逢了，也无法保证，彼此还有"当时的旧情怀"。物是人非，时过境迁，过去的永远过去，一切都无法重来。

所以，唯一能做的，是活在当下，是抓住眼前实实在在的这一刻。

"自是人生长恨水长东。"从人事转入人生，转入对人类命运的抒写。

自是人生长恨水长东！人之必然长恨，如水之必然东流，滔滔不绝，去而不复。

这长恨到底是什么？

是林花谢了，太匆匆，无人能留？是无法预知的朝来寒雨晚来风？是匆匆一别，不知"几时重"？

这些都是可恨的表象。操纵这一切的，是隐藏在表象之下、那个无比神秘却又无处不在，想挣脱却无法挣脱的东西——无常。

不想当皇帝的他皇位偏偏砸在他头上，想当皇帝的太子，机关算尽却敌不过短命，这难道不是无常？从一国之君沦为阶下之囚，天上人间的命运，难道不是无常？

旧时王谢堂前燕，飞入寻常百姓家，是无常。

眼见他起高楼，眼见他宴宾客，眼见他楼塌了，是无常。

伤心秦汉经行处，宫阙万间都做了土，是无常。

沧海桑田，华屋山丘，是无常。

兴亡无常，人生无常，命运无常。

无常的魅影在历史上、在生命中穿梭。

李煜的这首词,在无意之中,触碰了天机。

好的词,要么触动了人的情感,要么启悟了人的深思。它是一首永没有休止符的乐章,吸引无数的人听了又听。

浪淘沙令

帘外雨潺潺,春意阑珊,罗衾不耐五更寒。梦里不知身是客,一晌贪欢。

独自莫凭栏,无限江山,别时容易见时难。流水落花春去也,天上人间。

王国维在《人间词话》中说:"李重光之词,神秀也。词至李后主而眼界始大,感慨遂深。……'自是人生长恨水长东'、'流水落花春去也,天上人间',金荃、浣花,能有此气象耶?"

这首词的确是眼界大、感慨深的神秀之作,在西蜀词人的《花间集》中,绝难见到此种气象。如果说李煜前期的词还留有一点花间痕迹,后期之作,已经完全超越了。

"帘外雨潺潺,春意阑珊",开篇如寻常白话。他说在连绵的春雨中,春已经接近尾声了。虽是白话,但这是有"气骨"且又"缠绵"的白话。不懂的人,品不出这如白开水的白话后面的好来。

潺潺是雨声不断之意。可见这春雨已经持续下了很久了,春雨淋淫,人窝在房内,只能听雨,心也跟着泛了潮,长了霉,一种怅然若失而又忧郁的气息。花开花又谢,我都无法在场,没有参与。一年一度的春光盛筵,就这样在无声无息中结束了。这该死的雨。

阑珊,将尽未尽的样子。春意阑珊,是春对这个人间存着些许的眷恋,不肯决绝地转身,躲进夏日的幕布里?如此看来,春是有情的,春天中的万物,也是有情的,带着几分体贴。又或者是,人对春还留着些许不舍不甘,不敢相信春已将尽,不愿决绝地道别?如此看来,人也是有情的,他懂得赏春、惜

春、怜春。

只是绵绵的雨和风无情摧春，他徒唤无奈，唯余惆怅了。

"罗衾不耐五更寒"，呼应"雨潺潺"，紧承着"阑珊"。因为"雨潺潺"，天格外阴冷潮湿，薄薄罗衾怎么敌得过一夜寒气侵袭？因为"阑珊"，心有遗憾，意有不甘，又怎么能睡得安稳？所以，不耐五更寒，不只是因为罗衾不耐，还有人心难安。

"梦里不知身是客，一晌贪欢。"这句也是顺承上句的意思而来。罗衾不耐五更寒，自然就会醒来。醒来后，回顾刚刚的梦。

现实中的失意者往往爱做梦。"可能"问"不可能"道："你住在什么地方呢？"它回答道："在那无能为力者的梦境里。"

他确实做了一个欢乐的梦，梦中他已经不是客居异乡的囚徒，而是回到了故国，回到了南唐，仍然做他的王，仍然和有情人，做快乐事。可惜，只有"一晌"，片刻的美梦稍纵即逝，梦里的余温太淡薄，敌不过五更寒。

我守护着如泡沫般脆弱的梦境，快乐才刚开始，悲伤已潜伏而来！

醒来后，倍增孤独与凄凉。

"独自莫凭栏，无限江山，别时容易见时难。"下片起句，意脉和上片相连。梦中一晌贪欢，是回到了故国。梦醒后，精神的丝缕自然牵系着故国，身陷囹圄的他，只能远望以当归。

独自莫凭栏，说"莫"凭栏，偏偏又要凭栏。狐死必首丘兮，鸟飞返故乡。物犹如此，人何以堪？他只能凭栏，只能在苍茫的宇宙中拜托白云清风，遥寄他的相思和眷恋，还有深深的悔恨和无奈。

无限江山，别时容易见时难。凭栏远眺，又陷入了对往事的追忆中。

"四十年来家国，三千里地河山"啊，就这样轻而易举地拱手让人，轻而易举地改名换姓。失去它，不过是在一瞬间！想再见，想重返，现在看来，难于上青天，似乎是一个永远也无法实现的梦。败军之将，何足言勇。败国之君，何以言返？

他知道，再见太难。

从另外一个层面理解，"别时容易"不是真的容易，"见时难"倒是真的。和祖先创下的基业、和三千里地河山、和整个南唐的一切道别，哪里有那么容易？他的青春、梦想和生命，甚至是他的呼吸，早已深深扎根在那片土地上，要离去，要连根拔起，哪里有那么容易？

只是，在形势逼迫下仓促抛家弃国的他，当时可能来不及深深体味这一切。"离别"这两个字，在"离别"后，才更加懂得其中的痛苦、不堪与挣扎。才知道，失去了根的人，就是空心人。生命，只能在绝望中，一点一滴地流逝，耗尽。

"流水落花春去也，天上人间。"此句又从回忆中跌落到现实。

"流水落花"呼应"春意阑珊"，此句既是词人的眼中景，也是他的心中意。

眼前的一江春水，滔滔滚滚，奔流到海不复回。眼前的满地落英，零落成泥碾作尘，再也无法重回枝头。天上人间啊。

"天上人间"，俞平伯先生认为有四重意思。第一是疑问语气。是词人在问，这些流水和落花，你们的归宿在哪里呢？是天上，还是人间？第二是对比语气，是他的心中意。往日是天上，现在是人间。第三是感叹语气，此情此景，让词人百感交集，发出"天上啊！人间啊！"的感慨。是天上人间一样愁，还是天上人间何处去？第四是文体的呼应，"流水落花"呼应"别时容易"，"天上人间"呼应"见时难"。

种种解释，都很妙。

我个人看来，"天上人间"还有一解。它表达的是一种人生如梦、命运无常的概叹。这也正是王国维称李后主的词"眼界始大、感慨遂深"的地方。

它让我们跳出了后主一己之离合悲欢，而反观置于整个宇宙中人类的命运。

无论是从天上跌入人间，还是在天上，在人间，世上无一事，不被无常吞。

简单的四个字，一句呼号、感慨、疑问，笼括了如此丰富的内涵。真正有

语短情长、尺幅千里之势。更有意思的是，"天上人间"，虽是收煞，但全词至此，并没有随着完结。它是一个开放性的结句。

汤显祖认为《董西厢》的结尾有两种，一种是"煞尾"，一种是"度尾"，前者"如骏马收缰，寸步不移"；后者"如画舫笙歌，从远处来，过近处，又向远处去"。

此词的"流水落花春去也，天上人间"，便是度尾，如画舫笙歌，从远处来，又向着远处去。余音绕梁，不绝如缕。

这恐怕也是此词"神秀"之一端吧？

相见欢

无言独上西楼，月如钩。寂寞梧桐深院锁清秋。

剪不断，理还乱，是离愁。别是一般滋味在心头。

这首词，特别有韵律感。整首词韵脚整齐得有如律诗，词虽然也要协律，不然不是"当行本色"。但较之律诗，其韵脚要相对松散得多了，毕竟，词又叫长短句。

但李煜不是一般的词人，他精通音律。他的每一句韵律都与人的内在情绪共振，读起来舒缓流畅，如挹摇风满怀，如掬水月在手，人在其中，不知今夕何夕，不知身在何处，像出离了灵魂，整个人都虚幻地浮了起来。

这首词上片三句，长句、短句、长句交错。下片四句，几个短句排列，却又用一个长句收束。长长短短的句子，变换却不紊乱，动静张弛，徐徐疾疾，如珠玉落盘，尤其是每片歇拍处的两个长句。

难怪在李煜众多的词中，邓丽君只挑了其中三首谱成了曲，此为其中之一。

她用怀旧而又柔美的音色，诠释着千年前一个君王的幽幽心思。是孤独？是寂寞？是离愁？剪不断，理还乱，别是一般滋味在心头。

此词上片写景，下片抒情。和情中有景、景中有情的手法比较起来，结构

相对简洁明晰。

但它形简神丰。

"无言独上西楼，月如钩。"一个人，在月色中天时分，默默地登上了西楼。

他上西楼，不是呼朋唤友，或邀一二知音，是独上。

独处的确是一种检验，用它可以测出一个人灵魂的深度，测出一个人对自己真正的感受。一个人只有在独处的时候，才能成为自己。

他上西楼，不想举杯邀明月，对影成三人。他无言，不想说话。

大音希声，大象无形，大爱无声，大悲无言。太多的荒诞会让自己无言。

登高望远者，或是去国怀乡，或是相思入骨，或是叹宇宙之无穷，或是叹历史之虚无。独上西楼的他，上楼是为了什么呢？

也许什么都为，也许什么都不为，说不清目的，一种逼仄的感觉，压迫着他，让他艰于呼吸，唯有独上西楼。独上西楼，是他在幽囚生活中最自由的一种生命状态。

月如钩，是他独上西楼遥望所见，也是他独上西楼时的背景。如钩的一弯月，太清，太瘦。散着微微的清光，冷冷俯视着充满悲欢离合的人间。它不是满月，也不是朗月，是一弯如钩的瘦月。很显然，这是秋天的月。

所以，接下来的这句"寂寞梧桐深院锁清秋"，补充了为何"月如钩"。凄清月色下，深深庭院里，已经落光了叶子的一株梧桐，在秋夜里，影影绰绰，寂寞而孤独。

梧桐是寂寞的，庭院是深深的，一种与世隔绝的冷清与凄凉，好像这是一个被世界遗忘的角落。深深的庭院，院门紧闭，锁了满院的秋。无形无影的秋，词人偏偏用了一个"锁"字，用得有韵味。

上片三句中，无言、独上、锁，都带有封闭隔绝的意味。我们能感觉到，在深秋的月色中，无言独上西楼的他，既隔离世界，也被世界所隔离，一种孤独的状态。

合处合成愁，离人心上秋。

词之下片开篇点出其秋心——愁。

"剪不断，理还乱，是离愁"，在一系列情景的渲染下，他终于开口直诉离愁了。

　　这句话，三个短句，一气直下，可见不得不发。意思是直白的，却有一种水到渠成的自然美。手法很新，正如他说秋是可用来"锁"的，愁在他是可用来"剪"、用来"理"的。只是它剪也剪不断，如抽刀断水水更流。理还乱，如丝如缕，缠在一起，找不到一个头绪。

　　他用一江东去的春水言愁，是说愁之广，愁之不可阻挡。

　　他用更行更远还生的春草言愁，是说愁之如影随形，无处不在，无计消除。

　　这里，他又用"剪不断，理还乱"言愁，是说愁之纷乱，愁之莫可名状。

　　每种比喻，都是妙手偶得，有如天成。

　　"别是一般滋味在心头"，他虽然说明了困扰着他的是剪不断、理还乱的离愁，但又无法清晰地表达出它的滋味。别有滋味，百感交集。

　　一个无言独上西楼、望着月如钩、望着寂寞梧桐深院锁清秋的人，一个幽囚于异国的亡国奴，一个丧失了一切甚至是自由和尊严的人，此时此刻，风露立中宵，能有怎样的滋味？

　　伤心是一种最堪咀嚼的滋味，如果不经过这份疼痛——度日如年般，不可能玩味其他人生的悲喜。

　　但他无法告诉你，这是一种怎样的怀抱，或是他不想说。

　　少年不识愁滋味，爱上层楼，爱上层楼，为赋新词强说愁。如今识尽愁滋味，却是欲说还休，欲说还休了。

　　本来以为他说"剪不断，理还乱，是离愁"，已经敞开怀抱了，到最后他留给我们的仍是"别是一般滋味在心头"的欲说还休。想说不能说，或是想说无法说，才最寂寞。结果他又回到了开头时的"无言独上"的闭锁状态。

　　他还是躲在一个寂寞的角落里，寂寞地舔着自己的伤口。将过往的人生故事，一幕幕放给自己看，挚爱过的，挣扎过的，怨恨过的，狂喜过的，拥有过的，一一呈现，又一一收藏在他的心之角落，或是记忆的地下室里。

　　立于旷野长天之下，"别有一般滋味在心头"。这种人生境遇，也许很多

人都曾遭遇过。

苏雪林曾描述过这种心灵状态。

在虚无寥寞的境界中，我的心像一缕游丝似的袅袅地飞扬起来了，我好像要想一件事，但又引不起头绪，好像在忆念一个人，但又不知忆谁？

是的，我是在忆念一个人，这人不是"他"，不是"她"，不是精灵，也不是我理想中的人物，它在我的心灵之中，又在万万星球之外。有如无始以前，我就同它认识的，现在死生流转，凤因已昧，然而每当酒醒时，梦回际，良辰美景之夕，酒阑人散之后，它的影子，隐隐约约地像潜意识似的，在我灵魂中觉醒过来，使我为它思想，为它惆怅，甚至为它缠绵悱恻无可奈何！

浮士德也曾遭遇过：

总觉得有一种感情，一种烦闷，
寻不出一个名字来把他命名；
我把我一切的心思向宇宙中驰骋，
向一切最高的辞藻追寻，
我这深心中燃着这火焰，
我便名之为无穷、为永远，永远。

李煜可曾知道，他的这个"别有一般滋味在心头"，一不小心，又触到了永恒。

乌夜啼

昨夜风兼雨，帘帏飒飒秋声。烛残漏断频欹枕，起坐不能平。
世事漫随流水，算来一梦浮生。醉乡路稳宜频到，此外不堪行。

叶嘉莹女士说，同样出之于自然，陶渊明是融日光之七色于一色，似质而实绮，似癯而实腴，因为他有节制有反省，有出乎其外的高致。

李煜却缺少节制与反省，他的感情郁积于心，凭着一颗真率的赤子之心，必欲一吐而后快。大概是"入乎其内"太深，无高致，却有生机。

陶渊明的诗，是于静中得之，写作时，感情冷静节制。李煜的诗，是由静入动时得之，写作时，感情很强烈。

在前面几首词，比如《虞美人》《相见欢》中，我们尚且看得到一些反省与节制，这首词，却是一腔愁怀，喷薄而发。

词之上片借由风雨无端，秋声飒飒，道尽他"起坐不能平"的焦虑与苦闷。

"昨夜风兼雨，帘帏飒飒秋声。"首句是室外景，秋风萧萧，席卷一切，秋雨也来助阵，苦雨秋风交相侵袭，"初淅沥以萧飒，忽奔腾而澎湃，如波涛夜惊"，已觉秋窗秋不尽，哪堪秋雨助凄凉？

次句是室内景。室内的帘帏，在风中摇摆，"其气栗冽，砭人肌骨；其意萧条，山川寂寥。故其为声也，凄凄切切，呼号愤发。"

"嗟乎！草木无情，有时飘零。人为动物，惟物之灵；百忧感其心，万事劳其形；有动于中，必摇其精。"

于是，我们看到室内：烛残漏断频欹枕，起坐不能平。

秋风秋雨已摇其精，室内之人，在烛残漏断之际，频欹枕，起坐不能平。烛残漏断，可见夜已甚深，人却无寐。他一会儿在床上辗转反侧，一会儿站起来，一会又坐下。像一个失了魂魄的人，片刻不得安宁。

他坐立不安地想做点什么，却颓唐得使不出劲来，好比杨花在春风里飘荡，而身轻无力，终飞不远。

这种起坐不能平的人生境况，在他之前，一个叫阮籍的诗人也曾有过，他说：

> 夜中不能寐，起坐弹鸣琴。薄帷鉴明月，清风吹我襟。孤鸿号外野，翔鸟鸣北林。徘徊将何见，忧思独伤心。

看来，阮籍似乎要幸运一些，夜中不能寐，他起坐弹鸣琴，他徘徊于北林。而他只能坐在秋风秋雨的夜里，与孤独同行，与黑暗拔河。最后，无可奈何的他，又陷入了回忆。

　　"世事漫随流水，算来一梦浮生。"紧承着上片，言旧事如梦，不堪回首。

　　昨日一国之君，今日归为臣虏；昨日笙歌醉梦，今日"烛残漏断"；四十年来家国换姓，三千里地河山易主。人世无常，生命无常。原来，这世上的一切，终将随着不舍昼夜的流水徒然流走，在历史的长河中淹没无痕。人之一生，又算得了什么呢？如梦、如幻、如泡影，到头来，唯余空空。

　　漫，徒然一个"漫"字，显得极空幻，极虚妄。算来，想来。显得极迷惘、极无奈。

　　这一句，不只是写他自己，也写尽了茫茫人世众生相。

　　王国维说："道君（指宋徽宗）不过自道身世之戚，后主则俨有释迦、基督担荷人类罪恶之意。"李煜词中有种悲天悯人之情怀。

　　浮生若梦，为欢几何？

　　他的回答是："醉乡路稳宜频到，此外不堪行。"还是沉醉于醉乡吧，古人早说过：何以解忧，唯有杜康。更重要的是，醉乡对他这个没有自由动辄得咎的幽囚之徒来说，是最安稳的庇护所，是他全身远祸的工具。

　　阮籍当时不正是这样做的吗？在他眼里，世上的道理不必争，神仙也不足仙，一切都是虚无；他越名教而任自然，他沉湎于酒乡。"然而他还有一个原因，就是他的饮酒不独由于他的思想，大半倒在环境。其时司马氏已想篡位，而阮籍的名声很大，所以他讲话就极难，只好多饮酒，少讲话，而且即使讲话讲错了，也可以借醉得到人的原谅。只要看有一次司马懿求和阮籍结亲，而阮籍一醉就是两个月，没有提出的机会，就可以知道了。"

　　除了醉乡，真的是"此外不堪行"吗？

　　古人开出了很多很多方子。

　　李白说："人生得意须尽欢，莫使金樽空对月"，及时行乐吧。

《庄子·天地》："乘彼白云，游于帝乡。"隐于白云乡吧。

汉伶玄《赵飞燕外传》："是夜进合德，帝（即汉成帝刘骜）大悦，以辅属体，无所不靡，谓为温柔乡。语嬺曰：'吾老是乡矣，不能效武皇帝（即汉武帝刘彻）求白云乡也。'"温柔乡也是一种选择。

清黄鷟来《和陶饮酒》："于世苦纷纠，睡乡觅真境。"隐于睡乡吧。

秉烛夜游及时行乐也好，温柔乡也好，白云乡也好，睡乡也好，但求无愧于人，无怍于心，在劳劳尘世，觅一块可供心灵安放的去处，如此便好。

子夜歌

人生愁恨何能免，销魂独我情何限！故国梦重归，觉来双泪垂。

高楼谁与上？长记秋晴望。往事已成空，还如一梦中。

这首词充满了故国之思和人生之慨。

全词几乎没有任何修饰，纯用白描，纯任性灵。读这首词，你始终能感到词中有一个情感强烈的"我"在。

同样是后期之作，比如《相见欢》，"林花谢了春红，太匆匆。无奈朝来寒雨晚来风。"他没有直接告诉你他要传达的是一种什么样的感情，只能从对景的描述中，看到他对繁华易逝、生命无常的深深无奈。这首词却不然，他的感情毫无节制和修饰，就那样流了出来。

这与他"纯任赤子之心"的个性有关，也与他的人生境界有关。

他虽然经历了从天上到人间，从帝王到囚徒的人生巨变，但他承受巨变的时间只有三年。他走得过早，四十二岁便去世，生命正当盛年。虽然他悟到了"往事已成空，还如一梦中"，却远远没有到"痛而不言"的大彻大悟之境。

私意以为，这首《子夜歌》和那首《相见欢》比起来，写作时间一定要早一些。他有痛，便呼号。有悟，便告白。尚没有"痛而无语"或是"悟而不言"，那才是"拈花微笑"的超脱与彻悟。《相观欢》中，已经有了一点点冷静的端倪了，所以应该是在他更加醒悟之后所作。

此时的李煜沉溺在家国巨变、人生陆沉的痛中，衣带渐宽终不悔，为

266

"伊"消得人憔悴，尚无"蓦然回首，那人却在灯火阑珊处"的从容与顿悟。

　　上片以两个问句发端，"人生愁恨何能免？销魂独我情何限？""将古往今来之人生及一己之一生说明"，接着两句"故国梦重归，觉来双泪垂"，写梦回故国之痛、梦醒成空之悲。

　　下片换头"高楼谁与上？长记秋晴望"写眼前，高楼独上，秋晴空望。结句以"往事已成空，还如一梦中"之慨，将真幻、今昔打成一片，慨叹人生虚无，恍如一梦。

　　词之脉络大致清晰如是。

　　分开来看，每句都不简单。

　　"故国梦重归，觉来双泪垂。"写梦里又回到了故国。一个"重"字可见，故国是他梦萦魂牵的地方，一次次在梦里出现。醒来后，不觉泪流满面。

　　我流泪，是因为没有人看得见。我流泪，是因为没有人听得见。我流泪，是因为一切曾经的拥有都变成失去。我流泪，是因为一切失去的，现在的我，再也无法拥有。我流泪，是因为梦太真，而真实的人生，却虚幻无力得像一个梦。我能做的，只是静静坐在这里，舔伤口。

　　"高楼谁与上？长记秋晴望。"是在眼前之境中融入了故国之思。

　　高楼谁与上，是李煜真真切切地站在高楼上，在秋日的长空里，纵目远眺，方向是他的故国。归而不能，只能独上高楼"远望以当归"。

　　高楼谁与上，也可能只是李煜心中的一个念想。他想上，但念及再无人与共，无人相知，索性作罢了吧。更何况，登上高楼，遥望故国，往日秋晴长望中点点滴滴的情形，便会浮现，会深深刺痛着现在的他。

　　或者，"高楼谁与上，长记秋晴望"，是李煜对故国人的一种殷殷期望。他在想此际故国人会不会与他一样，在盼着他的归去。这是从对面入手的写法。

　　"人生愁恨何能免，销魂独我情何限""往事已成空，还如一梦中"重在人生之叹。两者一为起句一为结句。以它来看人之一生，像一个预言。人之一生，不都是起于有情痴而结于万事空吗？

茫茫红尘，芸芸众生，谁都会有贪、嗔、痴，会有愁与恨，怨与憎。我们不是忘情的圣人，也不是无情的草木，又怎能免得了七情六欲？此即"人生愁恨何能免"。

明知难免还偏要一意孤行，自我销魂，这便是"销魂独我情何限"。人执着于有情，执着于愁恨，放不下心中的痴念，自然更是销魂，更加痛苦了。所谓的沉溺，有时是自我一厢情愿无法自拔而已。

对李煜而言，他经历的人生剧变，非常人所能及。"销魂独我情何限"于他，不是主动的选择，而是被动的承受。

然而，一样的遭遇，他也可以选择像刘阿斗一样"此乡好，乐而不思蜀"。但他做不了阿斗，只能在现实中回忆忏悔着过去。所以"销魂独我情何限"，又是他自甘沉溺的结果。

叹天公，人间厚福，尽付于痴傻顽愚。他却始终做不了一个麻木的傻子，清醒而又敏锐地痛苦着。

"往事已成空，还如一梦中。"一切往事，最醉生梦死的享乐、最销魂蚀骨的激情、最惊心动魄的斗争、最诡异奇崛的命运，都过去了。如烟如雾如风，短暂停留之后，消散于无形，留下的只有无边无际无影无形无休无止的空！

往事已成空，人生如一梦。

有人说，"人分两种，一种人有往事，另一种人没有往事。有往事的人爱生命，对时光流逝无比痛惜，因而怀着一种特别的爱意，把自己所经历的一切珍藏在心灵的谷仓里。没有往事的人对时光流逝毫不在乎，这种麻木使他轻慢万物，凡经历的一切都如过眼烟云，随风飘散，什么也留不下。"

李煜是个有往事的人。往事让他饱受痛苦折磨，也让他的生命在痛苦中无比丰盈，让他的灵魂在炼狱中无比高贵。

在这个光怪陆离的人间，没有谁可以将日子过得如行云流水。但我始终相信，走过平湖烟雨，岁月山河，那些历尽劫数、尝遍百味的人，会更加生动而纯粹。

时间将证明这一切。

浪淘沙

　　　　往事只堪哀，对景难排。秋风庭院藓侵阶。一任珠帘闲不卷，终日谁来。

　　　　金锁已沉埋，壮气蒿莱。晚凉天净月华开。想得玉楼瑶殿影，空照秦淮。

这首词寓沉痛的故国之思于交融的情景中。

入宋后，处处不得自由。看不见的江南，回不去的从前。仅仅有自由的梦魂，时时牵系着故国。

个人以为，这首充满了故国之思的词作，是李煜后期词作中最有历史感的一首。他后期的词作，眼界大而感慨深，触碰到"人生长恨"，触碰到"往事如梦"，触碰到"流水落花春去也，天上人间"，但没有哪首词像这首一样，有种深深的历史感。

金锁沉埋，空照秦淮。历史的面影穿梭其中，他要告诉我们的岂止是故国之思，还有历史的虚无。风流总被雨打风吹去，人类的一切努力，是在与永恒拔河。

这种历史之叹，在唐诗中不是没有出现过，但诗本来"言志"，而词"言情"。他是走在前面的，他让词不只是躲进闺阁小楼成一统，也可以走向江山塞漠。他让词从脂粉堆中探出头来，注入了一丝阳刚之气。

虽然，这并不是其词的主体。

上片还没有历史气息。

首句"往事只堪哀，对景难排"起得非常突兀、有气势。往事只剩下哀痛，也只能哀痛。这种悲哀，哪怕是对着再好的景，也无济于事，难以排解。他已经将自己置于困境当中了。

"秋风庭院藓侵阶。"更让人难堪的是，这个景并不美，面对着它，只会陷入更大的惶恐与孤独之中。一个孤寂的小院，满园肃杀的秋风。在这里你几乎看不见任何有生机的东西，因为一切都被秋风裹挟着黯然退场。在这里，你

看不见任何一点希望的颜色，唯一的一点绿，不是别的，是只适于生长在幽辟冷暗之处的苔藓。"藓侵阶"，刺目的意象，看得让人发怵，心似冰冻。"侵"，带着嚣张而强悍的气势。这里，盛长着冷清荒芜。

我不知道，这是李煜的生活环境，还是他彼时彼地的心境。或许，兼而有之。

"一任珠帘闲不卷，终日谁来。"意绪上又递进了一层。既然此处荒寒而幽辟，人在其中，又能做些什么？无法突围，只有任由珠帘闲垂在那里，无心去卷。卷珠帘是为了谁？终日无人来，自然更不需要卷了。"一任"，懒得管它，带有意兴索然的自暴自弃或无力回天的无奈感。

往事堪哀，对景难排。真正的痛苦，无法排解。因为它从心里来，也只能回到心里去。

珠帘不卷，终日谁来。真正的孤独，无人能共。因为孤独本来是一个人的事情，任何他者都爱莫能助。

看着眼前的景，我们读懂了他的悲哀。

下片，他从往事中打捞起一片残骸，历史的残骸。而这，也正是让他深陷悲哀的原因。而且，他的悲哀越来越甚。

"金锁已沉埋，壮气蒿莱。"不是眼中景，是心中意。

金锁代表着金陵的王气，暗喻南唐国都金陵。刘禹锡《西塞山怀古》中说："王濬楼船下益州，金陵王气黯然收。千寻铁锁沉江底，一片降幡出石头。"金陵的王气已经沉埋在历史的风沙中，曾经的辉煌与显赫，还有壮怀已经散落在荒烟蔓草中，找不到一丝丝痕迹。

金锁沉埋，壮气蒿莱，既是怀想三国时吴晋大战，也是李煜对南唐覆国的隐喻与慨叹。吴晋大战后司马氏将三国归于一统，何等豪迈！北宋侵入南唐前，他还有"四十年来家国，三千里地河山"，只是，眼下这一切，都似幻梦一场。

沉埋在蒿莱中的岂止是历史与故国，还有他的壮气与希望啊。

"晚凉天净月华开。想得玉楼瑶殿影，空照秦淮。"此句从上片的白昼之景转入到夜晚了。

如水的凉月，铺洒下来。照着眼前这个沉溺于"金锁沉埋，壮气蒿莱"

的历史之慨中的人。他在想，故国的玉楼瑶殿、凤阁龙楼依然还在吧，它们在月下的秦淮河畔，投下了参差斑驳的倒影。只是如今南唐已破灭，君主成囚房，秋月还是那轮秋月，物是人已非、事过境已迁，只是"空照秦淮"而已。

又或是，他遥望秋夜月华里的玉楼瑶殿，美则美矣，却只能是一个神话，一个传说。就像是此时回忆中的故国宫宛，缥缈虚妄。映照在秦淮河里，没有繁华，没有神话，只是一轮月照着空空如也的秦淮河。

金陵和秦淮，承载了太多历史的记忆，它们就是历史的符号。

金陵，即南京，又称秣陵，它号称六朝金粉，十代古都。先后有东吴、东晋和南朝的宋、齐、梁、陈（史称六朝），还有南唐、明、太平天国、中华民国 10 个朝代的政权在此建立。在历史长河中，它见证着一场场繁华如春梦般迅速消歇，留下的是繁华过后的零落与凄凉。

它是最富有历史沧桑感的古都。

李煜不知道在他身后，金陵春梦依然一场接一场在上演。六朝的盛衰和南唐的兴亡，让他感叹着是非成败转头空，青山依旧在，明月照秦淮。而南唐之后，金陵依然走马灯似地换着主人。如果他目睹了一切，又会生出什么样的感慨？

秦淮是金陵最富象征意义的地标。

秦淮河畔的乌衣巷曾住着东晋的王谢两大望族，如今旧时王谢堂前燕，早已飞入寻常百姓家。

秦淮河上有尽得风流的秦淮八艳，连河水里都渗透着脂粉与艳异之气。

如今，斜月清辉，秦淮河畔再听不到商女遗恨，密匝匝的绮恨早已逐年华老去；乌衣巷口再看不到燕子斜飞，在寂寞的夜色中，他只能掬一捧月光望穿过往，摇一叶扁舟摆渡流年。

望江南

其 一

多少恨，昨夜梦魂中。还似旧时游上苑，车如流水马如龙。花月正

春风。

其 二

多少泪，断脸复横颐。心事莫将和泪说，凤笙休向泪时吹，肠断更无疑。

这两首词当是李煜入宋后所作。

江南，是无数人的桃源梦境，是世人心中的乌邦托。

第一首《望江南》中的江南，确实美得像一个梦。

只是这个梦是为了以昔日繁华反衬今日之凄凉，以昔日乐反衬今日之悲，正反相衬，今昔对比，哀乐相形，以乐景写悲，反倍增其悲。

"多少恨，昨夜梦魂中。"昨夜的一场梦，让他心中恨意堆积。不是梦太残忍，而是梦境太美。太美的梦提醒着太残酷的现实，让他难以自处。他怨不了别的，只能怨这个梦。

"还似旧时游上苑，车如流水马如龙。花月正春风。"此三句交代梦境所见。以"还似"二字领起，一气贯注。他梦见了直击灵魂的"上苑游"，梦见了"上苑游"中的"车如流水马如龙"。车马的喧阗犹然在耳，让人逸兴横飞。"上苑游"春，那可是一年一度的盛会啊。

紧接着，以"花月正春风"作结。春花在春光明媚中盛放，春月在春夜里温柔如水，一年中最美的季节里的最美的景致全部都集中在这里了，让人迷醉。还不够，还有"吹面不寒"的杨柳风，摸抚着春花秋月，抚慰着游人在春光中充盈而飞扬的春心。花月正春风，何尝不是他生活中最纯粹、最美好、最干净明澈、最春风得意的时刻呢？这一句将梦游之乐推向高潮，然后在高潮中陡然结束。

所以梦境中"花月正春风"越是兴会淋漓，现实中"梦里不知身是客，一晌贪欢"的悲慨愈是浓烈。

第二首直揭哀音，凄厉已极。

起笔便是"多少泪"，想必是"一晌贪欢"后，愈是悲不自胜，只能任凭

眼泪"断脸复横颐"了。李煜应该感到庆幸，此时的他尚有泪，痛到无泪，那更是人生至苦。

"心事莫将和泪说"，虽然情绪一度失控，但泪水决了堤，"心事"却不能一泻而出。或许是满腔悔恨无法说，或许是故国情怀不能说，或许是现状之苦不能说。他时刻没忘记，自己是一个囚徒，是一个被提着线被操纵着的玩偶。

"凤笙休向泪时吹"，不但"心事"不可说，凤笙也不能吹起，一腔哀思无法倾诉。想像古人那样"欲将心思付瑶琴"，竟然也是不可得的了。就算是能吹，只怕凤箫凄凉哽咽的声音，让他徒增伤悲罢了。

悲苦之情，层层推进，唯一的结局，便只有"肠断更无疑"了。

知我者，谓我心忧。不知我者，谓我何求。

悠悠苍天，彼何人哉！

李煜一共写了四首《望江南》，一般人认为这四首都是他入宋后所作，但我觉得以"闲梦远"为题的两首，是他早期的作品。如果仅凭那两首词中有"梦"，便断定它是入宋后因思念故国而作，恐怕有些不妥。

那两首词，的确是写的梦里江南，或是像梦一样的江南。但这个梦，是闲梦，是纯净的梦，是他年少时心中对江南的温柔绮梦。

那两首词，一首写江南之芳春，一首写江南之清秋。

在江南的春花秋月中，我们看不到他的悔恨苦闷，流露其中的是生之欢悦和不谙世事的轻愁。

这两首词，是入宋幽囚时所作。一首写江南的景，梦中之景，只是这梦已经不是玫瑰色，而是灰色。一首写江南的人，美人。或理解为借美人之口夫子自道，也未尝不可。

我以为，同为入宋后的后期作品，其作可分为三个阶段。这两首《望江南》是后期阶段中的第一阶段。

一场人生剧变来临时，人通常会经历三个阶段：面对它，因为它已然发生。接受它，因为生活还要继续；放下它，因为它终将成为过去，而你已经超越。

写这两首词的李煜，巨变刚刚发生，他踏上北宋的土地，在赵宋的监控下

开始了他的阶下囚生活。面对这个已然发生的事实，全新而天差地别的生活境遇，他情绪激烈，伤心落泪，充满失落与不平。他开始怀念他的故国。只是此时对故国的怀念，完全沉醉在往日的声色之娱上，沉醉在对逝去的美好的依恋上。

在赵宋待的时间越久，他越知道失去的一切已经无法挽回，重回故国只是南柯一梦。他无力挣扎了，在深深的悔恨当中，他开始审视自己的一生。对故国的怀念依然是他生活的主旋律，但此时的怀念，不只是笙箫醉梦间，是起坐不能平，是销魂独我情何限，一腔的怨愤，如大江奔流般地挥洒。他接受了阶下囚的现实，但对抗现实的途径是沉溺于痛苦与悔恨中，无法自拔。

痛得太久，会让人麻木，或是冷静。也许，沉溺得太久了，他需要浮上来透口气。对故国的回忆也变得稍显节制冷静。有时"无言独上西楼"，有时欲说还休，"别是一般滋味在心头"。他开始思索人生愁恨、往事成空、金锁沉埋，开始体悟人生之无常、命运之无常、历史之虚无，开始打开眼界，将目光从对自身痛苦的关注慢慢移向浩瀚宇宙……

这些在他后期的词中可以一一体味出来。

遗憾的是，他没能到达第三阶段——放下，部分原因是他英年早逝。如果还有如果，如果假以时年，他最终会达到怎样的一种境界呢？

此生未完成。